Reinhard Raffalt
Große Kaiser Roms

Serie Piper
Band 499

Zu diesem Buch

Glanz und Verfall der Weltmacht Rom haben jahrhundertelang die Phantasie von Historikern und Erzählern beflügelt. Galt das Interesse jener mehr den sich wandelnden Herrschaftsstrukturen, so zeigten diese sich fasziniert von den so unterschiedlichen Persönlichkeiten der römischen Kaiser. Raffalt hat sich im Laufe seines Lebens immer wieder mit der römischen Geschichte beschäftigt. Diese elf Porträts bezeugen noch einmal seine große Kennerschaft wie seine außerordentlichen erzählerischen Fähigkeiten. Raffalt gibt diesen Porträts Farbe und Dimension: Er weiß das höfische Leben ebenso interessant zu schildern wie die Verwaltungsarbeit; er kennt sich aus in der Kunst wie in der Religionsgeschichte, er versteht es, aus trockenen historischen Daten lebendige Geschichte zu machen.

Reinhard Raffalt, geboren 1923 in Passau, gestorben 1976 in München. Studium der Musik, Philosophie und Geschichte. 1952 Organist in Rom. 1954–1960 Leitung der Biblioteca Germanica. Arbeitete für den Bayerischen Rundfunk und wurde durch zahlreiche Bücher über Italien bekannt.

Reinhard Raffalt

GROSSE KAISER ROMS

Piper
München Zürich

ISBN 3-492-10499-1
Neuausgabe Juni 1986
5. Auflage, 24.–29. Tausend August 1990
(2. Auflage, 9.–14. Tausend dieser Ausgabe)

Umschlag: Federico Luci,
unter Verwendung eines Photos (Ausschnitt)
des Reiterstandbildes von Marc Aurel in Rom
Satz: Kösel, Kempten
Druck und Bindung: Clausen & Bosse, Leck
Printed in Germany

INHALT

CÄSAR

* 100 v. Chr. † 44 v. Chr.

Heute vor 2000 Jahren, kurz nach zehn Uhr vormittags, war der Diktator des Römischen Reiches, Gaius Julius Cäsar, im Begriffe, seine Amtswohnung an der Heiligen Straße in der Nähe des Forum Romanum zu verlassen, um sich zur Sitzung des Senats in die Kurie am Pompeiustheater zu begeben. Der für den heutigen Tag anberaumten Sitzung kam eine ungewöhnliche Bedeutung zu: der Diktator wollte sich in ihr von den versammelten Vätern des römischen Staates verabschieden. In zwei Tagen, am 17. März des Jahres 44 vor Christus, sollte der Feldzug gegen das Reich der Perser, die sich damals Parther nannten, mit der Einschiffung Cäsars beginnen. Für die Niederwerfung dieses Reiches, das die letzte große Gefahr für die römische Weltherrschaft darstellte, waren drei Jahre vorgesehen, in denen der Diktator die Hauptstadt nicht mehr betreten sollte. Nach dem siegreichen Abschluß des Feldzuges bestand im römischen Generalstab der Plan, den Kaukasus zu überschreiten, Südrußland zu durchqueren und über die Gebiete des heutigen Ungarn und Polen den Völkerschaften der Germanen in den Rücken zu fallen, wobei eine zweite Heeresmacht von der Rhein- und Donaugrenze in germanisches Gebiet einfallen sollte, um so in einem Zweifrontenkrieg den Norden Europas für Rom zu gewinnen und endgültig zu befrieden. Mit den gewonnenen Schätzen des Partherkönigs sollten die letzten Schwierigkeiten der römischen Finanzpolitik beseitigt werden, und zugleich sollte dem an der Finanzierung des Krieges maßgeblich beteiligten römischen Großkapital ein neuer, unerschöpflicher Wirtschaftsmarkt gewonnen werden.

Die an dem Feldzug beteiligten Legionen waren in ihre Ausgangspositionen eingerückt, die für den obersten Kriegsherrn bestimmten Galeeren lagen an der Reede von Ostia vor Anker – man bemerkte unter ihnen einige Schiffe griechischer Bauart aus der Staatsflottille der Königin von Ägypten, Cleopatra. Der Staatsapparat war bereits vollständig auf den Krieg umgestellt worden. Die Regierungsgewalt war (durch Senatsbeschluß) auf den unwidersprochenen Antrag des Diktators hin für alle höheren Beamten entgegen sonstigen Gepflogenheiten auf drei Jahre ausgedehnt worden. An der Spitze der Exekutive befanden sich die beiden Konsuln Hirtius und Pansa, vielfach bewährte Gefolgsmänner des Diktators. Ihre Entscheidungen sollten kontrolliert werden durch zwei Privatpersonen von außergewöhnlichem Einfluß: dem phönizischen Bankier Balbus und dem General Oppius, die beide dem Privatkabinett des Diktators angehörten, ohne eine amtliche Funktion einzunehmen. Aus allen Teilen Italiens waren in den letzten Tagen die Veteranen Cäsars, also die Soldaten, die unter ihm in den acht Jahren des Gallischen Krieges und in dem dreijährigen Bürgerkrieg gedient hatten, nach Rom gekommen, um ihrem Feldherrn, der sie alle bei Namen kannte, das Ehrengeleit zu geben. Sie hatten in den Tag und Nacht geöffneten Tempeln der Stadt Quartier genommen, hauptsächlich in jenen Heiligtümern, die dem Kult des Diktators, der Verehrung seiner Ahnen oder seines Genius dienten.

Heute vor 2000 Jahren, kurz nach zehn Uhr vormittags, war der Diktator im Begriffe, seine Amtswohnung an der Heiligen Straße zu verlassen, um sich zur Sitzung des Senats in die Kurie zu begeben. Kurz bevor er die bereitgestellte Sänfte mit den Purpurvorhängen bestieg, geschah es, daß im Atrium, der Vorhalle des Hauses, eine Ahnenmaske von der Wand fiel. Man hat später erfahren, daß ein Diener, der der Gattin des Diktators Calpurnia besonders ergeben war, dieses böse Vorzeichen absichtlich herbeigeführt hat, um seine Herrin in den beschwörenden Vorhaltungen zu unterstützen, mit denen sie schon während der Nacht und im Laufe des Morgens versucht hatte, den Diktator am Ausgehen zu hindern. Zwar war es Calpurnia mehr als jeder anderen vertrauten Person in der unmittelbaren Nähe Cäsars bekannt, daß der Diktator den guten oder bösen Vorzeichen keinerlei persönliche Bedeutung beizumessen pflegte. Da jedoch sie selbst wie alle frommen Römer an die Offenbarung eines übernatürlichen Willens durch unerklärliche Vorfälle fest glaubte, ließ sie auch dieses Mittel nicht unversucht, um Cäsar vor einer großen Gefahr, in der sie ihn schweben sah, zu beschützen. Sie hatte im Laufe der Nacht im Traum gesehen, wie der Giebel ihres Hauses einstürzte und ihr Gemahl von Blut überströmt in ihren Armen starb. Der Diktator hatte zugegeben, daß auch er in der Nacht sich im Traume mehrmals über den Wolken schwebend gesehen habe und daß ihm Jupiter erschienen sei, dem er seine Rechte gereicht habe. Nun löste das Herabfallen der Totenmaske in dem Diktator doch ein leichtes Zögern aus.

Er fühlte sich nicht wohl. Immer häufiger hatten sich in den letzten Wochen die Anfälle jener rätselhaften Krankheit eingestellt, die wir heute als Epilepsie kennen, die aber von den Zeitgenossen Cäsars mit den Göttern in Zusammenhang gebracht und als die Heilige Krankheit bezeichnet wurde. Cäsar hatte sein 56. Lebensjahr erreicht und in den letzten fünfzehn Jahren mit Ausnahme eines einzigen Winters in Ägypten keinen Tag der Ruhe gesehen. Über den ganzen Orbis terrarum bis an die Grenzen der Welt war über Jahrzehnte hinweg dem Namen Cäsar der Ruhm vorausgeeilt, Müdigkeit nicht zu kennen. Man wußte, daß er auf den Märschen seiner Legionen in Feindesland zu Fuß vorauszugehen pflegte, ohne auf Hitze oder Regen Rücksicht zu nehmen. Er trug nicht einmal eine Kopfbedeckung. Wenn er im Wagen fuhr – es war gewöhnlich ein gemieteter, ganz einfacher Reisewagen –, betrug die normalerweise zurückgelegte Entfernung hunderttausend Schritt am Tag, das sind hundertfünfzig Kilometer. Flüsse, die ihn aufhielten, pflegte er zu durchschwimmen, und die Eilboten, die er auf seiner Route vorausschickte, lebten stets in der begründeten Angst, später anzukommen als er selbst. Noch in dem Feldzug in Spanien vor drei Jahren griff er wie ein gewöhnlicher Soldat mit dem Schwert in der Hand in die Schlacht ein, ein Jahr vorher war er in bedrängtester Lage im Hafen von Alexandria ins Meer gesprungen, dreihundert Meter weit zum nächsten Schiff geschwommen, in der linken Hand Staatspapiere hochhaltend, um sie vor Nässe zu schützen, seinen Feldherrnmantel mit den Zähnen nachschleppend, damit er nicht als Siegeszeichen in die Hände der Feinde fiele.

Nun, am Vorabend des parthischen Feldzuges, sah er sich aufs neue all diesen Entbehrungen, Strapazen, Zwischenfällen ausgesetzt, ohne daß er hoffen konnte, die wundervolle Ruhe der großen Nilfahrt mit der Königin Cleopatra würde sich wiederholen.

Hinzu kam, daß die merkwürdigen Vorzeichen, von denen seine Gattin Calpurnia gesprochen hatte, nicht die einzigen waren, durch die er sich in der letzten Zeit gewarnt fühlte: Schon einige Wochen vor dem heutigen Tage hatte ihm der Wahrsager Spurinna bei der Darbringung des vorgeschriebenen Tieropfers für die Staatsgötter die rätselhaften Worte gesagt, er solle sich vor einer Gefahr hüten, die nicht länger als bis zu den Iden des März, also bis zum heutigen Tage, auf sich warten lassen würde. Einer seiner Diener hatte kürzlich eine Vogelschar aus einem nahen Haine aufsteigen sehen; sie verfolgte einen Zaunkönig, der mit einem Lorbeerblatt im Schnabel in Richtung auf die pompeianische Kurie davongeflogen war und angeblich dort von den Verfolgern zerrissen wurde. Es war Cäsar gemeldet worden, daß die Rosse, welche er zu Beginn des Bürgerkrieges beim Übergang über den Rubico den Göttern geweiht und ohne Hüter frei hatte laufen lassen, durchaus nicht mehr fressen wollten.

Rubico – dies war der entscheidende Moment in Cäsars Leben gewesen. Bis zum Augenblick, als er diesen kleinen Fluß in Richtung Rom überschritt, war er ein Feldherr des römischen Staates, der zwar mit seiner obersten Behörde im Widerspruch lag, aber noch keine Revolution verursacht hatte, denn das Land jenseits des Rubico gehörte noch zu der Provinz, die Cäsar vom Senat rechtmäßig zur Verwaltung übertragen worden war. Diesseits des Rubico aber begann das geheiligte Gebiet der altrömischen Republik, das Land, über dem die Wölfin regierte. Hier einzufallen, bedeutete den Umsturz der bestehenden Ordnung. Cäsar sprach damals am Rubico zu seinen Generälen die Worte: »Noch können wir zurück. Sind wir einmal über diesem Brückchen, dann entscheiden nur die Waffen.« Sein Leben lang verließ den Diktator die Erinnerung an diesen Augenblick nicht mehr, vor allem, weil sie verbunden war mit dem Erscheinen eines ausgezeichnet schönen, großgewachsenen, unbekannten Mannes, der auf einer Halmpfeife blies und die Aufmerksamkeit der Soldaten und Wachtposten fesselte. Plötzlich hatte dieser Mann, mitten unter den zuhörenden Kriegern stehend, einem Trompeter die Tuba abgenommen, war damit zum Fluß gelaufen und heftig blasend an das andere Ufer gelangt. In diesem Augenblick hatte Cäsar die Worte ausgerufen, die mittlerweile in aller Munde sind: »Vorwärts, wohin uns der Götter Anzeichen und der Feinde Ungerechtigkeit treiben. Der Würfel ist gefallen.«

Heute vor 2000 Jahren, kurz nach zehn Uhr vormittags, stand der Diktator des Römischen Reiches in der Vorhalle seines Hauses an der Heiligen Straße zögernd bereit, sich zur Sitzung des Senats in die Kurie des Pompeius zu begeben.

Pompeius – nicht ganz vier Jahre vor dem heutigen Tage hatte der Diktator einen der schrecklichsten Augenblicke seines Lebens. Durch eine Prozession von Eunuchen war ihm in Alexandria in Ägypten der Kopf des Pompeius gebracht worden, jenes Mannes, dem der Senat einmal gestattet hatte, seinem Namen schon bei Lebzeiten das Wort »Magnus – der Große« hinzuzufügen, einst Cäsars Schwiegersohn, Verbündeter und Freund, später sein unversöhnlichster Gegner. Beide, Pompeius und Cäsar, haben gewußt, daß der Kampf, den sie miteinander führten, ungleich war. Pompeius hatte das verbriefte Recht auf seiner Seite, das Recht einer aristokratischen Staatstradition. Cäsar revoltierte gegen die erstarrten Formen des unzulänglich gewordenen republikanischen Staatsapparates. Pompeius bestand hartherzig auf dem Buchstaben der alten Gesetze. Cäsar war, den Blick auf die Zukunft gerichtet, der versöhnlichste Gegner, den es in der Kriegsgeschichte gibt. Obwohl ihn die Niederwerfung der pompeianischen Partei viele Jahre kostete und obwohl immer neue Schlachten in Griechenland, in Ägypten, in Spanien und in Afrika notwendig waren, hat Cäsar niemals gezögert, Offiziere und Soldaten des Pompeius unmittelbar nach ihrer Niederlage freizulassen und ihnen ohne Einschränkung die Möglichkeit zu geben, entweder nach Hause zurückzukehren oder fortan für ihn Dienst zu tun. Marcus Brutus, für den er zeitlebens eine an Schwäche grenzende Vorliebe hatte, focht noch bei Pharsalus auf der Seite des Pompeius. Wir wissen, daß Cäsar am Abend nach der Schlacht die größten Besorgnisse hatte, weil über das Schicksal des Brutus nichts bekannt war. Als der junge pompeianische Aristokrat endlich im Lager Cäsars sich gefangen gab, begrüßte ihn Cäsar mit Zeichen großer Freude.

Den Gegnern seiner Politik ist es bis auf den heutigen Tag unfaßbar geblieben, daß Cäsar nach so vielen Zeichen ungerechter und hartnäckiger Feindschaft darauf bestand, daß die vom Volk gestürzten Statuen des Pompeius überall im Reiche wieder aufgerichtet wurden. Das Volk verstand seine Milde besser; es personifizierte die alles übersteigende Nachsicht und Versöhnlichkeit des Diktators in einer Göttin: der Clementia Caesaris, in deren Tempeln das Standbild des Diktators Hand in Hand mit der Göttin aufgerichtet wurde. Alle Zeitgenossen, die uns Berichte über das Leben Julius Cäsars hinterlassen haben, stimmen darin überein, daß er stets von dem Bestreben geleitet war, Äußerungen, Pläne und Anschläge, die sich gegen seine Person richteten, lieber zu verhindern als zu bestrafen. Erst vor kurzem war ihm mehrmals durch seine geheime Polizei und durch Freunde die Mitteilung zugegangen, es bestünden Verschwörungen und Komplotte, die seinen Sturz und seinen Tod zum Ziele hätten. Das einzige, was er dagegen unternahm, war ein Erlaß, in dem er die Öffentlichkeit darauf aufmerksam machte, daß diese Verschwörungen und Komplotte ihm bekannt seien. Zur gleichen Zeit wies er einen Antrag des Senats, sich mit einer persönlichen Leibwache zu umgeben, als gegenstandslos zurück.

Zu dieser Zeit bekleidete Gaius Julius Cäsar das mit absoluter Gewalt ausgestattete höchste Amt des römischen Staates. Er war Diktator auf Lebenszeit, nicht absetzbar, mit unbedingter Exekutivvollmacht. Im vergangenen Jahr hatte der Senat beschlossen, ihm das Wort »Imperator« nicht als Titel, sondern als Namen zu verleihen. Man nannte ihn Vater des Vaterlandes und gewährte ihm das Privileg eines eigenen Thronsessels auf dem Bühnenhalbrund des Theaters, so daß der Diktator im Spiel der antiken Tragödie als Gott unter Göttern erschien.

Du bist das Land, du bist des Volkes Rat
nimmer gerichteter Herr.
Schutz der Altäre, die alle begehren.
Einzige Stimme zählt, wenn dein Haupt nickt.
Einzig Gebot gibt dein Thron.
Ist keine Macht denn die deine.
Hüte vor Schuld dich.

Er ließ es zu, daß sein Standbild in einer Reihe mit den Standbildern der offiziellen Götter des römischen Staates aufgestellt wurde. Er nahm die Ehre an, schon bei Lebzeiten einen Sitz an der geheiligten Tafel zu haben, die den Göttern beim Staatsopfer gedeckt wurde. Er erhob keinen Einspruch, als man den beiden Priesterschaften des Pan, des Gottes der Natur, eine dritte Priesterschaft hinzufügte, die seinen Namen trug. Er hatte volle Freiheit in Finanzdingen und verwaltete sie so gut, daß eine bis dahin nicht gekannte Stabilität der Währung eintrat und die Staatskasse am 15. März des Jahres 44 700 Millionen Sesterzen enthielt. Er hatte das Recht Gesetze zu beantragen und durchzuführen; als Tribun war seine Person unverletzlich; als Zensor durfte er Personen in den Senat ernennen oder ausstoßen; als Pontifex maximus endlich, als oberster Priester, beherrschte er den gesamten Klerus einschließlich der Wahrsagerkollegien.

Heute vor 2000 Jahren, kurz nach zehn Uhr vormittags, erwartete der Senat des Römischen Reiches in der Kurie des Pompeius die Ankunft des Diktators Gaius Julius Cäsar. Als sich das Eintreffen des Imperators merklich verzögerte, beschlossen die Senatoren, den Vertrauten Cäsars, Decimus Brutus, in das Amtshaus an der Heiligen Straße zu entsenden. Dieses Amtshaus wurde damals die Regia genannt. Cäsar bewohnte es seit dem Tage, da er Pontifex maximus geworden war, und auch als Diktator ist er nicht in einen Palast umgezogen. Regia – dieser Name für Cäsars Amtswohnung als Oberpriester hängt mit einem Wort zusammen, das seit dem Jahre 498 vor Christus im römischen Volk mit ungeheuerlichen Verfluchungen verbunden war: Rex, der König. Seit der letzte der sieben römischen Könige, Tarquinius Superbus, durch den Nationalheros des Staates, den Älteren Brutus, vertrieben wurde, war in der Stadt kein Begriff, der etwas mit Herrschaft zu tun hatte, so abgründig verhaßt wie der des Königs. Die einzige Stelle im republikanischen Staatsapparat, an der noch eine königliche Tradition sichtbar wurde, war das Amt des Pontifex maximus und sein Haus, die Regia. Wenn es wahr ist, daß Cäsar auf der Höhe seiner Macht die Absicht hatte, die Königswürde anzunehmen, so konnte er keine bessere Ausgangsposition dafür haben als das Amt des Pontifex maximus, in dem sich die sakralen Funktionen des Königtums erhalten hatten. Erst kürzlich hatten einzelne seiner leidenschaftlichsten Anhänger ihm zu wiederholten Malen das Aufsetzen des Diadems öffentlich nahegelegt, jedoch hat Cäsar diese Anträge unter dem Beifall des Volkes stets zurückgewiesen. Was sollte einen so nüchternen, realistischen, der tatsächlichen Macht verfallenen Mann veranlassen, eines bloßen Namens wegen die Zahl seiner Gegner ins Ungemessene zu vermehren.

Und doch gibt es einige Anzeichen dafür, daß ihn die Würde des Königtums magisch angezogen hat. Auch für Cäsar war es offenbar nicht gleich, ob er das Reich wie ein König oder als ein König regierte. In diesen Tagen verbreitete sich in der Stadt das Gerücht von einer uralten Prophezeiung über das Partherreich; es sei, so hieß es, nur einem Könige möglich, den König der Parther sich zu unterwerfen. Man habe also die Absicht, den Diktator wenigstens für die Provinzen des Reiches zum König auszurufen. Und Cäsar schien dieser Absicht auf eine unbegreifliche Weise vorzuarbeiten: er erschien öffentlich anstatt in dem mit Purpurstreifen verbrämten Mantel des Konsuls in einem gänzlich purpurfarbenen Gewand, das im Altertum überall als Königskleid galt. Vor dem feierlichen Zuge des Senats, der zu ihm kam, um ihm eine Anzahl höchst schmeichelhafter Beschlüsse zu überbringen, blieb er in der Vorhalle des von ihm errichteten Tempels seiner Stammmutter Venus wie ein orientalischer Despot auf dem Goldthrone sitzen. Im Volk verbreitete sich der Glaube, daß seine körperliche Nähe heilbringend sei, und die Mietpreise in dem Stadtviertel, das er bewohnte, waren stetig im Steigen. Auch in der Ausübung der Regierung griff der Diktator immer mehr auf die Überlieferung der Königszeit zurück. Er betrachtete die Bürgerschaftsversammlung als den höchsten und letzten Ausdruck des souveränen Volkswillens, dem er allein die Richtung zu geben hatte, und führte den Senat wieder auf seine Urbestimmung zurück, dem Herrn Rat zu erteilen, aber nur, wenn er es verlangte.

Seit etwa einem Jahr lebte in den Gärten des Diktators jenseits des Tiber im heutigen Trastevere in einer Hütte massiven Goldes die verführerischste Frau des Altertums, Cleopatra, die Erbin des ältesten Königtums der Welt, des Pharaonenthrones von Ägypten. Alle Welt wußte, daß Cäsar von ihr einen Sohn hatte und daß ein Teil seines Wesens der gottköniglichen Anziehungskraft dieser Frau verfallen war.

Angesichts dieser Tatsachen schienen die alten Ideale der bürgerlichen Freiheit, der republikanischen Unabhängigkeit, der Gewaltenteilung zwischen Senat und Volk endgültig zum Untergang bestimmt, und es war nicht schwer, die Parolen zu finden, die diese Befürchtungen zur Volksmeinung werden ließen. Das Regiment Cäsars steckte voll von Plänen. Ihre Durchführung war eingeleitet, nicht vollendet. Wer wehrdienstpflichtig war, durfte Italien nicht verlassen, es sei denn im Staatsdienst. Senatorensöhne brauchten dazu die persönliche Erlaubnis des Diktators. Achtzigtausend Bürger der Stadt Rom schickte Cäsar als Kolonisten zum Aufbau und zur Neubevölkerung in Städte, die am Rande der bekannten Welt lagen. Die ungeheuerlichen Versprechungen an Geld und Land, die Cäsar seinen altgedienten Legionären im Laufe von zwanzig Jahren in steigendem Maße hatte machen müssen, waren bestenfalls mit dem Golde Persiens, aber nicht mehr aus staatseigenen römischen Mitteln abzugelten. Die Gesetze, die der Diktator als oberster Sittenrichter gegen den Aufwand und gegen den persönlichen Luxus erließ, erschienen lächerlich im Anblick der Tatsache, daß Cäsar kostbare Mosaikfußböden für die Quartiere seiner Feldzüge mitnahm und für schlanke, feingliedrige Sklavinnen Preise bezahlte, deren Eintragung in seine Rechnungsbücher er aus Scham verbot. Man erinnerte sich, daß einer der geheimen Gründe für den Feldzug nach England die Hoffnung Cäsars gewesen war, dort Perlen zu finden; man erinnerte sich, daß er der Servilia, der Mutter des Marcus Brutus, die seine Geliebte gewesen war, einen Perlenschmuck von einer Million zweihunderttausend Mark Wert zum Geschenk gemacht hatte, und die Stadt war noch voll von dem Skandal, den Cleopatra hervorgerufen hatte, als sie eine Perle von unschätzbarem Wert in Essig auflösen und in ihren Schlaftrunk mischen ließ.

Am Vorabend des parthischen Feldzuges fragten sich die Mitglieder von achtzig Familien, die durch die vergangenen vierhundert Jahre die Geschicke Roms im Bewußtsein ihrer aristokratischen Erwähltheit regiert hatten, was mit ihnen, ihrem Einfluß und ihrem Reichtum geschehen würde, wenn Cäsar aus Persien siegreich zurückkehren würde. Als vollends auf Cäsars Geheiß ein Erlaß erging, der von den 320000 Empfängern staatlicher Getreidespenden Mann für Mann den Nachweis der Bedürftigkeit verlangte, schien es für die alte republikanische Aristokratenpartei kein Problem mehr, dem römischen Volke klarzumachen, daß Gaius Julius Cäsar nicht ein Diktator sei, sondern ein Tyrann.

> Gefährlich ist aufgewühlter Bürgerhaß.
> Es fordert ein die Schuld der Fluch des Volkes,
> ich fürchte mich vor Argem auch,
> das die Nacht mir verhüllt.
> Wer viel Blut vergoß, der steht unter Gottes Blicken.
> Auch wo Ruhm im Übermaß, dräuet Gefahr.
> Die Höchsten treffen die zürnenden Blitze.

In Rom lebte damals ein Mann mit Namen Marcus Junius Brutus. Er gehörte einer der ältesten patrizischen Familien der Stadt an und war mit der geheiligten republikanischen Verfassung des römischen Staates auf eine sehr persönliche Weise verbunden: er leitete seine Abstammung von jenem berühmten Brutus her, der im Jahre 498 vor Christus den letzten König der Römer aus der Stadt vertrieben und die Freiheit der Republik ausgerufen hatte. Seit dieser Zeit war das Ansehen des Namens Brutus in Rom mit den ehrwürdigen Traditionen altrömischer Größe tief verbunden. Persönlich hatte Marcus Brutus nicht mehr sehr viel von der heroischen Aura an sich, die seinen Ahnherrn umgab. Er war ein stiller und ernster Mann von jener verschlossenen Noblesse, mit der Mitglieder sehr alter Häuser sich von dem brausenden Getriebe gegenwärtigen Lebens entfernt zu halten pflegen. Ein Zug von asketischer Gelehrsamkeit, ein Hang, auf vornehme, makellose und diskrete Weise sich mit den Dingen des Geistes zu beschäftigen, eine untadelige moralische Haltung zeichneten ihn aus. Er wußte sich mit einer Atmosphäre verfeinerter Kultur und erlesenen Geschmacks zu umgeben, liebte kostbare Bücher, und sein Griechisch war von einer Gewähltheit des Ausdrucks, die von seinen Zeitgenossen übereinstimmend gerühmt wird. Alles Leichtfertige, Spielerische, Elegante war ihm fremd. Sein Geist beschäftigte sich auf ästhetische Weise mit den Gedankengängen Platos, ohne sich mit ihnen tiefer auseinanderzusetzen. Er fand ein wohltuendes Genügen in dem zurückhaltenden Genuß, mit Kennerschaft zu philosophieren, ohne einer bestimmten Lehre verpflichtende Bedeutung beizumessen. Diese seine Art auswählender und distanzierter Geistigkeit ging Hand in Hand mit einem ausgebreiteten Bewußtsein vom Gewicht seines Namens und von der geschichtlichen Fracht, die er durch seine alte Familie auf den Schultern spürte.

In den Jahren des Bürgerkrieges und besonders seit der endgültigen Machtergreifung des Diktators hatte er sich angewöhnt, die Miene sehr großen Ernstes zu zeigen – vielleicht in der unbewußten Absicht, schon allein durch ein solches gedankenvolles, beinahe grüblerisches Benehmen die Öffentlichkeit davon zu überzeugen, daß ein Brutus auf jeden Fall die Staatsverantwortung zu tragen habe, selbst wenn er sich jeder Tätigkeit enthalte. So war es gekommen, daß man diesen keineswegs durch Leistungen auffallenden Mann in Rom geradezu für ein schweigendes Regulativ des Staatscharakters zu halten begann. Keine seiner Tugenden trat jemals in bedeutender Tätigkeit zutage, aber der öffentlichen Meinung schien es zu genügen, daß er die äußeren Kennzeichen aller römischen Bürgertugenden in vollkommenem Maße besaß. Inmitten der dynamischen Neuschöpfung, die dem Römischen Reiche durch Gaius Julius Cäsar widerfuhr, wandelte Marcus Brutus als das Idol republikanischer Loyalität durch die Straßen Roms, und er zeigte sich tief getroffen, als er eines Tages am

Sockel eines Standbildes, das den berühmten Älteren Brutus, den Tyrannenbeseitiger, darstellte, einen Zettel fand mit den Worten: »Brutus, schläfst Du?«

Die Beziehungen des Marcus Brutus zum Diktator waren sehr eigenartiger Natur. Obwohl beide, durch Charakter und Weltgefühl getrennt, sich auf sehr verschiedenen Lebensbahnen bewegten, schien es, als habe die gleichmäßig tugendhafte Erscheinung des Brutus für Cäsar eine unerklärliche Anziehungskraft. Die römische Öffentlichkeit erklärte sich diese einseitige Hinneigung Cäsars zu Brutus sehr einfach mit dem niemals verstummenden Gerücht, daß der Diktator in dem schweigsamen Republikaner mehr, weit mehr als nur einen jungen geistigen Gegenspieler von untadeliger Gesinnung zu erblicken habe. Brutus' Mutter Servilia, eine Stiefschwester des sittenstrengen und unbeugsamen Jüngeren Cato, war von allen Frauen Roms wahrscheinlich diejenige, die der Diktator am meisten geliebt hatte. Da die Geburt des Marcus Brutus in eine Zeit fiel, als die leidenschaftliche Verbindung zwischen Cäsar und Servilia noch keineswegs zu Ende war, tuschelte alle Welt darüber, dieser Marcus Brutus sei ein Sohn des Diktators.

Natürlich wußte auch Brutus selbst von diesem Gerücht, und seiner empfindlichen moralischen Natur war der Gedanke, möglicherweise ein Bastard zu sein, ein unerträglicher Stachel. Er fühlte sich als Brutus, als Erbe eines erhabenen Namens von aller Welt angezweifelt, und je höher der Diktator in seiner Macht stieg, um so dunkler warf sich sein Schatten über das Legitimitätsbewußtsein, das das Grundgefühl im Leben des Brutus war. Im letzten Jahr hatten sich die Dinge auch noch dadurch verschlimmert, daß die Königin Cleopatra ihren kleinen Sohn Kaisarion mit nach Rom gebracht und der Öffentlichkeit präsentiert hatte, so daß dem Brutus nicht einmal das Gefühl blieb, wenn er schon möglicherweise ein außerehelicher Sohn des Diktators sei, dann wenigstens der einzige zu sein.

Und so entwickelte sich im Bewußtsein des Marcus Brutus sehr langsam, aber stetig steigend eine Einstellung gegenüber der Person des Diktators, die aus einer persönlichen Haßliebe und der romantischen Verantwortung gegenüber der verlorenen republikanischen Freiheit gleicherweise gemischt war. Cäsar, dessen Instinkt für menschliche Grundeinstellungen ans Wunderbare grenzte, hat von Brutus des öfteren ahnungsvoll gesagt: »Es ist sehr wichtig, was dieser für Absichten hat; denn was er will, das will er stark.« Merkwürdig – bisher hatte Brutus eigentlich noch niemals Gelegenheit gegeben, diesen seinen starken Willen an einer entscheidenden Tat zu konstatieren. Und Cäsar konnte, als er diesen Ausspruch über Brutus tat, noch nicht wissen, daß Brutus vor nicht allzu langer Zeit einmal geschrieben hatte: »Unsere Vorfahren waren der Ansicht, wir dürften keinen Tyrannen ertragen, selbst wenn er der eigene Vater wäre.«

Die Seele der Verschwörung war Cassius. Nach langem Zögern gab Brutus sein Einverständnis, das Haupt zu sein. Der heutige Tag, der 15. März, gab durch die in der Pompeiuskurie anberaumte Sitzung die letzte denkbare Möglichkeit; achtzig Senatoren aus den vornehmsten republikanischen Patrizierfamilien waren in den Plan eingeweiht. Viele von ihnen hatten jahrelang mit Cäsar zusammengearbeitet, vielen von ihnen hatte Cäsar trotz ihrer unzulänglichen und dilettantischen Opposition immer wieder in unbegreiflicher Nachgiebigkeit verziehen. Alle hatten sie mit Begier die Worte eingesogen, die der Redner Marcus Tullius Cicero, eifersüchtiger Feind und Bewunderer Cäsars, in Augenblicken relativer Gefahrlosigkeit über die wiederherzustellende Freiheit der römischen Republik durch Reden, Briefe und Gespräche verbreitet hatte. – Worte, die um so tiefer eindrangen, je mehr die Zuhörer in der Lage waren, sich dem hinreißenden und vollkommenen Latein Ciceros hinzugeben. Nicht durch Zufall kam es dahin, daß das Losungswort der Verschworenen für den 15. März der Name »Cicero« war.

Der Plan war bis in die Einzelheiten festgelegt. Die Verschworenen, die sich wie alle übrigen Senatoren gegen zehn Uhr vormittags an der Pompeiuskurie versammeln würden, sollten unter der Toga mit Dolchen versehen sein. Marcus Brutus, der das Amt eines

Prätors bekleidete und die Aufgabe hatte, Zivilprozesse zu entscheiden, sollte sich auf den Richterstuhl setzen und die Klagen der streitenden Parteien so lange anhören, bis der Diktator erscheinen würde. Der vorzügliche, von Cäsar hoch geehrte General Trebonius hatte die Aufgabe übernommen, den treuesten Gefolgsmann Cäsars, den athletischen und wirrköpfigen Marcus Antonius, am Eingang der Kurie in ein Gespräch zu ziehen, um ihn von der Teilnahme am Beginn der Sitzung abzuhalten. Decimus Brutus, der ältere Bruder des Marcus, durch lange Jahre vom Diktator persönlich ins Vertrauen gezogen, hatte sich verpflichtet, in die Garderoben und Vorräume des nahen Pompeiustheaters Gladiatoren zu legen, damit die Verschworenen im Falle der Gefahr einen bewaffneten Schutz zur Verfügung hätten. Es war ausgemacht worden, daß jeder der Verschworenen ohne Ausnahme dem Diktator einen Dolchstoß zu versetzen habe, denn nicht um ein Attentat ging es hier, sondern um den Sturz des Tyrannen, der von den Repräsentanten des ganzen Staates gemeinsam vollzogen werden sollte. Nach dem Tode Cäsars sollte Marcus Brutus, als der Vertreter der altrömischen Tugend, vor dem Senat eine Rede halten, worin der Tod des Diktators vom Staate her gerechtfertigt und die Freiheit der Republik ausgerufen werden sollte.

Noch wußten die Verschworenen nicht, zu welcher Größe der Diktator in dem Augenblick aufsteigen würde, als die Dolche seiner Mörder sichtbar wurden. Noch war es ihnen unmöglich, sich den Anblick Cäsars vorzustellen, der, jeden Widerstand aufgebend, sich die Toga wie beim Totenopfer über den Kopf zog, sorgfältig darauf achtend, daß sein Leib im Niederfallen keine Blöße zeige, bevor er vor der Bildsäule des Pompeius, aus dreiundzwanzig Wunden blutend, tot zusammenbrach. Vor allem aber rechneten die Verschworenen keinesfalls damit, daß der Senat, der nunmehr doch dazu ausersehen war, die wiederhergestellte Freiheit feierlich zu bestätigen, in schrankenloser Panik auseinanderstürzen würde. Noch vertrauten sie darauf, das Volk werde den Sturz des Diktators mit dem Taumel eines echten Freiheitsgefühls beantworten, und sie konnten sich nicht vorstellen, welch einen tiefen und familienhaften Schmerz der Anblick der Sänfte hervorrufen würde, in der der tote Leib Cäsars, getragen von drei Sklaven, in sein Haus zurückkehrte, den linken Arm auf dem Boden nachschleifend. Vor allem aber war es den Verschworenen unbekannt, daß mit dem Tode des Diktators weder sein Werk noch sein Geist zu leben aufhören würden. Niemand von ihnen ahnte, daß ein unbeachteter achtzehnjähriger Mann, der schon unter ihnen lebte, das Werk des Gestürzten für die Dauer von Jahrhunderten befestigen würde: Octavianus, der Erbe Cäsars, den die Welt unter dem Namen Augustus kennt. Auch hatten die Verschworenen nicht bedacht, daß auf dem Gipfel der Welt die Gewalttat einen fürchterlichen Sog hat, in dem jeder von ihnen mit zugrunde gehen würde.

Heute vor 2000 Jahren, kurz nach zehn Uhr vormittags, erwarteten mit dem versammelten Senat achtzig mit versteckten Dolchen ausgerüstete Männer in der Kurie des Pompeius in ungeheurer Spannung die Ankunft des Diktators. Im benachbarten Theater pflegte um diese Zeit die Vorstellung zu beginnen. In Kothurn und Maske erhob der Chorführer der Tragödie seine Stimme:

> Denn schrill, daß steil das Haar sich streckt,
> schrie im dunklen Wahn der Nacht des Traumes
> prophetische Stimme
> zutiefst im Hause den Schrei der Angst,
> und die dem Gotte sich verbürgt
> die Deuter der Träume
> sprachen so:
> die drunten sind, klagen,
> mächtig wider die Mörder erhebt sich ihr Groll.

Es war halb elf Uhr geworden. Cäsar war in Dingen der Öffentlichkeit und des Staates von sprichwörtlicher Akkuratesse und Pünktlichkeit. Warum kam er nicht? Hatte man die Verschwörung vielleicht schon verraten, und zögerte er in seinem undurchdringlichen Gleichmut nur, das Komplott sofort mit der Anwendung der Staatsgewalt zu beantworten? Man war es ja von ihm gewöhnt, daß er immer dann, wenn niemand es erwartete, entscheidende Aktionen ins Werk setzte. Alle Verschworenen kannten Cäsar gut genug, um zu wissen, daß man, wenn man die Person des Diktators in einen Plan einbezog, damit rechnen mußte, daß zum Schluß *er* es war, der den Ausgang bestimmte.

Die Verschworenen hielten sich immer noch in den Wandelgängen der Pompeiuskurie auf und waren mittlerweile so unruhig, daß zwei harmlose Zwischenfälle beinahe alles zum Scheitern gebracht hätten. Einmal kam ein Senator an dem Verschwörer Casca vorüber, blieb stehen und sagte lachend zu ihm: »Du versteckst etwas, aber Brutus hat mir alles gesagt.« Casca erbleichte, und nur, weil aus den Worten des anderen hervorging, daß er nicht auf die Verschwörung, sondern auf Cascas Anwartschaft auf ein Staatsamt anspielte, wahrte der Verschwörer das Geheimnis. Das andere Mal näherte sich der Senator Popilius Laenas dem Brutus und dem Cassius und flüsterte ihnen zu: »Es kann euch gelingen, aber macht schnell.« Popilius Laenas war kein Mitverschworener.

Immer noch blieb der Diktator aus. Schließlich entschlossen sich die Verschworenen, den Decimus Brutus, den Cäsar so hoch schätzte, daß er ihn zu seinem zweiten Erben zu machen gedachte, in das Haus des Diktators zu schicken. Er solle erkunden, wie es stehe, und Cäsar mit allen Mitteln bewegen, doch noch zu kommen.

Von der Pompeiuskurie bis zum Haus des Pontifex maximus braucht man zu Fuß etwa zwanzig Minuten – mit dem Wagen zu fahren, war damals in der römischen Innenstadt verboten, und so erreichte der Verschwörer einige Minuten vor elf Uhr das Haus Cäsars. In seinem hastigen Schritt hatte er in der Volksmenge den Mann nicht gesehen, der mit Unruhe darauf wartete, dem vorüberkommenden Diktator ein Schreibtäfelchen zu überreichen, auf dem die Verschwörung detailliert mitgeteilt war. Auch den Wahrsager Spurinna hatte er nicht bemerkt, der, wie wir wissen, Cäsar vor den Iden des März gewarnt hatte, und nun bereitstand, es noch einmal zu tun. (Der Diktator wird später auf dem Wege zur Kurie in leicht selbstironischem Ton zu Spurinna sagen: »Die Iden des März sind ja nun doch ohne Schaden für mich gekommen« – und darauf die Antwort erhalten: »Ja, gekommen sind sie, aber noch nicht vorüber.«) Nun erreicht Decimus Brutus die Heilige Straße. Er sieht vor dem Eingang von Cäsars Haus die übliche Volksmenge stehen, die ihn stets beim Ausgehen begrüßt. Er eilt an den Sänftenträgern vorbei, findet Cäsar mit Calpurnia und Marcus Antonius, einigen Klienten und Dienern im Atrium stehen, bemerkt die Scherben der Ahnenmaske am Boden und hört, wie Cäsar dem Marc Anton sagt, er möge zum Senat gehen und ihn entschuldigen, er fühle sich nicht wohl und zöge es vor, zu Hause zu bleiben.

In diesem Augenblick liegt der Fortgang der Weltgeschichte auf den Schultern des Decimus Brutus. Wenn es ihm jetzt nicht gelingt, die richtigen Worte zu finden, ist alles verloren. Da steht Cäsar, die Toga in der ihm eigenen Weise lässig gegürtet, den Lorbeerkranz auf dem kahlen Schädel, mit müdem, von großen Anstrengungen gezeichnetem Gesicht, aus dessen Blässe die Augen sonnenhaft hervorleuchten. Decimus Brutus weiß nicht, daß der Mann vor ihm gestern abend auf einem Gastmahl des Lepidus im Tischgespräch die Frage aufgeworfen hat, welches der schönste Tod sei, und daß er darauf selbst die Antwort gegeben hatte: »Ein unerwarteter Tod.« Er bemerkt nur die gewohnte verhaltene Gebärde, mit der Cäsar ihn begrüßt, wie er alle seine Freunde zu begrüßen pflegt: freundlich und höflich, aber doch so, als ob diese Freundlichkeit und Höflichkeit einen sehr weiten Weg zurückzulegen hätte, bevor sie den Angesprochenen erreicht.

Es war immer Cäsars Kunst, die ungeheure Distanz, die die Fülle der Macht zwischen den Herrscher und den Untertanen legt, durch eine geringfügige Geste so zu überbrücken, daß dem Gegenüber dabei bewußt wurde, der Herr der Welt mache eine besondere Anstrengung, um den anderen einen Grad zu sich heraufzuziehen. Stets hatte der Besucher das Gefühl, von Cäsar ins Vertrauen gezogen worden zu sein, und nur die Wachsamen behielten dabei den Verdacht, daß Cäsar seinerseits dieses Vertrauen vielleicht nicht erwiderte. In einem Augenblick erfaßte Decimus Brutus die Situation: Man hatte von den üblen Vorzeichen gesprochen, und soeben berichtete ein Sklave, die Stadt sei voll von dem Gerücht, daß in der vergangenen Nacht an verschiedenen Punkten feurige Männer in den Straßen gesehen worden seien. Nur einem Menschen, der das bis ins letzte kontrollierte Mienenspiel des Diktators aus jahrelangem Umgang genau kannte, konnte es möglich sein, den unmerklichen Zug der Ironie festzustellen, der über Cäsars Antlitz beim Anhören dieser Geschichten ging. Decimus Brutus bemerkte ihn und mischte sich sofort ins Gespräch, indem er die Orakelsucht und die Wahrsagerei jenem süffisanten Spott unterzog, wie er zwischen aufgeklärten und gebildeten Männern auf dem Gipfel der Macht ausgetauscht wird.

Niemand kann heute sagen, ob Cäsar wirklich an gar nichts glaubte. Sicher ist jedoch, daß es eine Seite seines Wesens war, sich so zu geben. Brutus stellte dem Cäsar vor Augen, welch einen Eindruck es im Senat machen würde, wenn er die Sitzung aufgrund von üblen Vorzeichen absagen würde – in einem Senat, der ebenfalls aus Männern bestand, die der Orakelhörigkeit des Volkes mit der Nachsicht und der Duldung der Wissenden zu begegnen pflegten, sich aber zweifellos verhöhnt fühlen würden, von einem Manne wie Cäsar solche Argumente vorgesetzt zu bekommen. Wäre Cäsar der Tyrann gewesen, den seine Mörder in ihm sahen, dann hätte er, überzeugt von der Schrankenlosigkeit seiner Macht, auf diesen Einwand eigentlich erwidern müssen, es sei ihm gleichgültig, was der Senat über ihn denke. Daß er es nicht getan hat, zeigt, wie sehr auch er noch von dem untergründigen Respekt durchdrungen war, den vierhundert Jahre einer unfaßbar großen Geschichte der Versammlung der römischen Väter eingeprägt hatten. Immer noch war der Senat, obwohl seiner Regierungsgewalt fast gänzlich beraubt, die ehrwürdigste Körperschaft des Erdkreises, immer noch blickten die Völker auf diese Institution mit demselben magischen Schauder, den schon die Abgesandten des Hannibal empfunden hatten, als sie, von einer Gesandtschaft aus Rom zurückkehrend, in Karthago erzählten, dieser römische Senat sei ihnen wie eine Versammlung von Göttern erschienen.

Cäsar wurde damals in den Provinzen des Reiches schon als ein Gott verehrt. Die Legende, daß das julische Haus die Göttin Venus als Stammutter habe, war von Cäsar auch schon in jungen Jahren feierlich in der Öffentlichkeit verkündet worden. Er hatte es gewagt, neben dem Forum Romanum ein Cäsarforum zu bauen, auf dem sich der Tempel der Venus Genetrix erhob, er war noch weiter gegangen und hatte die göttliche Cleopatra mit den Attributen der ägyptischen Isis in Stein hauen lassen und sie in diesem Tempel seines Hauses zur Verehrung aufgestellt. Er war durch den Willen des Reiches genau auf die Grenze hinaufgehoben worden, die die Erde mit dem Himmel, die Natur mit der Übernatur verbindet, und sein Leben verlangte täglich von ihm, an beiden Bereichen teilzuhaben. Hätte Cäsar die mythische Aura zerstört, die den Senat umgab, dann wäre das Organische dieses Prozesses der Vergöttlichung verlorengegangen. Denn nur aus dem religiösen Grundgefühl, das den Senat als das unmittelbare irdische Gegenstück des Götterhimmels betrachtete, konnte der Herr des Senats zum Divus Julius, zum göttlichen Cäsar, aufsteigen.

Heute vor 2000 Jahren, kurz vor elf Uhr vormittags, sprach im Hause des Diktators Gaius Julius Cäsar der Senator Decimus Brutus die folgenden Worte: »Auf deinen Befehl versammelt sich der Senat, bereitwillig, eine Verordnung zu erlassen, daß du in den Provinzen außerhalb Italiens den Titel eines Königs führen und in allen Meeren und Ländern, wohin du nur kommst, das Diadem tragen sollst. Kündigt nun jemand dem auf dich wartenden Senat an, für jetzt auseinanderzugehen und ein andermal wiederzukommen, wenn Calpurnia günstigere Träume gehabt hätte, was werden dann deine Neider dazu sagen oder welchen Eingang werden die Versicherungen deiner Freunde finden, daß dies keine Sklaverei oder Tyrannei sei. Wenn du aber für nötig hältst, dich vor diesem Tage in acht zu nehmen, so ist es immer besser, selbst hinzugehen und dem Senat anzukündigen, daß die Sitzung für heute aufgeschoben werden soll.«

Wir wissen, daß Cäsar auch dann noch zögerte. In dem Augenblick des Schweigens, der auf diese Worte folgte, entschied sich sein Schicksal. Die Welt hatte es bisher noch niemals erlebt, daß Cäsar zögerte. Sein Aufstieg von einem abenteuernden, mittellosen, jungen Aristokraten, auf dessen Kopf ein Preis ausgesetzt war, über den Eroberer Galliens zum Herrn des Römischen Reiches zeigt eine lückenlose Kette von Entscheidungen, die für seine Gegner stets den Charakter schicksalhafter Plötzlichkeit trugen. Niemals hatte man vorhersehen können, was Cäsar im Schilde führte. Immer waren seine Phantasie, seine exakte Logik, sein psychologischer Instinkt für die Schwächen seiner Gegner mit einer Geschwindigkeit am Werk, die dem Lauf der Welt vorauseilte. Stets hat er genau gewußt, wann es notwendig war, exakte Kenntnisse mit Vorsicht zu erwerben, um sie mit Kühnheit anzuwenden. Das berühmte Wort, das er einmal zu einem Fährmann sprach, der ihn über ein stürmisches Meer zu seinen Legionen bringen sollte: »Fürchte nichts, du fährst Cäsar und sein Glück!« – dieses Wort war nicht der Ausdruck einer blinden Schicksalsgläubigkeit, sondern einer tiefen Harmonie, die Cäsar stets zwischen seinem Leben und dem Gang der Weltgeschichte verspürte.

Solange er mit seinen Gedanken, seinen Plänen, seinen Entwürfen der Wirklichkeit um jene Spanne voraus war, die die Bewegung des Geistes von der Bewegung der Materie unterscheidet, hatte er stets gesiegt. Solange er sich auch in bedrängtester Lage mit dem Weltplan übereinstimmen fühlte, scheute er keine persönliche Gefahr – im Gegenteil, er setzte sich ihr mit der Freude eines gelassenen Spielers aus. Sein Leben verlief gewissermaßen am Rande der menschlichen Existenz, und er selbst wußte, daß nur die Notwendigkeit des Weltschicksals seinen Fall herbeiführen könne. Was in Cäsar an jenem Morgen der Iden des März beunruhigend vorging, war ein für ihn selbst neues und nicht erklärbares Erzittern seiner Sicherheit. Er fühlte gewissermaßen, wie sein Genius, dem in den Tempeln Opfer dargebracht wurden, sich von ihm entfernte. Und dies durfte nicht geschehen. Er mußte sich zwingen, stärker zu sein, er mußte einen Anlauf nehmen, um das Bild des Gottes, unter dem die Welt ihn sah, ganz auszufüllen. Hat Cäsar in diesem Augenblick des Schweigens gewußt, was ihn erwartete? Hat er das Schicksal der Welt so tief gefühlt, daß er das Unabwendbare seines Falles ahnungsvoll begriff? Oder war er blind, von Ehrgeiz und Hybris geschlagen, von allzulang gebrauchter Macht ausgereift für seinen Sturz?

Ich meine, der Tod, den der Mann hier erlitt,
sei nicht unwürdig gewesen.
Sein Leid wiegt nicht schwerer als seine Tat.
Und so darf er nicht klagen
in Hades Haus.

Heute vor 2000 Jahren, um elf Uhr vormittags, bemerkte der Diktator des Römischen Reiches, daß der Senator Decimus Brutus, sein vertrauter Freund, ihn bei der Hand nahm, um ihn aus dem Hause zu geleiten. Er wandte sich gegen Calpurnia und die Umstehenden, verbeugte sich vor den Ahnenbildern und begab sich auf den Weg.

AUGUSTUS

* 63 v. Chr. † 14 n. Chr.
Triumvir, später Alleinherrscher
43 v. Chr.–14 n. Chr.

I

Augustus – das Wort ist nicht ein Name, sondern ein Titel: »der Erhabene«. Der Mann, den uns die Geschichte als den Kaiser Augustus vorstellt, hat zeit seines Lebens nichts dazu getan, seine Erhabenheit zur Schau zu stellen. Die Natur hatte seinen Körper nicht dafür vorgesehen, eine erhabene Figur abzugeben, und sein Geist hatte den Ehrgeiz zur Erhabenheit nicht nötig. Als er sein Ende kommen fühlte, wandte er sich an die Freunde, die sein Sterbebett umstanden, wie ein Schauspieler, der von der Bühne abtritt, und sagte: »plaudite, gentes – klatscht Beifall, ihr Leute!« – ein Wort, dessen Doppeldeutigkeit viel von seinem Charakter verrät. Es konnte eine Aufforderung an seine Umwelt sein, ihm zu bestätigen, er habe seine Sache gut gemacht, – die Aufforderung zum Beifall konnte aber auch jenen gelten, die seinen Tod als willkommene Befreiung von einem allzulange ertragenen Joch empfinden mochten. Schließlich demaskierte sich mit dem Beifallsheischen der Kaiser selbst, indem er als letzte der vielen Rollen seines Lebens die des Schauspielers wählte – ein Eingeständnis des über sieben Jahrzehnte währenden Schaukelspieles zwischen Erscheinung und Wesen, das er so virtuos beherrschte und so geschickt verbarg.

Unverhohlen zugegeben hat er sonst eigentlich nur seine körperlichen Gebrechen. Er kränkelte fast immer. Schon in jungen Jahren litt er an Rheuma, schlief schlecht und trug gegen Erkältung unter seiner dicken Toga bisweilen fünf wollene Unterkleider. Er ritt mit Mühe und konnte auch auf dem Schlachtfeld die Sänfte oftmals nicht entbehren. Beim Tode Cäsars, als er durch das Testament des Großonkels zu dessen politischem und materiellem Erben eingesetzt wurde, bedauerten selbst jene, die den Schritt als solchen billigten, daß der schmächtige Jüngling ganz danach aussah, als sollten ihm nur noch wenige Jahre bleiben. Tatsächlich hat er dann fast ein halbes Jahrhundert regiert und starb im sechsundsiebzigsten Jahre seines Lebens.

Aus jeder Altersstufe sind uns zahlreiche Porträts des Augustus erhalten. Sein frühestes, die berühmte Büste des jugendlichen Augustus im Vatikan, geisterte bis in unser Jahrhundert herauf fast durch alle lateinischen Schulbücher. Sie ist aber – Ironie des Schicksals – eine Fälschung aus der Werkstatt des Bildhauers Canova und keine zweihundert Jahre alt. Das aufschlußreichste Standbild des Kaisers, der sogenannte Augustus von Prima Porta, ist dagegen zwar antik, aber vielleicht erst nach seinem Tode verfertigt, jedenfalls voller Rätsel. Beide Bildwerke, die reine Fälschung und das antike Erinnerungsbild, laden zur Befragung ein – und wir beginnen mit dem letzteren, dem Augustus von Prima Porta.

Die Vorgeschichte seiner Entstehung hängt mit des Augustus Privatleben zusammen. Seine erste, in jungen Jahren geschlossene Ehe war kinderlos geblieben. Mit seiner zweiten Frau hatte er eine schöne Tochter, Julia. Durch sie sollte er später das kummervolle Los aller Väter teilen, die ihre Töchter zu zärtlich lieben. Eines Tages lernte er die hochschwangere Frau des Senators Tiberius Claudius Nero kennen, verliebte sich in sie, gab seiner eigenen Gattin, Julias Mutter, den Scheidebrief und veranlaßte den unglücklichen Ehemann seiner Angebeteten, sich seinerseits scheiden zu lassen, noch bevor das Kind geboren war. Die Frau hieß Livia – und Augustus hat bis zu seinem Tode glücklich mit ihr gelebt. Wenn zutrifft, was sie selbst bekennt, war sie ein Muster an Klugheit und Einsicht: »Ich lebte selbst in allen Züchten und Ehren, tat alles, was ihm angenehm war, mit Freuden, mischte mich nicht in seine Händel, zankte nicht über seine Liebesabenteuer und tat, als ob ich nichts davon wüßte.«

Zu beiderseitigem Kummer gingen auch aus dieser dritten Ehe des Augustus keine Kinder hervor. Dadurch rückten Livias Söhne, die diese aus ihrer dem Augustus zuliebe geschiedenen ersten Ehe mitgebracht hatte – Tiberius und Drusus –, in die unmittelbare Nähe der Thronfolge. Drusus fiel jedoch auf einem Feldzug gegen die Germanen. So trat der von Augustus weit weniger geliebte Tiberius schließlich das Erbe an. Nach des Augustus Tod regierten Livia und er eine Zeit gemeinsam. Tiberius baute sich seinen Palast auf dem Palatin, Livia zog das Leben in der Campagna vor. Sie hielt sich zumeist in einer entzückenden Villa auf, die an der Via Flaminia lag, etwa fünfzehn Kilometer außerhalb von Rom, in der Nähe der Ortschaft Prima Porta. Dorthin wünschte sie eine Statue des Augustus gebracht zu sehen, die sie schon bei Lebzeiten des Kaisers bevorzugt hatte. Da das Original wahrscheinlich an geheiligter Stelle stand und nicht entfernt werden konnte (es ist verlorengegangen), gab die Kaiserin eine Kopie in Auftrag, die in Prima Porta gefunden wurde. Sie zeigt gegenüber dem Urbild nur die Veränderungen, welche darauf hindeuten, daß Augustus inzwischen verstorben war. So erscheint zu Füßen des Kaisers der

Delphin, der den als Putto dargestellten Genius des Kaisers in spielerischer Grazie über den Fluß der Unterwelt ins Jenseits trägt. Auch das Antlitz des Augustus, eines der edelsten Werke römischer Porträt-Kunst, erweckt den Eindruck, als blicke uns der dargestellte Mensch durch einen hauchzarten Schleier an, der seine Sensibilität erhöht, aber gleichzeitig eine Entfernung vom Weltgeschehen kundgibt, die ohne Wiederkehr ist. So offenbart uns auch dieses herrliche Porträt gleich vielen anderen nur, wie Augustus ausgesehen hat, verhüllt aber sein Wesen. Dennoch erzählt es eine große Geschichte.

Der Kaiser ist im Paradepanzer dargestellt, barhäuptig und unbeschuht. Die bloßen Füße deuten darauf hin, daß er schon zum »divus« geworden ist – also teilhaftig eines nach dem Tode verliehenen Titels, den man so oft fälschlich mit »göttlich« übersetzt. »Divus« entspricht in Wirklichkeit eher dem Worte »heilig« im Sinne der katholischen Kirche und bedeutet, daß der Verstorbene in den antiken Götterhimmel aufgenommen worden sei. Dies erforderte einen Senatsbeschluß, also einen Rechtsakt, der bekräftigt wurde durch das dem Kaiserkult zugehörige Zeremoniell, die Statue des Divus mit brennendem Weihrauchbecken zu umschreiten. Der übernatürliche Vorgang, der einer solchen heidnischen Heiligsprechung zugrunde lag, glich einer Himmelfahrt des Kaisers, entweder auf geflügeltem Viergespann oder – als Herr des Zeitalters – geleitet durch einen geflügelten Götterjüngling. War der Zustand des »Divus« und damit die Heiligkeit erreicht, so erschien der Verstorbene den Menschen in verklärter Gestalt. Sein irdischer Umriß blieb erkennbar, war aber erfüllt von dem geheimnisvollen Zusammenhang der menschlichen Natur mit allen Kräften des Kosmos. Auf solche Weise tritt uns der Augustus von Prima Porta entgegen.

Der Kaiser hebt grüßend die Rechte. Mit derselben Geste begrüßten in späterer Zeit die Kolossalstatuen der Kaiser an den Molen der römischen Häfen die heimkehrenden Schiffe. Hier bei Augustus hat man die Bewegung lange Zeit als den Gruß verstanden, den der vom Dank- und Siegesopfer kommende Imperator seinen

Legionen entgegenbringt. Aber schon die Taten und die geistige Leistung des Augustus selbst haben den Inhalt der Geste verändert: aus dem Gruß an ein kriegsgeübtes Heer wurde das Handzeichen für den Frieden, den die Person des Kaisers garantiert. Daß diese Umdeutung nicht ohne Grund entstand, beweist das figurenreiche Relief des Panzers, der des Augustus Körper bedeckt.

Oben am Halsrand ist ein Greis zu sehen, mit zerzaustem Haar und Bart – Caelus, der Gott des Himmelsgewölbes, der das Firmament wie ein aufgeblähtes Tuch mit beiden Händen über seinem Haupte spannt. Rechts darunter fliegen zwei weibliche Gestalten vorbei, die erste mit einer Fackel, die zweite mit einem Krug: Morgenröte und Tau. Von links stürmt auf gleicher Höhe das Viergespann des Sonnengottes daher. Die Szene verkörpert die Vorgänge des Himmels, dessen Zone mit der oberen Atmungsregion des kaiserlichen Leibes übereinstimmt. Ihr entspricht, unterhalb des Nabels, die Zone der Fruchtbarkeit. Da lagert Tellus, die Göttin der Erde, von zwei Kindern – Romulus und Remus – umspielt, in der Hand das Füllhorn der fortzeugenden Natur. Hinzukommen die seitlichen Randzonen des Panzers. Knapp über dem Zwerchfell finden wir dort zwei Frauen: die linke weist eine leere Schwertscheide vor und ein barbarisches Blasinstrument, die Drachentrompete; die rechte hält ein Schwert mit dem Knauf nach vorne, der einem Vogelkopf nachgebildet ist. Weiter unterhalb, links, wo die Leber sitzt, reitet Apollo auf dem Tier der Phantasie, dem Greifen, die Lyra der Künste in der Hand. Ihm gegenüber, in der Zone der Milz, zieht die Schwester Apollos auf einem Hirschen herauf, Diana, die Göttin der Jagd.

Dies alles will sagen: Am Himmelsgewölbe der Welt erscheint ein neuer Tag und zugleich ein Goldenes Zeitalter, die »Saturnia Regia«, die des Augustus Zeitgenosse, der Dichter Vergil, im Auftrag des Kaisers so eindringlich besang. Freudig erwacht die Natur und beginnt, ihr Füllhorn mit doppelter Gabe auszuschütten. An den Segnungen der Ordnung inspiriert sich die Kunst, durch Apollo vertreten – und selbst die Welt der Barbaren, durch Diana und Jagd gezeichnet, nimmt daran teil. Noch trauern die unterworfenen Provinzen in Gestalt der beiden Frauen: Gallien mit der Drachentrompete, Pannonien mit dem Vogelkopf-Schwert. Aber bald wird Freude sie beleben, denn in der Mitte des kaiserlichen Leibes vollzieht sich soeben ein Vorgang, der neue Hoffnung erweckt.

Auf der Höhe des Sonnengeflechtes wendet sich zur Mitte ein römischer Offizier in Felduniform, die Wölfin des Kapitols an seiner Seite. In der Linken trägt er sein Schwert, die Rechte streckt er aus in der Geste des Empfangens. Ihm gegenüber steht rechts ein wirrhaariger Mann im Kittel des Barbaren. Mit beiden Händen hält er dem Offizier einen Schaft entgegen, vom Adler bekrönt und mit einer Reihe von Medaillons bestückt: das Feldzeichen einer römischen Legion. Frage: Wie kommt der Barbar in den Besitz solch geheiligten Zeichens? Wie kann ein römischer Offizier sich so weit demütigen, es von einem Barbaren entgegenzunehmen? Was veranlaßte den Augustus, auf seinem Panzer einen Vorgang zu dulden, der offensichtlich auf eine römische Niederlage anspielt?

Die Sache hat eine grausige Vorgeschichte. Sie reicht zurück in die Knabenzeit des Augustus, als sein Großonkel und späterer Adoptivvater Gaius Julius Cäsar noch nicht Diktator, aber schon im steilen Anstieg seiner Karriere war. Damals, man schrieb das Jahr 53 vor Christus, teilte sich Cäsar die Herrschaft über Rom mit dem Feldherrn Pompeius und dem Bankier Crassus im Triumvirat. Crassus wollte als einziger von den dreien auch auf einem Gebiet zu Ruhm gelangen, wovon er nichts verstand – der Geldmann hatte militärischen Ehrgeiz. Seine Kollegen konnten ihn nicht daran hindern, mit einem selbstfinanzierten Heer an die Ostgrenze des Reiches zu ziehen, um die unruhig gewordenen Parther durch einen Einfall in ihr Gebiet zum Frieden mit Rom zu zwingen. Ein anfänglicher Erfolg zerrann in der Doppelschlacht von Karrhae und Sinnaka und endete in einer vollständigen Katastrophe. Die Legionen waren aufgerieben, Crassus mußte verhandeln. Nach glimpflichem Beginn der Gespräche kam es unter den Delegationen zu einem Gemetzel, in dem Crassus den Tod fand. Der parthische Sieg konnte nicht vollständiger sein.

Als die Nachricht hiervon in der Hauptstadt der Parther eintraf, wurde dort gerade die Hochzeit des Kronprinzen gefeiert. Im Hochzeitsprogramm war des Euripides Tragödie »Die Bacchen« vorgesehen, die eine wandernde griechische Schauspielertruppe aufführen sollte. Theodor Mommsen beschreibt die Szene, die sich damals abspielte: »Der Schauspieler, der die Rolle der Agaue spielte, welche in wahnsinnig dionysischer Begeisterung ihren Sohn zerrissen hat und nun, das Haupt desselben auf dem Thyrsos tragend, vom Kithaeron zurückkehrt, vertauschte dieses mit dem blutigen Kopfe des Crassus, und zum unendlichen Jubel seines Publikums von halb hellenisierten Barbaren begann er aufs neue das wohlbekannte Lied: ›Wir bringen vom Berge / nach Hause getragen / die herrliche Beute / das blutende Wild.‹«

Von da an schwelte zwischen Rom und den Parthern ein unversöhnlicher Haß, der für drei Jahrzehnte die Kette größerer und kleinerer Kriege nicht mehr abreißen ließ. Erst dann kam ein Frieden zustande – und der ihn schuf, war Augustus. Rom war mittlerweile an der parthischen Grenze die weit überlegene Macht und hätte mit erneuter Kriegsdrohung von den Parthern manches Zugeständnis erzwingen können. Mit voller Absicht beschränkte sich Augustus jedoch auf drei Bedingungen: die Anerkennung Armeniens als Pufferstaat zwischen den Parthern und Rom, die Rückführung aller noch in parthischer Gefangenschaft befindlichen römischen Bürger und die Herausgabe der Feldzeichen, die die Parther dem Crassus entwunden hatten. Die Szene auf dem Augustus-Panzer zeigt, wie der parthische Barbar eines jener Feldzeichen dem römischen Offizier übergibt. Nicht von Schmach oder Niederlage ist hier die Rede, sondern von Frieden. Eine neue Idee war dem Haupte des Augustus entsprungen. Nicht um die Unterwerfung der Völker ging es, sondern um ihre Gesittung. Die Herrschaft der »Pax Romana« hatte begonnen.

Dies alles wird uns von dem Augustus-Standbild aus Prima Porta freimütig erzählt – aber von dem Menschen, welcher der Urheber des »römischen Friedens« war, erfahren wir nichts als Würde, Gelassenheit und Glätte. Und seltsam – das gleiche Problem muß den

Fälscher des Augustus-Jugendbildnisses bewegt haben, der in den Jahren nach 1800 in der Werkstatt des Bildhauers Antonio Canova den berühmten Jünglingskopf des Kaisers zustande brachte. Ein Kopf von zartem Bau, hinreißend proportioniert im Adel der Züge, die Haltung eines Denkers, nicht eine einzige frühe Furche, nicht eine Ader, keine Stelle ohne Ebenmaß – und dies das Schaubild eines Menschen, der sich anschickte, die Bühne der Weltgeschichte mit beispielloser Grausamkeit zu betreten.

Wie es dazu kommen konnte, ist nur aus den Vorgängen erklärbar, die seit dem Tode Cäsars den römischen Staat erschüttert hatten. Die Mörder Cäsars besaßen für ihre Tat mehrere Gründe und einen Vorwand. Die Gründe bestanden zum Teil in dem romantischen Idealismus, die längst nicht mehr lebensfähige römische Republik wiederherzustellen, zum Teil in jener neidvollen Rachsucht, die Günstlinge gegenüber ihrem Wohltäter zu entwickeln pflegen. Den Vorwand lieferte der Verdacht, Cäsar wolle sich die Königswürde zulegen – in Rom seit der legendären Abschaffung der Königsherrschaft ein todeswürdiges Verbrechen. Cäsar wurde also ermordet von den Angehörigen der hocharistokratischen Senatspartei im Namen der Republik auf den Verdacht hin, Hochverrat zu planen. Die Volksmeinung war auf eine solche Begründung nicht einzuschwören und richtete ihre Wut alsbald gegen die Mörder. Im gleichen Maße mußten die an dem Mord nicht beteiligten und von Cäsar zu seinen Lebzeiten bevorzugten Männer in der Volksgunst steigen. Es waren hauptsächlich zwei: Antonius und Octavianus – der spätere Augustus.

Antonius, ein glänzender Soldat, war einer jener Menschen, denen ein von Vitalität strotzender Körper zum Hindernis für die Entfaltung intellektueller Fähigkeiten wird. Seine Anhänglichkeit an Cäsar war möglicherweise das tiefste Gefühl, das er aufzubringen vermochte, hinderte ihn aber nicht, Cleopatra, der Königin von Ägypten, Cäsars Geliebter und Mutter seines einzigen Sohnes, unter den Augen Cäsars Anträge zu machen, die möglicherweise schon damals Erhörung fanden. Antonius war ein großzügiger Mensch, im Geben wie im Nehmen. Bei Cäsars Tod war er der mächtigste Mann im Staate, zumal die zitternde Witwe des Ermordeten ihm alle Geheimpapiere ausgeliefert hatte. Der Senat fürchtete, in Antonius einen neuen, weniger allseitigen Diktator zu erhalten und rief einen neunzehnjährigen Jüngling nach Rom – Octavianus, den Großneffen Cäsars, der gemäß dem Testament des Ermordeten sein Adoptivsohn und einziger Erbe sein sollte. Zunächst schien die Rechnung des Senats aufzugehen, denn der schmächtige Octavianus erwies sich bald als wirkungsvoller Gegenspieler für den unbedachtsamen Antonius, der den jugendlichen Konkurrenten einen Augenblick zu lange als »frechen Knaben« abzutun versuchte.

Zunächst ging es um Geld. Cäsar hatte jedem seiner Veteranen in heutiger Kaufkraft etwa tausend Mark aus seinem Vermögen hinterlassen. Die Verfügung über die Erbmasse hatte sich Antonius unwidersprochen angemaßt. Octavianus verlangte von ihm die Bereitstellung der Mittel, die Veteranen auszuzahlen. Antonius, der mit dem Geld seine immensen eigenen Schulden bezahlt hatte und überdies noch ein reicher Mann geworden war, weigerte sich. Darauf lieh Octavianus sich die erforderlichen Summen von vermögenden Freunden Cäsars, bezahlte die Veteranen – und verfügte fortan über eine kampferprobte Privatarmee in der Stärke von zwei Divisionen. Sie vereinte er mit den Truppen von zwei cäsartreuen Generälen und schlug den Antonius vernichtend. Seine beiden Mitstreiter verloren jedoch in der mörderischen Schlacht ihr Leben – so daß Octavianus als Sieger mit allen auf seiner Seite kämpfenden Legionen nach Rom zurückkehrte. Dies entsprach nun aber wiederum nicht den Absichten des Senats, der Octavianus als Diktator ebensowenig akzeptieren wollte wie vorher den Antonius. Zähneknirschend machte man Octavianus zum Konsul, bootete ihn aber geflissentlich aus, sobald es um Machtfragen ging. Ein solches Verhalten läßt sich nur aus zwei Gründen erklären: entweder unterschätzte man Octavians Reife – oder man fiel auf seine Verstellungskunst herein. Jedenfalls konnte Octavian den Senat mit einer politischen Wendung überraschen, auf die niemand vorbereitet war. Kaum nämlich hatte der Zwanzigjährige das Spiel des Senats durchschaut, so verbündete er sich mit seinem Gegner von gestern, dem Antonius. Beide vereinten, was sie an Heeresmacht besaßen, mit den Truppen des Generals Lepidus, marschierten auf Rom, nahmen es kampflos und richteten ein Triumvirat ein, das die Volksversammlung auf fünf Jahre hinaus bestätigte, ohne den Senat überhaupt zu fragen. Antonius, Lepidus, Octavian waren die Herren im Staat. Da sie die Truppen, die ihnen zu dieser Position verholfen hatten, schnellstens bezahlen mußten, brauchten sie Geld. Es lag nahe, daß sie es sich bei denen holten, die es besaßen: bei den Senatoren.

Damals wie heute wechselt Geld am leichtesten seinen Besitzer durch einen Todesfall. Die drei neuen Herren spielten das Spiel auf blutige Weise: sie halfen nach, damit genügend Todesfälle eintraten. Dreihundert Senatoren und zweitausend Ritter wurden für geächtet erklärt, jeder Freie erhielt sechzigtausend, jeder Sklave vierzigtausend Mark als Belohnung, wenn er den Kopf eines der Verurteilten bei den Triumvirn abliefern konnte. Damals wie heute gab es Frauen, die dazu geboren schienen, reiche Witwen zu sein. 1400 davon schröpfte man bis auf den Bettelstab herunter. Die Verfolgten verbargen sich in Kloaken, Dachkammern, Kaminen, die Zahl der Selbstmorde stieg ins Ungemessene. Kinder mit der Aussicht auf reiche Erbschaft wurden umgebracht. Gattinnen zeigten ihre Ehemänner an, wenn sie ihren Liebschaften im Wege standen. Söhne sicherten sich einen Teil der Erbschaft, indem sie ihre Väter auslieferten. Dagegen gab es auch Beispiele heldenhafter Treue. Ein Sklave zog sich die Kleider seines Herrn an und ließ sich an dessen Stelle umbringen. Die schöne Gattin des Coponius rettete das Leben ihres Mannes, indem sie Antonius gestattete, von ihrem Körper Besitz zu nehmen.

Antonius, der auch bei seinen Verbrechen zu Heimlichkeiten nicht fähig war, wütete am offensichtlichsten. Lepidus nahm mit, was er bekommen konnte, planvoll aber ging nur Octavianus vor. Er vor allem hatte ein Auge auf die zentralen Figuren des Cäsar-Mordes, Brutus und Cassius. Trotz aller Verfolgungen war es nicht gelungen, ihrer habhaft zu werden. Sie hatten sich nach Griechenland durchgeschlagen, dorthin ihre Truppen nachziehen können und rüsteten nun zum entscheidenden Feldzug, indem sie den halben Orient mit auf zehn Jahre im voraus berechneten Zwangssteuern belegten und jeden jungen Mann zu den Waffen preßten. Schließlich ließen die drei Wütenden in Rom von ihren Proskriptionen ab und setzten ihrerseits nach Griechenland über, um bei Philippi die Schicksalsschlacht zu suchen, von deren Ausgang nicht nur abhing, wer künftig regieren sollte, sondern auch die Form, in der der riesenhafte Staat fürderhin seine Regierung zu ertragen hatte. Auf seiten der Cäsar-Mörder gab man immer noch vor, für die republikanische Freiheit, also für die Demokratie zu kämpfen, während Octavianus und seine beiden Kollegen angeblich für jene Art der maßvollen Diktatur eintreten wollten, die Cäsar zuvor geübt hatte. Beide Parteien sagten nur die halbe Wahrheit. In Wirklichkeit ging es um die Fülle der Macht in einem Gebiet, das sich nicht mehr durch eine Gruppe, sondern nur noch durch einen energischen und kompromißlosen Regenten in Ordnung halten ließ. Die Schlacht bei Philippi brachte den Cäsar-Mördern Brutus und Cassius den Tod, den Triumvirn den Sieg und die darin einbeschlossene Kernfrage – welcher von ihnen nun der Erbe von Cäsars Alleinherrschaft sein sollte. Lepidus fiel bald zurück, die Auseinandersetzung wurde zum Zweikampf zwischen Antonius und Octavianus, zwischen dem Prasser und dem Rechner.

Für beide ging jedoch das Spiel nicht auf, denn noch gehörte das reichste Land des Mittelmeeres, Ägypten, der faszinierendsten Frau des Altertums, Cleopatra. Sie war eine aus Mazedonien stammende Griechin, wahrscheinlich blond und nach Aussagen ihrer Zeitgenossen nicht besonders hübsch. Ihre Abstammung führte sie zuruck auf den Feldherrn Ptolemäus, der einst von Alexander dem Großen Ägypten geerbt hatte. Ihre Hauptstadt Alexandria war griechisch, das Land aber, das Cleopatra von dort aus regierte, war noch immer der geheimnisvolle Götterbezirk der Urweisheit geblieben, in dem damals so viele Menschen Erlösung und Läuterung suchten. Beide Welten, die ägyptische und die griechische, durchdrangen einander in dem Herrscherbild, das Cleopatra von sich selbst hegte. Hemmungslos bediente sie sich der Mittel des Despotismus – vom Giftmord bis zur Folter. Andererseits konnte sie so taktvoll und höflich sein, daß selbst die kalte Ablehnung römischer Adelsdamen vor ihrem ersten Worte dahinschmolz. Ihren königlichen Rang, so wird uns berichtet, habe sie in eine vollkommene Grazie ihrer Bewegungen gehüllt und ihre persönlichen Gegner durch eine Waffe zu besiegen gewußt, von der wir aus dem Altertum nur bei ihr Kenntnis haben: durch den melodienreichen Tonfall ihrer Stimme. Liebeskraft und Geistesschärfe machten sie als Königin zu einer wunderbaren Frau und als Frau zu einem unergründlich gefährlichen Wesen. Ihr Genie war, daß sie alles wußte und sich dennoch bis zur Selbstzerstörung hingeben konnte. Dies alles hatte man in Rom erlebt, als Octavianus soeben in das Alter seines Jugendbildnisses eingetreten war.

Im Jahr von 45 auf 44 vor Christus, im letzten seines Lebens, hatte Gaius Julius Cäsar die Königin von Ägypten zum Staatsbesuch in Rom empfangen. Sie war damals längst Cäsars Geliebte und hatte ihm einen Sohn, Kaisarion, zur Welt gebracht, der allerdings auf Cäsars ausdrückliches Geheiß in Ägypten bleiben mußte. Der offizielle Grund von Cleopatras damaliger Anwesenheit in Rom bestand im Aushandeln eines Vertrages, der die Nutzbarkeit Ägyptens für das römische Imperium unter gleichzeitiger Aufrechterhaltung einer formalen Souveränität der Königin zum Gegenstand hatte.

Cäsar, auf der Höhe seiner Macht, hat in jenen Tagen und Wochen die Villa am vatikanischen Hügel, in der Cleopatra residierte, oftmals im Schutze der Nacht allein und unerkannt aufgesucht. Die Gespräche, die den Spielen der Liebe folgten, kreisten in der Hauptsache um den gewaltigsten Gegenstand des politischen Denkens der Antike: um die endgültige Vereinigung des Orients mit dem Westen. Rom war auch unter Cäsar der Verfassung nach eine Republik geblieben, wenngleich in den Formen der Diktatur. Was er immer noch leidenschaftlich haßte, war die Monarchie. Wahrscheinlich haben Cäsar und Cleopatra damals darüber beraten, ob Cäsar für jene Teile des Römischen Reiches, die im Osten lagen, trotz römischen Widerstandes die Königswürde annehmen solle, weil sie die einzige dem Orient verständliche und altgewohnte Herrschaftsform verkörperte. Cäsar hat den Plan sicher erwogen. Ausgeführt hat er ihn nie. Dennoch wurde er seinethalben ermordet.

Kaum war Cäsar tot, bedachte Cleopatra, Ägypten nicht einen Augenblick vergessend, ihre neue Situation. Ihr Land war reich, aber schwach und würde der Begehrlichkeit Roms fraglos zum Opfer fallen. Also mußte sie sich mit den neuen Herren Roms verbünden. Daß es dieser wenig später drei geben würde, hat sie vorausgeahnt – und folgerichtig jenen gewählt, dem mit größter Wahrscheinlichkeit der Orient zufallen würde: Antonius. Sie sollte recht behalten. Zunächst allerdings hatte sie an der Seite des Antonius eine herbe Enttäuschung hinzunehmen. Bei der Eröffnung von Cäsars Testament zeigte sich, daß der Ermordete weder seinen bewährten Reitergeneral Antonius noch die Königin von Ägypten mit einem Wort erwähnt hatte. Die Ungerechtigkeit war so offensichtlich, daß Cäsar sie nur mit Absicht getroffen haben konnte. Heute kennen wir den Grund. Cäsars weit vorausschauender Geist hatte zwei Dinge erkannt: nach seinem Tode würde Cleopatra versuchen, die Königsidee des Orients mit Antonius zu verwirklichen. Durch Antonius, den weit Schwächeren, würde die Königin einen Teil der römischen Macht – die im Orient stationierten Legionen – in die Hand bekommen, mit ihnen die Oberherrschaft über die Königreiche des Ostens erlangen und dann ihre gesamte Kraft gegen Rom richten. Und Rom würde dann keinen Cäsar mehr aufzuweisen haben. Also mußte das Königtum Ägyptens fallen, wenn der Orient unter römischer Herrschaft zu Frieden und Gedeihen gelangen sollte. Cäsars Erbe konnte nur der sein, dessen Wesen von Natur aus dazu angelegt war, Cleopatra Widerstand zu leisten: Octavianus, der kühlste von allen.

Wahrscheinlich hat Cäsar vorhergesehen, daß nach seinem Tode in Rom der Bürgerkrieg ausbrechen würde, dessen Meisterung er seinem zähen, intellektuellen Neffen eher zutraute als dem ungebärdigen Antonius. In der Tat bestätigten die auf seinen Tod folgenden Ereignisse Cäsars Hellsichtigkeit in vollem Umfang. Nur ein so scharfer Verstand und ein stählerner Wille wie der des Octavianus konnten die Lage beherrschen, in die der Erbe Cäsars zwangsläufig geraten mußte. In den Jahren von 44 bis 30 vor Christus erwies sich Octavianus als Cäsars glänzendster Schüler – und er hatte Augenblicke durchzustehen, die den am meisten kritischen Stationen in Cäsars Leben durchaus vergleichbar waren.

Antonius regierte mittlerweile den Osten nicht ohne Geschick. In den von den Cäsar-Mördern ausgesogenen Städten stellte er normale Verhältnisse her und begnadigte alle seine politischen und militärischen Gegner mit Ausnahme jener, die an der Verschwörung gegen Cäsar unmittelbar teilgenommen hatten. Ansonsten umgab er sich wie ein orientalischer Potentat mit märchenhaftem Luxus, der seinerseits nur Kulisse für seine hemmungslose Sinnlichkeit war. Die Macht des Antonius reichte damals aus, um Cleopatra in Ägypten besorgt zu machen. Sie wagte nicht, seiner Einladung zu widerstehen, und erschien, als Venus unter goldenem Sonnensegel, auf ihrer Prunkgaleere vor Tarsos – einen Anblick bietend, dem Antonius sofort und für immer verfiel. Cleopatra nahm ihn mit nach Alexandria, wo ein Winter in Festen und Ausschweifungen vorüberrauschte. Ein distanzierter Beobachter mußte den Eindruck gewinnen, der römische Osten sei auf dem Wege, ein mächtiges, selbständiges Reich von orientalischem Gepräge zu werden.

Der einzige, der dies verhindern konnte, war Octavianus – aber er hätte dazu einen erstarkten, militärisch gesicherten Westen gebraucht, den es nicht gab. Statt dessen taumelte vor allem die Hauptstadt Rom am Rande des Chaos dahin, dessen Urheberin die in Rom zurückgebliebene Gattin des Antonius, Fulvia, war. Ungeachtet der ägyptischen Eskapaden ihres Mannes vertrat sie dessen Politik in Italien mit staunenswerter Aktivität, stellte ein Heer gegen Octavianus auf und bereitete geschickt den Augenblick vor, dessen Antonius bedurfte, um dem Octavianus den Garaus zu machen. Antonius ließ sich denn auch durch eine solche

Zukunftsaussicht aus seiner ägyptischen Lasterhöhle herauslocken und setzte mit erlesenen Truppen nach Italien über. In der Nähe des heutigen Brindisi kam es zur Begegnung der beiden Heere.

Da geschah etwas in der römischen Geschichte bisher Unerhörtes. Die Truppen beider Feldherren erklärten, sie würden nicht gegeneinander kämpfen. Der einfache Soldat hatte den Bürgerkrieg satt. Den Rivalen blieb nichts übrig, als sich zu vertragen. Da des Antonius Gattin Fulvia inzwischen verstorben war, heiratete dieser zum Unterpfand für künftiges gutes Benehmen des Octavianus Schwester Octavia, eine schöne, tadelfreie Frau, der es vorübergehend zu gelingen schien, aus dem lebensgierigen Rauschmenschen Antonius einen vernünftigen Zeitgenossen zu machen.

Octavianus war aber deshalb um kein Haar besser dran. Der tollkühne Freibeuter-Admiral Sextus Pompeius schnitt ihm die Getreidezufuhr über See ab. In Rom gab es täglich eine neue Geldentwertung. Auf den Märkten war kaum noch Leben. Wem aus den Proskriptionen noch irdische Güter verblieben waren, der vergeudete sie willentlich. Der Begriff der Anständigkeit war derart in Vergessenheit geraten, daß Octavianus selber keinen Grund fand, sich noch daran zu halten. Sein Privatleben war angefüllt mit Skandalen und Skandälchen. Es war die Zeit, als Octavianus schließlich die hochschwangere Livia zum Verlassen ihres Gatten zwang, weil er sie selber heiraten wollte. Wollüstig seufzte ganz Rom auf bei der Kunde dieses Streiches – nur Octavianus selbst mochte geahnt haben, daß diese Frau an seiner Seite mit ihrem Verstand, ihrer Illusionslosigkeit und ihrem unbeugsamen Charakter zwar viele Menschen das Leben kosten, aber das Reich für Jahrhunderte mit brauchbaren Grundsätzen versorgen würde. Livia dagegen hat nicht nur die Macht gespürt, die Octavian ausüben konnte, sondern weit mehr noch die geistige Potenz, die in diesem feingliedrigen Menschen verborgen lag. Beide wußten, daß sie Partner von souveräner Gleichwertigkeit waren. Kaum vermählt, maßen sie einander schon – in der Politik, im psychologischen Urteil, in der Menschenbehandlung und in dem tiefen Verdacht, einander in den Wurzeln ihres Wesens feindlich zu sein (was bekanntlich eine der dauerhaftesten Bindungen zwischen zwei Menschen ausmachen kann). Die Früchte der spannungsreichen Partnerschaft zeigten sich rasch. Octavianus fand die rechten Wege, um in den von ihm beherrschten Westen Ordnung zu bringen. Steuern wurden gesenkt, der Handel wagte sich wieder hervor, der Seeräuber Pompeius fand seinen Tod im Meer. Nach vier Ehejahren waren des Octavianus Regierungserfolge so offensichtlich, daß der Senat beschloß, ihn zum Tribun auf Lebenszeit zu machen. Damit sah sich Octavianus mit dem ersten jener vielen Staatsämter ausgestattet, die ihm auf Lebenszeit verliehen wurden und in ihrer Häufung zu seiner späteren praktischen Alleinherrschaft führten. – Damals auch keimte wohl in Livia schon der Gedanke, der Mann an ihrer Seite sei durch Charakter und Genie geradezu ausersehen, einem perfekt funktionierenden Beamtenstaat vorzustehen. Dieser allerdings mußte erst in einer Form entstehen, die den Regierungsvorzügen ihres Mannes entsprach – wobei der Livia selbst eine fast uneingeschränkte Macht im Hintergrunde zufallen konnte.

Inzwischen hatte sich der ewig geldbedürftige, nun auch von den Parthern bedrängte Antonius, dem Octavias würdevolle Anständigkeit einfach zu langweilig war, wieder der Cleopatra genähert. Er begehrte dabei die goldgefüllte Kasse der Königin nicht weniger als sie selbst, wurde aber erst gebührend zufriedengestellt, als er Cleopatra geheiratet und Kaisarion samt den Kindern, die er selber mit ihr besaß, zu Erben der östlichen Reichshälfte Roms eingesetzt hatte. Dieser letzte Schritt festigte im Senat die Überzeugung, nur die Niederwerfung des Antonius könne den Staat retten. Des Octavianus Stunde hatte geschlagen. Er erwies sich wieder einmal als kühler ›staatsrechtlicher‹ Denker. Um die Bürgerkriegs-Situation auszuschalten, erklärte er nicht dem Antonius den Krieg, sondern der Cleopatra, die er bezichtigte, die Reichshauptstadt nach Alexandrien verlegen und Italien zu einer nachgeordneten Provinz machen zu wollen. Von nun an galt Octavianus als der Garant für die heilige Unantastbarkeit Italiens, und sein Krieg wurde zur nationalen Sache. Es kam zu der großen

Schlacht von Aktium, an deren Ende ein geschlagener Antonius auf dem Heck von Cleopatras fliehender Königsgaleere saß und wußte, daß er der letzten Station seines Lebens, dem Tod in Ägypten, entgegenfuhr. Im Jahr darauf, 30 vor Christus, stand Octavianus in Alexandria.

Der letzte Akt im Drama von Antonius und Cleopatra schwankt zwischen Tragödie und Farce. Beide demütigten sich vor dem Sieger Octavianus – einer zum Schaden des anderen. Cleopatra verschanzte sich schließlich mit ihrem Staatsschatz in einem Turm und ließ den Octavianus wissen, sie werde das Gold und sich selbst vernichten, wenn man ihr keinen ehrenvollen Frieden gewähre. Antonius erhielt die Nachricht von Cleopatras Einschließung in den Turm in gefälschter Form: er mußte annehmen, sie sei nicht mehr am Leben, worauf er sich einen Dolch in die Brust stieß. Tödlich verletzt, erfuhr er von der Fälschung der Nachricht, ließ sich zu Cleopatras Turm bringen und dort durch ein Fenster heben. Er verstarb in den Armen der Königin. Octavianus gestattete Cleopatra die Teilnahme am Leichenbegängnis und traf anschließend mit ihr zusammen. Das Gespräch wurde in so eisiger Form geführt, daß Cleopatra fürchten mußte, Octavianus wolle sie in seinem römischen Triumphzug zur Schau stellen. Sie kehrte in ihr freiwilliges Gefängnis zurück, hielt eine Giftschlange an ihren Busen und starb an deren Biß.

Octavianus erklärte Ägypten zur römischen Provinz, behielt sich aber die Verwaltung persönlich vor. Auf diese Weise war Ägypten fortan innerhalb des Römischen Reiches eine Art halbprivates Besitztum der Kaiser und die stärkste wirtschaftliche Stütze ihrer persönlichen Position. Für Octavianus war der Weg frei zur Alleinherrschaft – zum Prinzipat.

Das Wort Prinzipat leitet sich ab aus dem Wort »princeps senatus« – worunter man den ersten auf der Namensliste der Senatoren verstand. Octavianus hat zeit seines Lebens den größten Wert darauf gelegt, seine fast unumschränkte Macht im Namen dieser senatorischen Formalposition auszuüben. Stets schien es in der Folgezeit die freiwillige Leistung des Senats, seinem ersten

Mitglied staatstragende Ämter aufzubürden. Man machte ihn viele Jahre hindurch immer wieder zum Konsul, gab ihm – mit dem Titel »Imperator« – die höchste Befehlsgewalt über Rom, Italien und sämtliche Provinzen, sodann den Oberbefehl über Heer und Flotte, das Recht der Kriegserklärung und des Friedensschlusses. Mit der Würde des »Pontifex maximus« sah sich Octavianus an die sakrale Spitze der römischen Kulte gestellt, als Zensor besaß er das Überwachungsrecht über die Zusammensetzung und Ergänzung des Senats. Nach außen konnte es scheinen, als sei man in die Doppelherrschaft zwischen Senat und Princeps eingetreten, während in Wirklichkeit sich immer mehr eine Art Monarchie abzeichnete, die unter den Formen der Republik auftrat.

Ebenso zwiegesichtig richtete Octavianus seine Regierungsbehörde ein. Er bediente sich aller amtlichen Stellen, unterhielt aber daneben eine Art persönlichen Beirat, ein privates Kabinett, in dem die tatsächliche Macht ausgeübt wurde. Ihm gehörten an: Marcus Vipsanius Agrippa, der verläßlichste und tüchtigste General des Augustus und später sein unglücklicher Schwiegersohn, und der unermeßlich reiche etruskische Fürst Gaius Mäcenas, Experte für Außenpolitik und untrügliche Autorität in Fragen der Kultur und des Geschmacks. Man etablierte ein kleines Büro mit hervorragenden Stenographen und Sekretären und beherrschte damit ein Gebiet, das vom Euphrat bis an den Atlantik reichte. Die Beiratsmitglieder bekleideten keine öffentlichen Ämter.

Kaum hatte Octavianus sich solcherart eingerichtet, beschloß er – vielleicht durch Livia gedrängt – eine öffentliche Demonstration seiner Verfassungstreue. Im Jahre 27 vor Christus teilte er dem Senat seine Absicht mit, nach nunmehr wiederhergestellter republikanischer Staatsordnung von allen seinen Ämtern zurückzutreten und sich ins Privatleben zu begeben. Der Senat war derart ratlos, daß er übereinkam, seinerseits als Körperschaft zurückzutreten. Unter dem Austausch erlesener republikanischer Höflichkeiten bewog man sich schließlich wechselseitig zum Bleiben. Octavianus – und Livia im Hintergrund – wurde geziert mit einem bisher niemals verliehenen Titel, der aus dem Wort »augere – mehren, wachsen lassen« abgeleitet ist und vorher nur im sakralen Bereich Anwendung fand. Octavianus war der erste Mensch im Römischen Reich, dem mit dem Beiwort »Augustus« die Aura der Heiligkeit offiziell verliehen wurde. Von Anfang an hatte Livia gewußt: wenn Augustus Erfolg haben wollte, so mußte man ihn im Gewande des Bürgers zum Heiligen machen. Und Augustus, gänzlich unbekümmert um sein so vielfach belastetes Vorleben, wuchs mit Livias Hilfe in die Rolle des geheiligten Kaisers mit einer Vollkommenheit hinein, die an Cäsar erinnert. Da sein Geist zutiefst im Prinzip der Ordnung verwurzelt war, konnte er die Überbleibsel und Erinnerungen chaotischer Jahre Stück um Stück abwerfen – wobei die Welt, die ihm zusah, den Eindruck erhielt, er offenbare erst jetzt sein wahres Wesen. In der Rechtsprechung milde, in der Duldung kleinerer Mißstände tolerant, fühlte er sich immer mehr durchdrungen von dem heiligen Gesamtcharakter des Reiches und seiner – den Gesetzen des Kosmos entsprechenden – lebensvollen Struktur. Aus dieser Perspektive wird die Geburt jener Idee verständlich, die seine Regierungszeit in den Rang eines Zeitalters erhebt und den Namen »Pax Romana« trägt.

Anstelle einer Aufzählung der atemberaubenden Friedensleistung des Augustus wenden wir uns zum Schluß dem Bilde zu, das das Römische Reich im ganzen am Ende seiner Regierung bot. Durch die Antike zieht der uralte Gegensatz zwischen Zivilisation und Barbarei. Man hat dabei weder in Griechenland noch in Rom unter Barbaren unbedingt verwilderte, rohe Menschen verstanden. Barbarisch erschien zunächst jede völkische Gemeinschaft, die nach Gesetzen lebte, welche nur für sie selbst geschaffen und nur innerhalb ihrer Angehörigen anwendbar waren. Hingegen war das Ziel der römischen Zivilisation, über nationale Ordnungen hinweg zu allgemein-menschlichen Gesetzen zu gelangen, die für England die gleiche Verbindlichkeit haben konnten wie für Syrien. Das Wesen des Erdkreises, wie Rom es als Aufgabe verstand, verlangte die Internationalität seiner Lebensform. Stammeseigenheiten der Unterworfenen schonte man weitgehend — sofern sie nur das Zusammenleben mit anderen Völkern unter einem einheitlichen Recht anzuerkennen bereit waren. In des Augustus Zeit war der Eroberungswille Roms nicht mehr auf Gebietszuwachs gerichtet, sondern ausschließlich auf Sicherung. Das Reich erfreute sich allgemeinen Wohlstandes. In dem Augenblick, da ein barbarisches Volk wie die Parther auch nur zu gutwilliger Nachbarschaft bereit war, nahm Rom dies als Zeichen der Annäherung an die römische Zivilisation und schloß Frieden.

Vielen schien die Idee der Pax Romana nur ein schöner Deckmantel für das kalte Machtstreben des Imperiums. Von den Barbaren her gesehen ist solche Interpretation auch verständlich. Wer aber innerhalb der römischen Grenzen lebte, hatte die Früchte der Pax Romana so deutlich vor Augen, daß ihm rätselhaft bleiben mußte, warum ein Teil der Welt unbedingt darauf verzichten wollte.

Vom Meilenstein Null auf dem Forum Romanum flocht sich durch alle Teile des Reiches ein Straßennetz, dessen Festigkeit noch heute dauert. Die Post funktionierte zuverlässig und schnell. Die Währung war vielfältig, aber durch die römische Münze in ihrer Stabilität gewährleistet. Über jeden beliebigen Markt waren die Produkte des ganzen Reiches zu beziehen. Wenngleich der Gegensatz von Armut und Reichtum sehr groß war, so sorgte der Staat doch, daß Hunger nicht aufkam. Wer Vermögen besaß, hielt es für selbstverständlich, öffentliche Bauten aufzuführen. Thermen, Bibliotheken, Handelszentren, Sportanlagen, Säulenhallen und Gärten dienten dem allgemeinen Wohl, wurden aber aus privaten Mitteln bezahlt. In jenen Provinzen, die von der Wohltat der mittelmeerischen Sonne ausgeschlossen waren, führte man die Warmwasserheizung ein und ließ sie damit auch an der nicht genug zu preisenden Bäderkultur Roms teilnehmen, die so viel zur Verbreitung der Bildung beigetragen hat.

Die Welt der Bücher kannte kaum Grenzen. Es gab Verleger, die Tausende von Schreibern zur Vervielfältigung der Texte beschäftigten und durch weitgespannte Vertriebsnetze dafür sorgten, daß sich die gesamte Literatur der Antike über die Provinzen ergoß.

Im privaten Bereich wurde mit Anhänglichkeit und Treue das Gastrecht geübt. Die Empfehlung eines gemeinsamen Freundes genügte, um dem Fremdling ein Haus zu öffnen, das er nie zuvor betreten. Gastfreunde, die sich vielleicht nur einmal im Leben gesehen hatten, blieben brieflich in Verbindung und schickten sich gegenseitig ihre Kinder, so daß sich Familienfreundschaften bildeten, die Jahrhunderte währten.

Neben den zahlreichen örtlichen Sprachen gab es zwei Weltsprachen: für das westliche Mittelmeer die Sprache des Rechtes und der Behörden, Latein; für den Osten die Sprache der Philosophie und Poesie, Griechisch. Beide wurden im ganzen Reich gesprochen und gaben seinen Bewohnern das Bewußtsein, Weltbürger zu sein. Am allgemeinsten aber war das Recht. Wenn jemand einen Prozeß führte, konnte er es in Ägypten und in Spanien nach den gleichen Gesetzen tun. War er mit dem Urteil nicht zufrieden, so stand ihm frei, von irgendeinem Punkt des Reiches aus unter Umgehung sämtlicher Instanzen direkt an den Kaiser zu appellieren.

All dies hatte seine Wurzeln in Zeiten, die schon für Augustus weit zurücklagen. Auch waren nicht alle Errungenschaften einer solchen Zivilisation römischen Gehirnen entsprungen. Aber Rom hat sie zum Blühen und zur Harmonie gebracht durch eine konsequente und machtvolle Friedenspolitik, die in der Herrschaftszeit des Augustus ihren Anfang nahm. Ihren Wesensgrund hat sie in der genialen Vereinigung monarchischer, aristokratischer und demokratischer Prinzipien, und in der Welt blieb sie ohne Beispiel bis auf den heutigen Tag.

Kehren wir noch einmal zu des Augustus herrlichem Standbild von Prima Porta zurück. Die Sinnbilder der Pax Romana haben wir von seinem Panzer abgelesen. Sie entrollen sich auf dem Körper des Kaisers, der zugleich den Kosmos repräsentiert. Folgerichtig thront über dem aufgespannten Firmament des Caelus das von göttlichen Gedanken inspirierte Haupt des Kaisers. Er regiert nicht nur die überblickbar gewordene Erde, sondern hat zugleich an den ewigen Weltgesetzen teil, deren Abbild er auf dem Erdkreis zu verwirklichen strebt. Wohl tritt auf diese Weise bei aller Treue des Porträts die Persönlichkeit des Augustus in unserem Standbild zurück hinter der ausgreifenden Geste des Friedens. Doch haben des Augustus Zeitgenossen die Sakral-Darstellung ihres Herrschers bestimmt nicht als eine Art unvermittelter Offenbarung empfunden. Vielmehr mußte ihnen der solcherart verklärte Kaiser als die Vollendung einer langen menschlichen Entwicklung erscheinen, deren konvulsivischen Anfängen sie selber als Zeugen beigewohnt hatten. Erst auf dem Hintergrund des Bürgerkrieges, des Konflikts mit Cleopatra, der langsamen Rückführung des Staates zu gesitteter Ordnung konnte die Idee des Augustus von der Pax Romana Überzeugungskraft und universale Wirkung erreichen.

In diesem Zusammenhang mag auch die Stelle im Evangelium eine höchst reizvolle Selbstverständlichkeit gewinnen, welche durch die Worte umfaßt wird: »In jener Zeit ging vom Kaiser Augustus der Befehl aus...« Es war nicht eine in abstrakte Erhabenheit entrückte Herrscherfigur, es war ein Mensch, der diesen Befehl erteilte. Daß seine Weisungen Gesetzeskraft beanspruchen konnten – dafür hat Cicero die gültige Formulierung gefunden: »Das wahre Gesetz ist nämlich die richtige Vernunft, welche mit der Natur übereinstimmt, stets gleichbleibt und ewig ist.«

II

Vor etwas mehr als zweitausend Jahren traf in der Weltstadt Rom ein junger Mann ein, der aus dem Städtchen Venusia in Apulien kam. Er war etwa mittelgroß und stämmig und trug jenen Anflug von Arroganz zur Schau, hinter dem Provinzler so lange Jahrhunderte hindurch ihre linkische Verlegenheit zu verbergen pflegten. Sein Vater, überzeugt, daß Intelligenz und Zielstrebigkeit des Sohnes für eine achtbare Karriere ausreichen mußten, hatte ihn mit mäßigen Geldmitteln ausgestattet und mit dem Auftrag nach Rom geschickt, den besten Lehrer für Rhetorik aufzutreiben und bei diesem auf der Stelle mit dem Studium zu beginnen. Rhetorik bildete damals eine Art Grundausbildung für jeden höheren Bildungszweig, dem man sich später zuwenden wollte, gleichviel ob Philosophie, Naturwissenschaft oder Jurisprudenz. Für den Staatsdienst zumal war Rhetorik unerläßlich, denn überall wurden Logik, Treffsicherheit des Arguments, unmißverständliche Artikulation, also die volle Beherrschung der Sprache verlangt.

Der junge Quintus fand seinen Lehrer, begann sogleich mit Eifer zu arbeiten, sah sich aber persönlich zunächst einer schmerzlichen Anfangsschwierigkeit ausgesetzt. Er kannte keinen Menschen, und als er schließlich mit ein paar Leuten in Kontakt kam, wollten diese nicht nur seine Herkunft kennen, sondern auch alles über seine Familie wissen. Quintus war viel zu stolz, um zu verbergen, daß er mit Familiennamen »Flaccus« hieß – das bedeutet »Schlappohr« und war ein eindeutiger Sklavenname. Mit Zwischennamen nannte er sich – vergleichsweise aristokratisch – »Horatius«, und das verriet den Rest. Der Vater war tatsächlich als Sklave geboren, hatte seinem Herrn – eben einem gewissen Horatius – mit Treue und Geschick viele Jahre gedient und war von diesem schließlich freigelassen worden, wobei er einer verbreiteten Sitte folgte und den Namen seines ehemaligen Besitzers dem eigenen einfügte. Als Freigelassener trat er durch Gesetz sogleich in den Vollbesitz der bürgerlichen Rechte ein und baute sich aus den Lohnersparnissen seiner Sklavenzeit eine selbständige Existenz auf, die ihm infolge seiner Ehrenhaftigkeit und Unbestechlichkeit bald das Amt eines Steuereinnehmers eintrug. Der Sohn sollte nun die Früchte des väterlichen Lebens ernten. Einen Standesunterschied zwischen Freigeborenen und Freigelassenen gab es schließlich nicht.

In Rom lebten damals viele Freigelassene in solchem Reichtum, daß sie manchen Senator mit ruhmreicher Ahnenkette einfach hätten verlachen können – sie taten es aber nicht, denn nur sehr wenige von diesen Neureichen verloren zur Gänze den Komplex gegenüber der Aristokratie – und der Bildung. Der junge Horaz – wir wollen ihn fortan so nennen wie die Welt ihn kennt – besaß weder das Geld noch das Auftreten, um in die Kreise einzudringen, in denen Lebenskultur und Bildung höher geschätzt wurden als prunksüchtige Angeberei. Also büffelte er, schloß glänzend ab und ging mit Zustimmung des Vaters bald darauf nach Athen, um sich dort der Philosophie zuzuwenden, der umfassendsten Wissenschaft des Altertums, für die die griechische Hauptstadt, längst in römischer Hand, mit ihrer Fülle von Schulen immer noch als wahre Heimstätte galt. Dort allerdings konnte er nicht mehr abschließen, denn es ereilte ihn der Krieg.

Das Römische Reich durchlebte zu dieser Zeit eine seiner schwersten inneren Erschütterungen – den Bürgerkrieg, der als Folge der Ermordung Cäsars ausgebrochen war und kein Ende finden konnte. Cäsar war einer Verschwörung zum Opfer gefallen, die ihre moralische Rechtfertigung daraus zog, die geheiligte republikanische Staatsform Roms gegen seine weltumwälzenden Pläne zu verteidigen, weil diese einen kaum verhohlenen monarchischen Charakter zeigten. Nach Cäsars Fall begann auf der Stelle der Streit um die Nachfolge in der Macht. Feldherren mit großen Heeresmassen lieferten sich mörderische Schlachten, verbündeten sich, entzweiten sich wieder – und es dauerte Jahre, bis nur noch zwei überragende Gegner übrigblieben. Der eine war der junge Octavianus, Cäsars Großneffe, von ihm selbst als persönlicher Erbe eingesetzt – der andere war Brutus, der republikanisch-idealistische Führer der Cäsar-Mörder. Der dritte Mann im großen Spiele, Marc Anton, der durch Cleopatra Ägypten beherrschte, war für den Endkampf noch nicht reif. Octavian und Brutus aber fühlten, daß zunächst zwischen ihnen die Entscheidung fallen mußte, durch welche die künftige Gestalt des römischen Staates bestimmt werden sollte. In der Vorphase der Endauseinandersetzung beherrschte Brutus große Teile des Ostens einschließlich Griechenlands und preßte jeden waffenfähigen Mann in seine gigantische Armee. Auch der junge Horaz mußte die Bücher mit dem Schwert vertauschen.

Vielleicht empfand er es dabei noch als das kleinere Übel, dem Brutus zu dienen, den er für den Verfechter einer gerechten Sache hielt. Er war von Naturell und Erziehung durchaus konservativ und viel zu jung, um zu begreifen, daß Cäsar den Verfall und die Auflösung des republikanischen Gedankens bereits vorgefunden und daraus nur seine genialen Konsequenzen für die neue Staatsform gezogen hatte. Jedenfalls widmete sich der junge Horaz dem Heeresdienst mit beinahe unfaßbarer Geschicklichkeit. Ohne irgendeine Protektion gelang es ihm, die Aufmerksamkeit des Brutus auf sich zu ziehen und aus der Unterredung nicht nur als beförderter Offizier, sondern als Befehlshaber einer Legion, also eines kriegsstarken Regiments, hervorzugehen.

»Süß und ehrenvoll ist es, für das Vaterland zu sterben« – möglich, daß dieser sein später so oftmals verheerend mißbrauchter Satz in jenen Tagen schon entstanden ist. Allerdings nahm er sich die Freiheit, für seine Person nach anderen Gesichtspunkten zu urteilen. Die kriegerische Praxis und sein inzwischen entwickelter politischer Instinkt ließen ihn steigend daran zweifeln, daß dem Brutus der Endsieg sicher zufallen würde. Als er mit seinen Soldaten zum erstenmal gegen die Truppen Octavians zu kämpfen hatte und in ernste Bedrängnis geriet, erklärte er sich mitten in der Schlacht als Privatmann, warf die Waffen weg und floh. Damit endete seine militärische Karriere einen Augenblick, bevor Brutus bei Philippi unterlag, Selbstmord verübte und dem Octavian einen ausgesogenen und chaotischen Staat zurückließ. Horaz hatte sich in einen von den vielen tausend Soldaten verwandelt, die nun nach Italien zurückfluteten, um von der heimatlichen Erde aus eine neue Existenz zu suchen. Er fühlte sich in seiner Anonymität verhältnismäßig sicher und traf schließlich in seiner Heimatstadt Venusia ein, völlig ungefaßt auf die Katastrophe, die ihn dort erwartete.

Octavianus hatte schon lange über die Anhänger des Brutus im Militär- und Zivilbereich buchführen lassen. Nun, als Sieger, stand er vor dem Problem, seine eigenen Gefolgsleute entsprechend zu belohnen. Er opferte einen gewaltigen Teil seines Privatvermögens, um seine Veteranen mit Geld abzufinden. Da diese Mittel in keiner Weise ausreichten und auch die zivile Gefolgschaft des Octavian, etwa in der Verwaltung, ihren materiellen Anteil am Siege erwartete, ließ er im Augenblick des Kriegsendes den gesamten Besitz der Brutus-Anhänger rücksichtslos konfiszieren, verfügte allerdings gleichzeitig, daß den Verarmten sonst kein Haar gekrümmt werden dürfe – eine Handlungsweise, die man damals als Muster der Gerechtigkeit und Milde empfand.

Wir wissen nicht, ob Horaz in Venusia seinen Vater noch am Leben antraf – ein väterliches Erbe gab es jedenfalls nicht mehr für ihn. In solcher Notlage faßte er den Entschluß, der seinen Lebensweg bestimmen sollte. Er vertraute dem Wort des Mannes, der ihm alles genommen hatte: des Octavians Zusicherung der persönlichen Straflosigkeit. Von ein paar unbelasteten Freunden pumpte er, was er an Geld bekommen konnte, und ging nach Rom. Tatsächlich hat ihn dort niemand nach seiner politischen Vergangenheit gefragt, so daß er sich frei von Angst einen kleinen Posten suchen konnte. Da sein lateinischer Stil nach wie vor erstklassig war, kam er als Kanzlist im Büro des römischen Quästors unter und war fortan der drückendsten Existenzsorgen ledig. Jedoch reichte das Salär nur aus, um seinen Körper zu ernähren, nicht aber seinen Geist. Die Bücher, ohne die er kaum leben zu können vermeinte, blieben ein Wunschtraum. Schließlich brachte ihn sein immer wacher Intellekt auf einen Ausweg. Er selbst bekennt, es sei die Armut gewesen, die in ihm den Trieb erweckte, sich als Dichter zu versuchen. Denn Dichtungen, sofern sie ihr Publikum fanden, mußten damals keine brotlose Kunst sein.

Dafür gab es zwei Gründe. Der erste lag in der genialen Fähigkeit des Octavian, durch eine Umbildung der Verwaltung und des Finanzwesens die Reichsverhältnisse weit schneller in Ordnung zu bringen, als irgend jemand hätte vermuten können. Fast über Nacht bemerkten die Römer, daß sie nach so langen Jahren totaler Zerrüttung von Wirtschaft und Handel im Begriffe waren, reicher zu werden als vorher. Das Bedürfnis nach Dankbarkeit verlangte alsbald öffentlich Ausdruck – und diesen lieferten die Dichter. Der zweite Grund bestand in einem über das ganze Reich verbreiteten geistigen Nachholbedarf. Nicht nur die Literatur, auch das Verlagswesen und der Buchhandel überschwemmten Provinzen und Hauptstadt, allenthalben schossen literarische Zirkel aus dem Boden, zumeist gebildet um einen vermögenden Gönner, der es sich zur Ehre anrechnete, wenn ihm Werke der Poesie und der Prosa gewidmet wurden, und der es für selbstverständlich hielt, den Verfassern ihre Arbeit durch zum Teil beträchtliche Geldzuwendungen zu ermöglichen. Octavian selber gab das führende Beispiel, denn die dichterische Verherrlichung der durch ihn angestrebten neuen Ordnung konnte seine Politik nur erleichtern. Mehr noch als gelesen wurde vorgelesen, so daß der Lobpreis auf die Wiederkehr von Frieden und Wohlstand als lebendiges Wort unter die Leute kam. So war des Horaz Bestreben, mit Dichtwerken an die Öffentlichkeit zu treten, keine reine finanzielle Spekulation, sondern eine Teilnahme an der über das ganze Reich verbreiteten neuen literarischen Gesinnung.

In Rom lebte damals, äußerlich zurückgezogen, ein Mann aus der Nähe von Mantua, etwa fünf Jahre älter als Horaz und ursprünglich vom gleichen Schicksal – der Konfiskation des Familienvermögens und des väterlichen Gutes – betroffen. Er hatte als Dichter die öffentliche Anerkennung bereits erreicht und war offenbar schon auf dem Wege berühmt zu werden. Sein Name ist Vergil – er wird uns später noch beschäftigen.

Zunächst ist eine andere Figur von vordringlicher Bedeutung: der Gönner, den Vergil gefunden hatte. Es handelt sich um eine rätselvolle Gestalt von großem Zauber, deren Lebensverhalten schon den Zeitgenossen zumindest eigenartig erscheinen mußte. Der Mann stammte aus einer uralten etruskischen Familie und war von königlichem Adel. Wir kennen nicht einmal seinen vollständigen Namen, sondern nur einen Teil davon, der allerdings bis in unsere Tage ein internationaler Begriff ist: Mäcenas. Sein ererbtes Vermögen muß schon beträchtlich gewesen sein, und er suchte es erfolgreich durch Agenten zu vermehren, die in seinem Auftrag Handelsgeschäfte großen Stils betrieben. Den Octavian kannte er – vielleicht aus gemeinsamer Studienzeit – schon während des Bürgerkrieges und kämpfte für ihn bei Philippi mit solcher Tapferkeit und Umsicht, daß der Sieger ihn mit einem Großteil des konfiszierten Riesenvermögens von Favonius belohnte.

Das Vertrauensverhältnis zwischen Octavianus und Mäcenas war in der Freundschaft ebenso absolut wie in der Politik. Als dem Octavian, dessen Gesundheit stets angegriffen war, die Last der übernommenen Pflichten gefährlich zu werden drohte, gründete der neue Herr der Welt ein kleines inoffizielles Kabinett von vier Ratgebern mit weitgehenden Vollmachten. Einer davon war Mäcenas. Er betätigte sich ebenso intensiv als Diplomat in der Entwirrung der Nachkriegsverhältnisse wie als Reformator des Finanzwesens und der Versorgungsprobleme. Furchtlos widersprach er seinem Freunde auch in Dingen, die Octavian sich von einem anderen schwerlich hätte sagen lassen.

Auf dem Esquilinischen Hügel in Rom baute sich Mäcenas einen märchenhaften Palast mit wundervollen Gärten, deren Schwimmbecken im Winter heizbar waren, und trug persönlich den Stil eines verweichlichten Genußmenschen zur Schau, und zwar mit solcher Vollendung, daß viele seine wahre Natur, seine geistige Energie, sein rastlos für den Staat arbeitendes inneres Leben gründlich mißkannten. Er hüllte sich in seidene Gewänder, trug kostbarste Juwelen, hielt Gastmähler ab, deren Üppigkeit in der ausgesuchtesten Raffinesse der Speisen und nicht in ihrer Fülle bestand, und konnte eine Konversation von derart lächerlicher Oberflächlichkeit führen, daß man ihn zu seiner heimlichen Freude für einen etwas beschränkten Dandy hielt. Niemals nahm er ein Staatsamt an, obwohl ihm fast jedes zur Verfügung gestanden hätte. Mäcenas legte Wert darauf, seine wahren Freunde in sehr geringer Zahl zu halten. Unter ihnen spielen auch Dichter eine Rolle, vor allem Vergil. Für Scharen von Literaten galt es als gleichbedeutend mit vollendeter Karriere, bei Mäcenas eingeführt zu sein. Verständlicherweise ertrug Vergil die zahllosen Belästigungen, denen er als Vertrauter des Mäcenas ausgesetzt war, lieber mit stoischer Ruhe, als seinem Freunde auch nur eine einzige literarische Niete zuzumuten.

Solche Verhältnisse vor Augen, begann nun der unbekannte Kanzlist Horaz, Verse zu schreiben. Er benützte dabei zum großen Teil höchst komplizierte Versmaße aus dem Griechischen, die ihm gestatteten, die Liebe zu einer unbekannten Schönen beispielsweise bis zur Rätselhaftigkeit zu verschlüsseln und gleichzeitig den Beweis dafür zu liefern, zu welcher Biegsamkeit die eherne Sprache des Latein fähig war. Diese Gedichte hatten zunächst keinen durchschlagenden Erfolg, Horaz erwartete sich ihn auch nicht. Sein literarischer Anspruch war für ein breites Publikum viel zu hoch.

Immerhin fand er für ein Bündel seiner Versuche einen etwas versnobten Verleger, durch den Vergil eines Tages die Abschrift eines einzigen Gedichtes zugesandt bekam. Selbst ein kaum mehr erreichter Meister der lateinischen Sprache, fand Vergil das Blatt interessant genug, um es dem Mäcenas zu zeigen. So kam das Wunder zustande, daß der unbekannte Horaz durch den berühmten Vergil dem so schwer zugänglichen Mäcenas plötzlich vorgestellt wurde. Dieser ging in der Unterhaltung mit Horaz kaum auf dessen Verskunst ein, prüfte aber mit bewährtem diplomatischen Scharfsinn um so genauer die Gesamtstruktur und Denkart des etwas verschüchterten Besuchers. Horaz wurde mit liebenswürdigen Worten und ernsthafter Aufmunterung entlassen, doch gestaltete Mäcenas die Verabschiedung so, daß der junge Dichter keine direkten Hoffnungen auf die Begegnung setzen konnte. Tatsächlich hüllten sich Mäcenas und Vergil für die nachfolgenden neun Monate in Schweigen, während Horaz eifrig fortfuhr, seine Gedichte ohne Protektion an den Mann zu bringen. Allerdings ändert er Stil und Art seiner Produktion. Offenbar ist er der hochgekünstelten Form seiner bisherigen Gedichte überdrüssig geworden. Sein Kanzleiposten läßt ihm viel Zeit, er fängt an, durch die Arkaden zu bummeln, die Menschen in den Straßen und auf den Märkten zu beobachten, Klatsch jeder Art aufzufangen und mit

Röntgen-Augen durch die wohlgesicherten Wände reicher Villen zu blicken und die Zustände wahrzunehmen, die sich dahinter verbergen. Wenn er sich bisher für einen Dichter hielt, so gibt er jetzt zu, man könne »einen wie ich, der Verse macht, die eher der Prosa verwandt sind, kaum einen Dichter nennen«.

Die literarische Form, der er sich zuwendet, ist die Satire, das Spottgedicht, welches kritische Übertreibung mit beißend ironischer Wahrheitsliebe verbindet, Derbheit und Direktheit nicht scheut und vom römischen Volk seit alters geliebt wurde. Horaz steht der Welt, auf die er blickt, mit Groll, dem gemeinen Volk mit Abscheu gegenüber – und die Satire erlaubt ihm, was er sieht, schonungslos zu geißeln, seine eigenen Schwächen eingeschlossen. Er schimpft wie ein Rohrspatz, etwa auf den Sänger Tigellius, den er den Schutzpatron der Syrerinnen von der Pfeifferzunft, der Quacksalber, Bettelpriester, Tänzerinnen und Possenreißer nennt; er lästert über den Lucilius, der dafür berühmt ist, in einer Stunde auf einem Beine stehend zweihundert Verse machen zu können; Cervius ist ein Halsabschneider, Candidia eine Giftmischerin – und beinahe am meisten zieht er über die Geizhälse her. Von den Söhnen des Quintus Arrius erzählt er, sie seien – an Büberei, Ausschweifung und Verkehrtheit Zwillinge – ohne Zögern darangegangen, ihr Geld auf den Ruhm zu verwenden, daß bei ihnen allein Tag für Tag zur Mahlzeit eine große Schüssel voller Nachtigallen-Zungen serviert wurde. Und dann kommt auch gleich noch das ganze zweifelhafte Gelichter von Zuträgern und Lieferanten dran: Fischer, Obsthändler, Vogelsteller, Parfümierer, Hühnerstopfer, Kartenschläger, das Gesindel aus dem tuscischen Quartier und nicht zuletzt die freizügigen Mädchen in den Kaschemmen, die es viel lieber haben, sich kitzeln zu lassen als sich zu waschen. Stammkunden in Bordells rühmen sich ihrer Tugendhaftigkeit, weil sie keine verheirateten Frauen verführen. Mit all dem offenbart sich ein höchst verletzlicher Geist, der nicht boshaft ist, weil er darin Vergnügen findet, sondern weil er auf indirekte Weise das Gegenbild zu solchen Zuständen, also das rechte Verhalten, den Takt und das maßvolle Leben ahnen lassen will.

Horaz schrieb seine Satiren ohne jede politische Absicht. Mäcenas aber las sie und erkannte sogleich, welcher Dienst dem neuen Ordnungsprinzip und seinen moralischen Voraussetzungen hier geleistet wurde. So kamen die Satiren des Horaz alsbald auch dem Octavian zur Kenntnis, der darauf beschloß, den Dichter an sich zu ziehen. Eingefädelt wurde die Sache ganze im diplomatisch-eleganten Stil des Mäcenas. Eines Tages erreichte den Horaz die Einladung des mächtigen Mannes zu einer See- und Landpartie, die von Rom zuerst zu Schiff an den Golf von Neapel, dann in Kutschen und Sänften quer über den Apennin auf die adriatische Seite führen und in Brindisi enden sollte. Horaz war entzückt, daß Mäcenas auch den Vergil eingeladen hatte, und die Reise wurde trotz Mückenplagen, teilweise schmutzigen, räuberisch teuren Herbergen und wechselndem Wetter ein voller Erfolg. Mäcenas war der liebenswürdigste Gastgeber und ließ den Horaz immer wieder verspüren, daß er ihm wie einem Freund vertraute. Zu einer wahren und tiefen Freundschaft aber fanden sich Horaz und Vergil – vielleicht gerade weil ihre Naturen so grundverschieden waren. Am Ziel der Reise trafen die drei mit dem aus dem Orient kommenden Octavian zusammen, der für den Horaz sofort das lebhafteste Interesse zeigte. Schon nach einigen Gesprächen bot Octavian – es war zehn Jahre, bevor er den Titel Augustus annahm – dem jungen Dichter die Stelle eines Privatsekretärs an. Und wieder fällte Horaz spontan eine lebensbestimmende Entscheidung: er lehnte ab. Mäcenas hatte inzwischen dafür gesorgt, daß Horaz aus seiner materiellen Bedrängnis befreit war, und so konnte er es wagen, dem Augustus als Begründung für sein Widerstreben die Wahrheit zu sagen: er sei für regelmäßige Arbeit einfach zu faul. Augustus akzeptierte die Antwort lächelnd, begann fortan, den Dichter vorsichtig zu umwerben und immer mehr in seine großen Pläne einzuweihen.

Grundvoraussetzung für die kaum vorstellbare Blüte, die das Reich nach Beendigung des Bürgerkrieges durch die Regierung des Augustus erlebte, war dessen einsichtsvoller Entschluß, das römische Herrschaftsgebiet nicht mehr weiter auszudehnen. Wo

Eroberungen zur Abrundung der Grenzen dienten, wurden sie unternommen und siegreich zu Ende geführt. Wo Gebietsausdehnung die Gefahr in sich trug, neue künftige Unruheherde hervorzurufen, zögerte Augustus nicht, die römischen Grenzen in strategisch günstige Positionen zurückzunehmen, weshalb er zum Beispiel das rechtsrheinische Germanien, dessen Eroberung schon im Gange war, wieder in seine barbarische Kultur zurückfallen ließ und Rhein und Donau als Reichsgrenze festlegte. Von den römisch beherrschten Meeren und ihren Seewegen abgesehen, war die unter römischer Herrschaft stehende Landmasse in ihrer Gesamtausdehnung größer als die der Vereinigten Staaten. In dieses ungeheuere Gebiet mußte nun Ordnung gebracht werden.

Augustus war viel zu klug, um seiner Herrschaft auch nur den leisesten Anschein der Monarchie zu geben. Der Senat, ehrwürdigste Einrichtung der Republik, blieb in seinen Würden unangetastet – Augustus bezeichnete sich selbst stets nur als Princeps senatus, als erster unter gleichberechtigten Senatoren. Seine Macht übte er aus durch eine kaum überbietbare Ämterhäufung, die ihm vom Senat selber in ununterbrochener Folge aufgebürdet wurde.

Um seine Arbeitslast bewältigen zu können, bedurfte es einer radikalen Verwaltungsreform mit einem kleinen hochbefähigten Mitarbeiterstab an der Spitze. Hand in Hand mit der Verwaltung mußte die Finanzreform durchgeführt werden, denn Augustus hätte seine Aufgaben nicht erfüllen können ohne die persönliche Verfügungsgewalt über die gesamten staatlichen Mittel. Die Steigerung der Staatseinnahmen war nur möglich durch eine einheitliche Wirtschaftsform, in der Freiheit und Sicherheit einander bedingten. Grundlage hierfür war die staatlich garantierte Ernährungs- und Versorgungslage der Bevölkerung. Die in Ägypten jahrhundertelang gehorteten Reichtümer, die dem Augustus persönlich zu Gebote standen, lieferten ausreichend Staatskapital zur Gewährung günstiger Kredite. Folglich florierte das Geschäftsleben, und die Vermögensbildung setzte in fast beängstigendem Tempo ein. Auch der kleine Mann wußte, daß er dies der Leistung des Augustus verdankte – und so stieg im ganzen Reich die Verehrung für den Friedensherrscher bis zu kultischen Formen. Man hielt Augustus keineswegs für einen Gott. Aber die Antike kannte eine Form, einen außergewöhnlichen Menschen gewissermaßen in gottnahe Heiligkeit zu rücken. Jeder Mensch hatte einen Genius, ein den Körper beseelendes Geistwesen, das den Menschen über die animalische Seite seiner Existenz hinaushob – und dieser Genius war göttlicher Natur. Wo er fortwährend wirksam und bestimmend hervortrat, rückte der ganze Mensch in die Sphäre der Heiligkeit, und in diesem Sinne wurden dem Augustus alsbald überall göttliche Ehren erwiesen. Damit war aus dem Princeps unmerklich der Kaiser geworden, ohne daß von Monarchie die Rede war. Schon bei Julius Cäsar war dasselbe geschehen, nur hatte dieser sich zunächst unwillig widersetzt und es dann achselzuckend toleriert. Augustus nützte das irrationale Element, das seine Verehrung enthielt, bewußt, um sich von einer tiefen Sorge zu befreien.

Diese Sorge beschäftigte ihn im Gedanken an die Gesamtbevölkerung des Reiches, nahm aber ihren Ausgang von den Zuständen und der menschlichen Entwicklung in der Hauptstadt Rom. Dort nahm die Bevölkerung ständig zu. Einen Teil der Schuld daran traf den Augustus selbst. Im Gegensatz zu seinem Großonkel Cäsar, der Rom wegen seines angeblich besonders ungesunden Klimas und der Aufsässigkeit seiner Bevölkerung wenig liebte und im übrigen durch die Feldzüge seines weltweiten Machtkonzepts nur relativ selten anwesend war, liebte Augustus die Stadt, verbrachte den größten Teil seiner Lebenszeit in Rom und nahm seinen Vorsatz wörtlich, aus einer Ziegelstadt eine Marmorstadt zu machen. Die Folge war eine Ballung von Politik, Geschäft, Spekulation, der Zuzug von Leuten mit riesigem Vermögen, in deren Gefolge wiederum ganze Schwärme von Bediensteten und Sklaven heranfluteten. Die regelmäßigen staatlichen Getreidespenden taten ein übriges – zahlreiche Leute ließen ihre Sklaven frei, weil sie sie nicht mehr zu ernähren brauchten. Aus dem Orient drangen Ärzte, Magier und Priester von Mysterien-Kulten, Propheten und Wundertäter ein – die Hauptstadt internationalisierte sich ohne Kontrolle, der alteingesessene Römer wurde mehr und mehr zur Seltenheit. Diese Kehrseite des Wohlstandes hatte im übrigen auch das Laster in bisher unbekannten Formen im Gefolge, so daß das moralische Niveau der zwischenmenschlichen Beziehungen sichtbar absank.

Augustus mußte bemerken, wie sehr die ethische Kraft des alten Rom mit ihren Prinzipien von Treue, Opferwilligkeit, Vaterlandsliebe und Frömmigkeit im Schwinden begriffen war – also gerade jene Tugenden, deren neuer Blüte er zur Durchsetzung und Sicherung seiner Staatsordnung so dringend bedurfte. Wie sollte ein Reich zusammengehalten werden, wenn seine Hauptstadt ein Babel geworden war, worin der aufrechte Bürgersinn nicht mehr gedeihen konnte? Zugleich beobachtete der Kaiser den fortschreitenden Verfall der Religiosität, vor allem des althergebrachten Römer-Glaubens. Darin war zum Beispiel die Eheschließung samt Kinderreichtum eine fast übernatürliche Forderung gewesen. Mittlerweile empfand ein großer Teil insbesondere der vermögenden Bevölkerung Kinder als lästig und schränkte ihre Zahl willentlich ein. Die Frauen empfanden es als viel reizvoller, sexuell begehrenswert zu sein, anstatt die mühevolle Aufgabe der Mutterschaft und des häuslichen Lebens auf sich zu nehmen. Hinzu kam die von Horaz schonungslos angeprangerte Wucherung der Erbschleicherei. Ein kinderloses Ehepaar konnte im Alter sicher sein, von zahlreichen Personen versorgt und umhegt zu werden, die auf ein ihnen günstiges Testament spekulierten. Viele fanden ein solches Verhalten höchst willkommen und planten es in ihr Leben schon in einem Alter ein, das dem Kindersegen offensteht. All dies veranlaßte den Augustus zu tiefen Meditationen über die Sitten und Lebenseinrichtungen jener vergangenen Zeiten, denen Rom durch die Charakterstärke und die moralische Reinheit seiner Familien Aufstieg und Macht verdankt hatte. Er entschloß sich zu zwei Maßnahmen, zur Reform und Wiederbelebung des alten Staatskultes und zur großangelegten Propagierung der Vorväter-Sitte.

Die Staatsreligion war für die meisten Römer zu einem reinen Formalismus geworden, dessen Gebräuche man mitschleppte, etwa wie man heutzutage christliche Feiertage begeht, ohne einen Augenblick an ihren Sinn zu denken. Keiner der römischen Staatsgötter hatte noch Macht über die Gemüter. Dabei war das Bedürfnis nach religiöser Erfüllung eher gestiegen – nur fand es jetzt seine Befriedigung in den Mysterien und Reinigungskulten, die aus dem Osten herüberkamen. So war zum Beispiel der ursprünglich orgiastische Dionysos-Kult in Rom vor allem bei den von der Zivilisation am meisten ergriffenen vermögenden Schichten in verfeinerter und vergeistigter Form weit verbreitet, hatte aber seinen rauschhaften Charakter beibehalten einschließlich der Verheißung persönlicher Unsterblichkeit. Augustus beging den folgenschweren Irrtum, den Kult zu verbieten. Man hing dem Dionysos um so mehr an, je unvorteilhafter sich im Vergleich zu seinem Kult die alteingesessenen Priesterschaften römischer Urkulte ausnahmen, etwa die Arval-Brüder, deren liturgische Lieder in Altlatein kein Mensch mehr verstand, oder die Lupercus-Priester, deren hauptsächliche religiöse Betätigung in der Abhaltung ungeheuerer Gastmähler bestand.

Augustus, der sich nach dem Tode eines höchst laxen Pontifex maximus selbst zum obersten Priester des Reiches wählen ließ, ging unverzüglich daran, die Staatsreligion durch strenge Gesetze zu reformieren, und begrüßte jedes Mittel einer neuen Sinngebung der alten Götterverehrung. Er erblickte einen tiefen Zusammenhang zwischen dem moralischen Verhalten des römischen Menschen in der Welt und der Integrität seines Glaubens, der ihn mit den Vorvätern verband und ihm einen Teil von deren Kraft zubrachte. Für dieses altväterlich-sittenstrenge Lebensverhalten gab es ein Sammelwort: die »Mos Maiorum«, die Ethik der Väter. Augustus träumte davon, sie wieder zum Ideal zu machen, was eine psychologisch wirkungsvolle und zugleich populäre Propaganda voraussetzte. Sie konnte weder von den Priesterschaften noch von der Gesetzgebung ausgehen, sondern nur von einem sehr großen Dichter. Es war Vergil, der sich anbot.

Vergil stammte aus der Gegend von Mantua und war auf dem Lande aufgewachsen, wo sein Vater aus seinen Einkünften als

Hofschreiber ein kleines Gut erworben hatte. Wie wir schon wissen, verfiel der Besitz im Bürgerkrieg der Konfiskation, und es dauerte viele Jahre – Vergil war längst mit Augustus befreundet –, bis er seinen Hof zurückerhielt. Vielleicht bewirkte gerade der unverwundene Verlust der Stätte einer glücklichen Kindheit Vergils innige Liebe und Vertrautheit mit dem bäuerlichen Leben. Das erste große Werk, das der Dichter der Öffentlichkeit vorlegte, war zugleich sein vollkommenstes – die »Georgica«, an deren Versen er sieben Jahre schrieb und schliff, um das einfache Leben des Menschen mit der Natur, die Kümmernisse und Freuden von Aussaat und Ernte, die Pflege von Garten und Feld, den liebevollen Umgang mit Tieren in die melodiöseste Sprache zu kleiden, die Rom bislang vernommen hatte. Vergil gibt keine großangelegte Idylle, sondern ein tiefempfundenes Beispiel für die mögliche Übereinstimmung menschlichen Lebens mit einer von den Göttern beseelten, nicht immer freundlichen, aber im Grunde gnädigen Natur.

Das Epos war keineswegs ein Auftrag des Augustus, traf aber dessen Anliegen nach der Erneuerung der Mos Maiorum in der Tiefe des Problems. Der erste, der die möglichen Konsequenzen aus solcher Gleichartigkeit der Gesinnung erkannte, war Mäcenas. Nach der Lektüre des Manuskripts lud Mäcenas den Vergil ein, den Augustus damit zu überraschen. Dieser kehrte soeben nach der endgültigen Besitzergreifung von Ägypten nach Italien zurück und legte in dem apulischen Artella einige Ruhetage ein, um sich von den körperlichen und seelischen Strapazen im Zusammenhang mit dem Tode Cleopatras zu erholen. In Artella ließ der ermüdete Augustus, vollständig eingefangen durch den Zauber der Vergilschen Sprache, den Dichter an vier Tagen die ganzen zweitausend Verse des Werkes vorlesen und war fortan überzeugt, das größte lebende Genie für die Wiederbelebung der Mos Maiorum gefunden zu haben, zumal Vergil offensichtlich zutiefst an das glaubte, was er so herrlich auszudrücken wußte. Grundprinzip seiner Lebenserfahrung war, daß kein Römer sich zu schämen hätte, hinter dem Pfluge zu gehen, weil jede Art des tätigen Umgangs mit der Natur dem menschlichen Charakter einen sittlichen Stempel aufprägt, der als Wegweiser zu Verläßlichkeit und Familienglück dient.

Inzwischen hatten sich in Rom weder die moralischen noch die religiösen Verhältnisse um einen Deut geändert. Zwar zeigte sich der Senat in seiner Gesamtheit entschlossen, die Reinheit des Staatskultes streng zu überwachen, auch die Anteilnahme der Bevölkerung an den alten Riten und Zeremonien hatte geringfügig zugenommen, doch fehlte die innere Überzeugung, und so blieb die Reform zum allergrößten Teil in Äußerlichkeiten stecken. Weit schlimmer noch erging es den Idealen von Ehe und Familie, die in den steigenden Fluten des Luxus und des Wohllebens dem Untergang nahe waren. Auch das einfache Volk wies kaum mehr Verständnis auf für die einfachen Freuden eines einfachen Lebens.

Augustus, darüber verzweifelt, griff zu einer Maßnahme, die beinahe töricht war. Er schränkte die Freiheit der Bürger, zu leben wie es ihnen Spaß machte, durch Gesetz ein. Der Aufwand für Wohnungen, Dienerschaft, Gastmähler, Hochzeitsfeste, Schmuck und Kleidung wurde durch Grenzen eingezäunt, die der Staat kontrollierte und deren Überschreitung Zivilstrafen nach sich zog. Noch nicht mündige Jugendliche durften an öffentlichen Veranstaltungen nur in Begleitung Erwachsener teilnehmen. Bei Gladiatoren-Kämpfen in den öffentlichen Spielen wurde den Frauen vorgeschrieben, ihre Plätze nur in den oberen, vom Schauplatz weit entfernten Rängen einzunehmen, von denen aus der herkulische Körperbau der Arena-Kämpfer nur noch im Umriß erkennbar war. Solche Verfügungen waren aber nur Vorläufer für spätere Gesetze zum Schutz von Sittlichkeit und Ehe, vor denen selbst Puritanern schaudern sollte. Noch versuchte Augustus, das Volk weniger zu zwingen als zu überzeugen, und so kam es zu einem Staatsauftrag an Vergil, zu dessen berühmtestem Werk, der »Aeneis«. Es handelt sich um eine mächtige Vers-Erzählung der Vorgänge, die zur Gründung der Stadt Rom führten. Held der Geschichte ist der trojanische Prinz Aeneas, der mit einigen Gefährten dem Fall seiner Vaterstadt entkommt und durch den Willen der Götter lange Irrfahrten, große persönliche Opfer, Verzicht auf Liebe und Macht durchleiden muß, bevor er an den Küsten Italiens landet, sich das Bleiben erkämpft und der Stammvater des Geschlechtes wird, aus dem Romulus, der Gründer der Stadt Rom, schließlich hervorgeht. Zu den eindrucksvollsten Szenen der Riesenerzählung zählt des Aeneas Begegnung mit der Sibylle von Cumae, die ihn in die Unterwelt einläßt, um ihm die endlose Prozession heldenhafter Gestalten zu zeigen, die Roms Größe schaffen und in ferner Zukunft ein dauerhaftes Friedensreich der Menschheit zustande gebracht haben werden. Die den Charakter des Aeneas bestimmende Grundeigenschaft ist die »Pietas«, ein aus Gehorsam gegen die Götter, Leidenswilligkeit und glühender Vaterlandsliebe zusammengesetzter Sammelbegriff, Voraussetzung und Grundfeste der Mos Maiorum.

Als Vergil den Auftrag übernahm, war er sich klar, daß Augustus von ihm nicht nur vollkommene Dichtung, sondern weit mehr erwartete – eine Art Heiliger Schrift des Römischen Reiches, die man beliebig aufschlagen konnte, um stets auf Verse zu treffen, die den wahren Kern edelsten Römertums verherrlichten. Vergil arbeitete daran zehn Jahre, fortdauernd von Augustus gedrängt, feilte unbeirrt und in unsäglicher Mühe an jedem Wort und war mit seiner Arbeit so unzufrieden, daß er – als ihn im zehnten Jahr plötzlich der Tod ereilte – seine Freunde bat, das Manuskript zu verbrennen, weil er zu dessen Vollendung noch wenigstens drei weitere Jahre gebraucht hätte. Augustus, dem Vergil mit Widerstreben einige größere Teile zugänglich gemacht hatte, verhinderte im letzten Moment die Vernichtung des Werkes.

Seine Wirkung war außerordentlich. Unmittelbar nach der Veröffentlichung begannen die römischen Schulen ihre Zöglinge zu veranlassen, die ganze »Aeneis« auswendig zu lernen. Man zitierte ihre Verse bei jeder Gelegenheit, im täglichen Leben von Handwerk und Handel, auf Grabmälern, als Wandkritzelei, als Orakel. Bis herauf in die Renaissance war es ein weit verbreiteter Brauch, die »Aeneis« blindlings aufzuschlagen und aus der ersten Textstelle, auf die das Auge traf, eine Prophezeiung abzuleiten. In der

Tat hat Vergil an Sentenzen von unsterblicher Diktion nicht gespart. Eine der berühmtesten will dem Römer der augustäischen Zeit das Gedächtnis seiner wahren Berufung zurückrufen: »Andere mögen Gebilde aus Erz wohl weicher gestalten, dünkt mich, und lebensvoller dem Marmor die Züge entringen, besser das Recht verfechten und mit dem Zirkel des Himmels Bahnen berechnen und richtig den Aufgang der Sterne verkünden: du aber, Römer, gedenke die Völker der Welt zu beherrschen (darin liegt deine Kunst) und schaffe Gesittung und Frieden, schone die Unterworfenen und ringe die Trotzigen nieder.« Auch zornmütige Klage ertönt: »heu pietas, heu prisca fides – wohin ist die alte Ehrfurcht, wo der Glaube der Ahnen!« Triebkraft der Handlung ist immer Rom, und Vergil versucht an der Gestalt des Aeneas zu schildern, »wie vieler Mühsal es bedurfte, das Geschlecht der Römer zu gründen«.

Eine Zeitlang vermeinte Augustus, das so schnell hochberühmte Werk werde tatsächlich auf die gesamte Gemütslage der Reichsbevölkerung den vom Kaiser so ernst genommenen Einfluß im Sinne der Mos Maiorum ausüben. Als er schließlich einsehen mußte, sich in dieser Hoffnung geirrt zu haben, griff Augustus erneut zum Mittel des Gesetzes, um die Bevölkerung zu dem sittlichen Hochstand zu zwingen, der ihm zur Aufrechterhaltung seiner neuen Staatsordnung unerläßlich schien. Im Zentrum der Mos Maiorum hatten stets der Wille zur Familie und die Erhaltung ihrer Reinheit gestanden. Zur praktischen Wiederherstellung dieses Lebensprinzips erließ Augustus die verhängnisvolle »Lex Julia de pudicitia et de coercendis adulteriis – das Julische Gesetz über die Sittlichkeit und die Bekämpfung des Ehebruchs«. Bislang waren Ehen innerhalb der Großfamilie der Überwachung und dem Urteil des Familienoberhauptes unterstellt. Nunmehr sollte der Staat den Schutz der Ehe übernehmen. Dem Vater blieb das Recht, eine ehebrecherische Tochter und deren Galan bei Entdekkung zu töten. Der betrogene Ehemann durfte den Liebhaber seiner Frau im eigenen Hause straflos umbringen, die Gattin im Falle ehebrecherischen Verhaltens bei dessen Entdeckung in flagranti. Nach erwiesenem Ehebruch der Frau traf den Gatten die Gesetzespflicht, innerhalb von sechzig Tagen seine Gemahlin öffentlich vor Gericht anzuklagen. Sollte er es aus Scham oder Verzeihung unterlassen, so war der Vater der Ehebrecherin verpflichtet, die Anzeige zu erstatten. Tat auch dieser es nicht, war es jedem Bürger freigestellt, die Klage zu erheben. Die ehebrecherische Frau wurde verbannt, und zwar auf Lebenszeit, mußte ein Drittel ihres Vermögens und die Hälfte ihrer Mitgift abgeben und durfte nicht wieder heiraten, wodurch sie aufs neue straffällig wurde, denn es war keiner Frau, weder einer Witwe noch einer Geschiedenen, erlaubt, ehelos weiterzuleben.

Die Situation entbehrte nicht grotesker Züge. So stellte man fest, daß die Konsuln, unter denen die Ehegesetze ihren Abschluß fanden, beide kinderlose Junggesellen waren. Weit schlimmer aber war die Hartnäckigkeit, mit der sich das Gerücht verbreitete, daß der sittenstrenge Augustus ausgerechnet in jenen Tagen sich leidenschaftlich in die Gattin des Mäcenas verliebte und diese unter lächelnder Duldung des längst anderweitig interessierten Freundes auch erfolgreich verführte. Im übrigen ahnte Augustus damals noch nicht, wie furchtbar seine Erlasse auf ihn selbst zurückfallen würden. Augustus besaß ein einziges leibliches Kind, seine Tochter Julia aus seiner Ehe mit Scribonia. Er liebte dieses Kind leidenschaftlich und nahm es der Mutter fort, als er sich von dieser scheiden ließ, um seine zweite Frau, Livia, zu heiraten, die die eigentliche Gefährtin und Partnerin seines Lebens wurde. Julia entwickelte sich zu einem wollüstigen und ungezügelten Geschöpf von großer Schönheit und wurde folglich von dem besorgten Vater schon sehr früh zur Ehe gezwungen. Durch ihren ersten Gatten wurde sie mit achtzehn Jahren Witwe, worauf Augustus seinen zweiundvierzigjährigen vertrauten Freund Agrippa veranlaßte, sich scheiden zu lassen und Julia zu heiraten. Diesem gebar Julia fünf Kinder, ohne daß ihre Schönheit und Lebensgier dadurch geringer geworden wären. Nach Agrippas Tod verlangte die Familiensituation des Augustus die Anerkennung des Tiberius, Livias Sohn aus erster Ehe als Nachfolger und Erben des Reiches. Augustus schätzte den Tiberius hoch, liebte ihn aber nicht, weil er seinen Charakter zu verschlossen und sein Wesen zu ernst und undurchsichtig fand. Dennoch zwang er zur Festigung der Dynastie seine geliebte Julia nun, den Tiberius zu heiraten – und das war zuviel. Julia, die mit Tiberius nicht das geringste anfangen konnte, nahm sich in aufgestauter Zügellosigkeit einen Liebhaber nach dem anderen, verbarg ihre Ehebrüche auch vor der Öffentlichkeit nicht, nahm an nächtlichen Bacchanalien auf dem Forum teil und kränkte den Tiberius so tief, daß dieser Rom für sieben Jahre verließ, um auf der Insel Rhodos das Leben eines einsamen Philosophen zu führen. Da Tiberius es unterlassen hatte, gegen Julia die vorgeschriebene Ehebruchsklage zu erheben, fiel der Strafvollzug an den Vater. Und Augustus war hart genug, die wunderschöne vollerblühte Frau, an der sein ganzes Herz hing, auf eine karge Felseninsel zu verbannen und niemals mehr zu begnadigen. Unter strenger Bewachung hielt Julia das primitive Leben einige Jahre aus und starb dann verwahrlost und einsam, ohne die Versöhnung mit ihrem Vater erreicht zu haben.

Damit hatte Augustus den Traum von der Wiederherstellung der Mos Maiorum selbst aufs gründlichste zerstört. Ganz Rom rebellierte gegen ihn, insonderheit die kultivierte Gesellschaft, die ihrerseits die freie Liebe nun zum politischen Programm erhob und für ihre Propagierung ebenfalls einen Dichter fand – den elegantesten von allen, Publius Ovidius Naso, in der Literatur kurz Ovid genannt. Das Leben, das Ovid als junger Bonvivant führte, hinderte ihn nicht, seine Bildung und seinen Geschmack gleicherweise erlesen zu machen. Voller Ironie erklärte er sich unfähig, Kriegsruhm und Sittenstrenge zu besingen, denn der einzige Gegenstand, der in ihm das Feuer dichterischer Inspiration erwecke, sei die Liebe, an deren Freuden gemessen die ganze Mühsal des Aeneas verblassen müsse. Seine ersten Veröffentlichungen trugen bezeichnenderweise schon einen Mehrzahl-Titel: Amores – die Liebschaften. Die sprachliche Raffinesse, über die er damals schon verfügte, ließ Schlüpfrigkeiten und Zweideutigkeiten zu, die kein Richter ahnden konnte. Da seine Verse kurz und würzig waren, eigneten sie sich vortrefflich zum Chanson – und bald gab es in Rom keine Party mehr ohne ausführliche Zitate der Amores. Völlig unbekümmert um die Sittengesetze gab Ovid wenig später einen zweiten Teil solcher Liedchen heraus, worin er die Fülle seiner Erfahrungen mit der Weiblichkeit höchst witzig beschreibt. Das züchtige Mädchen und die Kokette, die Spröde, die schwer zu erobern ist, dann aber unheimliche Liebesglut entwickelt, die schmeichelnde Sängerin mit den lüsternsten Verheißungen in der dunkelkehligen Stimme, die Tänzerin, die vor seinen entzückten Augen ihren entblößten Körper wiegt – in alle ist er gleich verliebt, keiner kann er den Vorzug geben, warum sollte man auch mit einer einzigen zufrieden sein, wenn der Reiz der Abwechslung so köstlich angeboten wird?

Das junge Rom jubelte, der Senat schwieg, nur einer las Vers für Vers in ohnmächtiger Empörung: Augustus. Der Kaiser besaß ein viel zu ausgeprägtes Sprachgefühl, um nicht zu merken, daß hier dem Vergil und dem Horaz ein Gegengenie erwachsen war, zudem ein Mann mit ebensoviel Furchtlosigkeit wie Charme. Man konnte nicht riskieren, gegen ihn direkt vorzugehen, obwohl er die öffentliche Moral vom Standpunkt des Kaisers aus gefährlich untergrub.

Kühn geworden, verfaßte Ovid wenig später ein in köstliche Verse gebrachtes Lehrbuch der Liebeskunst, das alsbald kaum weniger zitiert wurde als die »Aeneis«. Man kann sich vorstellen, welche Verheerungen in einer gesetzlich zur Sittenreinheit gezwungenen Gesellschaft Verse anrichteten wie diese: »Im ganzen Himmel spricht man noch bis heut von dem Skandale, wie Venus ward mit Mars ertappt vom schlauen Herrn Gemahle. Es hatt' in toller Leidenschaft der Lenker grauser Schlachten, Gevatter Mars, sich drauf verlegt, Frau Venus anzuschmachten. Und Venus (keiner Göttin Herz ist weicher als das ihre) war nicht so dumm, zu widerstehen dem strammen Grenadiere.« Man hat dabei zu bedenken, daß Aeneas als Sohn der Venus galt, daß die Familie der Julier, der Cäsar entstammte, Venus zur Stammutter erklärte, daß das julisch-claudische Kaiserhaus, welches mit Augustus zur

Herrschaft kam, die Venus zur großen Schutzpatronin der Stadt Rom erhoben hatte. Unter diesem Gesichtswinkel glitten Verse wie die eben zitierten an der Grenze des Hochverrats dahin. Trotzdem unternahm Augustus nichts gegen Ovid als Dichter. Erst als in der Familie des Augustus ein neuer Skandal losbrach, schlug der tief verletzte Kaiser zu. Die verbannte Julia hatte in Rom eine Tochter gleichen Namens zurückgelassen, ebenso schön, aber noch wesentlich ungebändigter als die Mutter. Augustus liebte diese Enkelin um so mehr, als sie seinen nie erloschenen Schmerz um die verbannte Julia durch ungewöhnliche Liebesfähigkeit zu verklären vermochte. Gehorsam heiratete sie, gebar zwei Kinder, nahm sich aber ohne Wissen des Kaisers nebenher Liebhaber nach Gusto und begönnerte den Ovid. Vielleicht war er nur ihr Vertrauter, vielleicht gewährte sie ihm größere Freuden, jedenfalls steckten die beiden fortwährend zusammen und galten garadezu als die Anführer einer Partei der freien Liebe. Ovid war glücklich verheiratet und inzwischen reif genug, um mit Augustus, dessen ungeheuere Verdienste er anerkannte, seinen Frieden zu machen. Mitten in der Abfassung eines Werkes voller Lobpreis auf den Kaiser, kam der Skandal mit der jüngeren Julia auf und brachte dem Ovid die Verbannung auf Lebenszeit ein. Augustus schickte ihn nach Constanza ans Schwarze Meer, verbot ihm selbst Familienbesuch und wartete gnadenlos, bis das rauhe Klima, die totale Isolierung und die unstillbare Sehnsucht nach Rom dem Dichter den Tod gebracht hatten.

Eines konnte er nicht verhindern – die Entstehung der erschütterndsten Sehnsuchtslyrik der Antike, die Ovid unter dem Titel »Tristia – Traurigkeiten« nach Rom schickte und dort veröffentlichen ließ. In diesen Gedichten liegt ein melancholischer Kontrapunkt zu den Werken des Vergil und des Horaz. Zusammen erst zeigen die drei Dichter, welcher Kraft, Empfindungstiefe und Herrlichkeit die lateinische Sprache fähig ist, die heute aus dem Bewußtsein Europas entschwindet ohne Klage über den Verlust.

Augustus aber legte sich spät zum Sterben nieder in der Überzeugung, in seinen Bemühungen gescheitert zu sein. Er ahnte nicht, daß sein Regierungswerk, der von ihm geschaffene Staat, der Menschheit die bislang glücklichsten zweihundert Jahre ihrer Geschichte schenken würde. Und er hätte niemals geglaubt, daß sein größter Irrtum, die Menschen moralisch machen zu wollen, die Welt durch die nachfolgenden zwei Jahrtausende um eine Sprache von unerreichter Reinheit und kraftvoller Schönheit bereichert hat, fähig, eine neue Kultur zu tragen und als Gefäß für einen neuen Glauben zu dienen, der das Antlitz der Erde verändern sollte.

TIBERIUS

* 42 v. Chr. † 37 n. Chr.
Regierungszeit 14–37 n. Chr.

Um das Jahr 1820 lebte auf der Insel Capri ein Notar namens Giuseppe Pagano. Sein einziges Besitztum war ein geräumiges Haus in der Nähe der Piazza. Da die Capresen gegen Recht und Gesetz ein gesundes Mißtrauen hegten, waren die Einnahmen des ehrsamen Juristen recht mager. Glücklicherweise gab es die Deutschen. Auf den Spuren Goethes, der damals noch lebte, reisten sie in immer größeren Scharen nach Italien, um mit romantischer Seele das klassische Altertum zu suchen. Für sie war Capri das Eiland der Sirenen, der Mysterien und der Orgien, denen nachzuträumen dort gefahrloser war als zu Hause. Bald gaben sie der Insel in schönem Nationalbewußtsein den Namen Kleindeutschland, was die Capresen nicht etwa beleidigte, sondern zu der realistischen Überlegung veranlaßte, auf welche Weise bei geringster Anstrengung die deutsche Spinnerei in klingende Münze umzusetzen sei.

Als schlauester Kopf erwies sich dabei der Notar Pagano. Zunächst prüfte er die antiken Göttersagen auf Schauplätze, die man nach Capri verlegen konnte. Dann vertiefte er sich in die Geschichte der Insel und fand heraus, daß die ersten fünfzig Jahre der römischen Kaiserzeit die am meisten geeignete Epoche waren, um Frevel und Luxus der Antike auf Capri wirkungsvoll zu schildern. Darauf verwandelte er sein Haus in ein kleines Hotel mit mäßigen Preisen und guter Küche – und sich selber in einen Wirt. Als solcher gab er seinen deutschen Gästen ausgiebige Tips für die Erforschung der Insel. Sein Erfolg bestand hauptsächlich in der Kunst der Mystifikation. Er machte jedem seiner Klienten klar, nur ihm wolle er das Geheimnis einer Höhle, eines verborgenen Ganges, einer vermauerten Tür preisgeben. Prompt erwachte in den Deutschen die Entdeckerleidenschaft, die Pagano wünschte. War ein Gast in diesen Zustand versetzt, dann führte ihn der Wirt-Notar in die »Grotta oscura«, ein weitläufiges römisches Gewölbe im Sama-Felsen unterhalb der Karthause. Der verschwiegene Zugang am Fuße eines alten Wachtturms, das durch verborgene Ritzen eindringende Dämmerlicht, die gesplitterten Fliesen aus kostbar intarsiertem Marmor, der Sog des Labyrinths, in das man mit Pechfackeln einzudringen suchte, ohne jemals sein Ende zu erreichen – all das vermittelte den Eindruck einer geisterhaften Welt, die dem Zauber der Natur den Ruch vergangenen Lasters hinzufügte. So florierte Paganos Geschäft einige Jahre über seine Erwartung. Als er gerade begonnen hatte, sich an den Gedanken künftigen Reichtums zu gewöhnen, geschah ein Unglück. Es gab ein Erdbeben, schwach und harmlos. Die Insel wies keinerlei Beschädigungen auf – nur der Sama-Felsen war in Bewegung geraten und hatte die Gewölbe der Grotta oscura zum Teil eingedrückt.

Auch der Wachtturm war in Trümmer gegangen, wodurch der Eingang zu Paganos Hauptattraktion hoffnungslos verschüttet wurde. Der Notar war untröstlich. Er ahnte nicht, daß der Einsturz der Grotta oscura der Anfang zu seinem Glück war.

Auf der Insel erschienen zwei deutsche Maler, August Kopisch und Ernst Fries. Sie logierten sich bei Pagano ein, bestaunten seine Bibliothek, noch mehr sein fabulöses Wissen über Sagen, Dämonen und Geschichte der Insel und folgten willig seinem Rat, sich vom Aberglauben der Einwohner nicht schrecken zu lassen und trotz deren Geisterfurcht die Höhlen Capris zu erforschen. Zunächst war das Wetter zu schlecht, um die von Pagano vorgeschlagene Erkundungsfahrt im Boot rund um die Insel zu wagen. Als es sich besserte, ließ Pagano, der verzweifelt nach einem Ersatz für die Grotta oscura suchte, seine überlegene Psychologie spielen. Er erzählte, bei den Einwohnern Capris ginge seit Jahrhunderten die Sage von einer kaiserlichen Villa um, deren Name Damecuta nichts anderes bedeuten könne als »Damechiuse«, die eingeschlossenen Damen. Es habe sich dabei zweifellos um eine Art antiken Harems gehandelt, worin ein römischer Kaiser geheimen Lüsten frönte. Die Villa liege auf einem Felsvorsprung, den er kenne, genau über einer Grotte mit winzigem Zugang zum Meer. Er, Pagano, sei wirklich ein aufgeklärter Mann, habe aber noch nie den Mut gefunden, in diese Grotte einzudringen, zumal in ganz Capri kein Mensch aufzutreiben sei, den die bösen Geister nicht schreckten.

Das war es genau, was die beiden Deutschen brauchten. Programmgemäß erschien auf der Szene auch noch der Kanonikus von Capri und warnte vor Haifischen, Tritonen und Sirenen, die zum Verderben der Menschen den Eingang bewachten. Frau und Tochter des Notars bildeten wie in der antiken Tragödie den Chor, der die Helden beschwört, die Götter mit solch gräßlichem Abenteuer nicht zu versuchen. Konsequenterweise nahm das heroische Unternehmen am nächsten Morgen seinen Verlauf. Kopisch, durch Turnvater Jahn sportlich gestählt, drang schwimmend in die Grotte ein. Am Abend schrieb er in das noch erhaltene

Gästebuch des Gasthofs Pagano zur größten Befriedigung des Wirtes die folgenden Zeilen: »Freunde wunderbarer Naturschönheiten mache ich auf eine von mir, nach den Angaben unseres Wirtes Giuseppe Pagano, mit ihm und Herrn Fries entdeckte Grotte aufmerksam, welche furchtsamer Aberglaube jahrhundertelang nicht zu besuchen wagte. Bis jetzt ist sie nur für gute Schwimmer zugänglich. Wenn das Meer ruhig ist, gelingt es wohl auch, mit einem kleinen Nachen einzudringen, doch ist dies gefährlich, weil die geringste sich erhebende Luft das Wiederherauskommen unmöglich machen würde. Wir benannten diese Grotte die blaue, ›la grotta azzurra‹, weil das Licht aus der Tiefe des Meeres ihren weiten Raum blau erleuchtet. Man wird sich sonderbar überrascht finden, das Wasser blauem Feuer ähnlich die Grotte erfüllen zu sehen; jede Welle scheint eine Flamme. Im Hintergrund führt ein alter Weg in den Felsen, vielleicht nach dem darüber gelegenen Damecuta, wo der Sage nach Tiberius Mädchen verschlossen haben soll, und es ist möglich, daß diese Höhle sein heimlicher Landungsplatz war.«

Eingeschlossene Mädchen, geheimer Landungsplatz – das waren nur zwei von den zahllosen Requisiten, aus denen man damals das Bild des römischen Kaisers Tiberius zusammensetzte. Elf Jahre hatte der rätselhafte Herrscher auf Capri verbracht, in freiwilliger Isolierung von der Welt, die er regierte. Sechsundsechzig Jahre zählte er, als er kam, ein greiser Menschenverächter, das Gesicht von Eiterbeulen bedeckt, gebeugt und gezeichnet von den phantastischen Perversionen, in deren Sklaverei er gefallen war. Er hatte Capri, so wußte man, zur Stätte seiner Laster gewählt, weil die Insel jedes natürlichen Hafens entbehrt und keinem Schiff die Möglichkeit bietet, unbeobachtet anzulegen. Inmitten der zauberhaften Natur, hoch über den abweisenden Felsen ließ Tiberius angeblich zwölf Villen anlegen, deren jede nach einem der Staatsgötter Roms benannt war. Eine ausgesuchte Mannschaft von Gardesoldaten bewachte Pfade und Zugänge, um zu unterbinden, daß die Welt erfuhr, was der Kaiser auf Capri trieb. Wie monströs dieser geworden, dafür hatte man die berühmte Geschichte mit dem Fischer, der unversehens aufgetaucht war, um dem Kaiser einen besonders schönen Fisch anzubieten. Tiberius, in seiner ständigen Furcht vor Attentaten zutiefst erschrocken, habe befohlen, dem Unbekannten mit der schuppigen Haut des Fisches das Gesicht blutig zu reiben. Als der Fischer in einer Art Galgenhumor bemerkte, er beglückwünsche sich, keine Languste mitgebracht zu haben, sei Tiberius von dem Gedanken entzückt gewesen, habe die größte verfügbare Languste herbeischaffen und mit ihr die grausame Abreibung fortsetzen lassen.

Schauergeschichten, zweitausend Jahre alt, heute noch erzählt und zum Teil auch geglaubt. Sie sind vielfach schon in der Antike erfunden, durch den klatschsüchtigen Sueton gesammelt und durch den feindlich gesinnten Tacitus bestärkt worden. Die Tragödie dieses Kaisers endete nicht mit dem Leben, das er so schwer ertrug – sie setzte sich fort bis in unsere Tage durch die Bedeutsamkeit der Geschichtsschreiber, denen er zum Opfer fiel.

Welch ein Mann mag das gewesen sein, der eines Tages im Jahre 26 nach Christus seine Hauptstadt Rom unter dem Vorwand verließ, zwei Tempel einzuweihen, die man in der Provinz Neapel errichtet hatte – einen in Capua für Jupiter, einen in Nola für Augustus? Zweifellos war er ein Meister der Selbstbeherrschung und der Verstellungskunst. Niemand ahnte, daß der Kaiser nach Erfüllung der Zeremonialpflichten seine Fahrt nach Capri lenken würde. Den Gedanken, er werde von dort nie mehr nach Rom zurückkehren, hätten Hof und Öffentlichkeit zu jenem Zeitpunkt als unsinnig zurückgewiesen. Doch trug die Flucht nach Capri, bis in die Einzelheiten sorgsam vorbereitet, von Anfang an den Charakter der Endgültigkeit.

Tiberius betrat die Insel als ein Mensch, dem das Übermaß durchlittener Qual keinen anderen Weg mehr läßt als den in die Einsamkeit. Er brauchte die absolute Distanz zu der Gesamtheit der Welt, über die er herrschte, weil er jeden einzelnen Bewohner seines Reiches für fähig hielt, ihm Schmerzen zuzufügen, gegen die er wehrlos war. Er wollte sich nicht nur von Erinnerungen trennen, sondern auch von Hoffnungen. Die Vergangenheit sollte samt ihren Leiden vergessen sein, die Zukunft mit ihren Trugbildern ihn nicht länger täuschen. Er strebte nicht nach dem Dasein des Eremiten, sondern nach dem Gleichmut des Philosophen. Die wenigen Vertrauten, die er in Capri zuließ, waren ausnahmslos Menschen von hervorragender Bildung. Nur im Schutze des Inselgefühles sah sich Tiberius imstande, das Reich auch weiterhin zu lenken. Pflichtbewußt erledigte er die Regierungsgeschäfte, pflegte einen lebhaften Briefwechsel mit dem Senat, griff bei katastrophalen Fällen mit ungebrochener Energie ein – immer von dem unzugänglichen Eiland aus, das nur von kaiserlichen Schnellseglern und besonders gekennzeichneten Versorgungsschiffen angelaufen und verlassen werden durfte.

Das Unbegreifliche solchen Verhaltens führte bald zu wuchernden Legenden, zumal man aus Capri nichts erfuhr. Es hieß, der Kaiser sei wahnsinnig geworden. Wenn er im Wasser der blauen Grotte ein Bad nehme, hätten halbwüchsige Knaben und Mädchen ihn schwimmend zu umspielen. Er fände Vergnügen daran, sich Foltern und Martern auszudenken, die er in verschwiegenen Verliesen an unschuldigen Opfern erproben lasse. Tag und Nacht berausche er sich mit Wein, der mit den raffiniertesten Reizmitteln des Orients versetzt sein müsse. Tiberius selbst aber war bereit, lieber jeden Makel in Kauf zu nehmen, womit übelwollende Phantasie sein Herrscherbild befleckte, als in die Welt zurückzukehren, aus der Falschheit und Verrat ihn vertrieben hatten. Er wußte nicht, daß er alles, was ihm zugestoßen war, selber heraufbeschworen hatte.

Nichts in des Tiberius Charakter war eindeutig. Tacitus, der ihn nicht mehr persönlich gekannt, aber nur fünfzig Jahre nach ihm geschrieben hat, bescheinigt ihm ständigen Gesinnungswandel in einer »Mischung aus Gut und Böse«. »Einen sehr umdüsterten Mann« nennt ihn Plinius der Ältere, zugleich einen »gestrengen, aber umgänglichen Herrscher, der in fortgeschrittenem Alter hart und grausam wurde«. Dion bestätigt die Gleichzeitigkeit, mit der seine guten und schlechten Eigenschaften zur Wirkung kamen. Möglicherweise rührte diese Doppelgesichtigkeit von der Tatsache her, daß Tiberius in der Tradition einer einzigen Familie aufgewachsen war, der sein Vater und seine Mutter gleichermaßen angehörten. Sie waren Vetter und Base und entstammten beide dem willensstarken Geschlechte der Claudier, in dem die krassesten Vorurteile des römischen Hochadels als heiliges Erbgut betrachtet wurden. Der Vater, Tiberius Claudius Nero, hatte unter Julius Cäsar einen Flottenverband kommandiert, war später zur Partei der Cäsar-Mörder, dann gerade noch rechtzeitig zu Augustus übergegangen, der damals noch Octavian hieß und Cäsars Erbe antrat. Die Mutter, Livia Drusilla, war eine geschmeidige, kraftvolle Schönheit von puritanischem Feuer, die ihren wesentlich älteren Mann aus Ehrgeiz und Berechnung geheiratet hatte, als sie fünfzehn Jahre zählte. Wohl waren beide unterschiedliche Persönlichkeiten, doch überwogen die Grundeigenschaften der Claudier, die sie gemeinsam hatten: Stolz, Ehrgeiz, Unbeugsamkeit und Herrschsucht. So war Tiberius von Abkunft und Milieu her darauf angelegt, ein übersteigerter Claudier zu sein, dem jedes mildernde Element einer anders gearteten mütterlichen Familie fehlte.

Als Livia kurz nach der Hochzeit ihrer Schwangerschaft sicher war, ließ die Ungeduld, das Geschlecht ihres Kindes zu erfahren, sie zu einem seltsamen Orakel greifen. Viele Tage lang hegte sie an ihrem Busen ein Hühnerei. Diesem entschlüpfte schließlich ein winziger Hahn mit prächtigem Kamm und Sporen. Das Vorzeichen erfüllte sich. Livia nannte ihren Sohn nach dem Vater Tiberius. Ein gefälliger Astrologe stellte das Horoskop, das auf einen künftigen Weltherrscher wies. Das Kind war noch keine zwei Jahre alt, als die Familie durch die Wirren nach Cäsars Ermordung zur Flucht gezwungen wurde. Man irrte durch Griechenland, geriet in der Nähe von Korinth in einen nächtlichen Waldbrand, Livias Haar fing Feuer, der kleine Tiberius entging mit knapper Not dem Tode. Der alte Tiberius trug das Exil mit Würde, war aber seither von einer Trauer überschattet, die auch nicht von ihm wich, als er mit Livia und seinem Sohn nach Rom zurückkehren konnte. Bald darauf sollte er für seine Melancholie noch einen weiteren Grund finden.

Octavian war damals Triumvir, einer von drei Regenten Roms, ein Jüngling von schmächtiger Gestalt und eisernem Willen. Die kalte Grausamkeit, mit der er die Feinde Cäsars samt Sippen und Anhängerschaft vernichtet hatte, wies ihn als den Mann der Zukunft aus. Livia mit ihrem angeborenen Instinkt für Macht witterte in der Verbindung mit ihm eine Chance, vor der die Möglichkeiten ihres Ehemannes verblaßten. Geschickt führte sie zunächst die Versöhnung zwischen dem alten Tiberius und Octavian herbei, zog diesen als Freund ins Haus und hatte wenig später seine Leidenschaft voll entfacht. Dies führte zur seltsamsten Heirat der römischen Antike. Octavian forderte den alten Tiberius auf, sich von Livia scheiden zu lassen. Mit welchen Gefühlen Tiberius zustimmte, ist uns nicht bekannt. Zum Skandal wurde das Manöver durch die Tatsache, daß Livia im sechsten Monat schwanger war. Octavian hatte, bevor er Livia in fliegender Hast heiratete, zuerst die Priester befragen müssen, ob er die Ehe mit einer Frau in solchem Zustand überhaupt eingehen dürfe. Die spottfreudigen Römer ließen als Kommentar das Verslein zirkulieren: »Wer Glück hat, kriegt auch ein Dreimonatskind!« Dahinter steckte die sehr berechtigte Mutmaßung, der Vater des ungeborenen Kindes sei gar nicht der alte Tiberius, sondern Livias neuer Gatte Octavian.

Um den Ehebruch zu vertuschen, wurde das Kind, ein Knabe namens Drusus, dem alten Tiberius ins Haus geschickt, um dort an der Seite seines Halbbruders aufgezogen zu werden. Der charakterliche Unterschied zwischen den beiden Kindern wurde bald offensichtlich. Der junge Tiberius verschlossen, schweigsam und rauh wie sein Vater; Drusus heiter, liebenswürdig und gewinnend wie niemals ein Claudier, wohl aber Octavian. Zwischen den beiden Brüdern herrschte eine ungewöhnliche Zuneigung. Tiberius zumal hat den Drusus bis zu dessen Tod geliebt wie keinen anderen Verwandten.

Als Livia sich von ihrem ersten Gemahl trennte, um die Gattin des Octavian zu werden, war der junge Tiberius vier Jahre alt. Wahrscheinlich hat er nur halbbewußt wahrgenommen, wie seine

Eltern auseinandergingen. Aber das Bild des einsam und wortlos zurückbleibenden Vaters mag zu seinen frühesten Erinnerungen gezählt haben – es ist vielleicht der erste Anlaß für jene Dunkelheit des Gemütes gewesen, die den Plinius später veranlaßt hat, Tiberius »den traurigsten Mann der Welt« zu nennen.

Zum Jüngling herangewachsen, verfügte er über einen wohlgebauten, kräftigen Körper von beträchtlicher Größe, litt jedoch unter einem Makel, der ihn sein ganzes Leben lang quälen sollte. Seine Haut neigte zu Schwüren, Beulen und Flechten. Als seine Altersgenossen nach Überwindung der Pubertät längst wieder eine glatte und fleckenlose Haut besaßen, schämte er sich immer noch der Unreinheiten, die die seinige aufwies. So vermied er, bei Leibesübungen seinen Körper zu entblößen – und um dem Spott der anderen zu entgehen, trainierte er allein. Seine Erziehung erhielt er von römischen und griechischen Lehrern, beherrschte bald die beiden klassischen Sprachen und wurde durch die Philosophie zum Ästheten. Je mehr sein Schönheitssinn sich entwickelte, um so ekelhafter empfand er sein eigenes, beflecktes Erscheinungsbild. »Es ist der Geist, der sich den Körper baut«, so lehrten die Philosophen. Der junge Tiberius mußte sich durch eine solche Behauptung veranlaßt sehen, von dem Eiter in seiner Haut auf eine Abseitigkeit seines Wesens zu schließen. Linkisches Verhalten, mürrischer Tonfall, Schüchternheit und Menschenscheu waren die Folge. Tiefer Ernst sprach aus seinen großen Augen. Spötter, die ihn stets in Schwärmen begleiteten, sprachen in seinen jungen Jahren von ihm schon als »dem alten Mann«. Mit dreiundzwanzig Jahren fand er in Vipsania ein junges Mädchen, das geneigt war, über seine Mängel hinwegzusehen und ihm als Gattin zu folgen. Sie war eine Tochter des Marcus Agrippa, der dem inzwischen zum Augustus aufgestiegenen Octavian der treueste Freund war. Die Ehe zwischen Tiberius und Vipsania war glücklich, denn das Mädchen war auf so natürliche Weise fügsam, daß ihr nichts ein Opfer bedeutete.

Der Stiefvater Augustus liebte den Tiberius nicht. Livia dagegen verstand es meisterhaft, ihre fast unheimliche Liebe zu dem

Sohn zu verbergen. Sie erblickte in Tiberius die Inkarnation des claudischen Wesens, dem sie selbst mit allen Fasern verhaftet war. So galt es zunächst, Augustus nicht weiter gegen Tiberius aufzubringen, diesen aber vor Benachteiligungen zu schützen. Livia riet dem Sohn zur militärischen Laufbahn, und Augustus, froh, den trotzigen Claudier nicht um sich zu haben, gab ihm eine Reihe schwieriger Kommandos in den Provinzen. Zwei Jahre kämpfte Tiberius in Spanien, befehligte dann das Interventionskorps in Armenien, zog zusammen mit seinem Halbbruder Drusus gegen die Vindeliker und löste jede seiner Aufgaben mit Gewissenhaftigkeit, Ausdauer und eklatantem Erfolg. Im Jahre 13 vor Christus, mit neunundzwanzig Jahren, bekleidete er zum erstenmal das Konsulat, unbeliebt aber geachtet als einer der tüchtigsten Männer des Reiches. Dann brach das Jahr 12 an und mit ihm die tiefste Tragödie in des Tiberius persönlichem Leben.

Vor seiner Ehe mit Livia war Augustus schon einmal verheiratet gewesen. Seine erste Gattin, eine sehr edle Römerin namens Scribonia, hatte ihm eine Tochter geboren, die er nach seinem Großonkel Julius Cäsar Julia nannte. Da der Ehe mit Livia die Nachkommenschaft versagt war, blieb Julia des Augustus einziges Kind und wurde von ihm abgöttisch geliebt. Sie war von nicht bezähmbarem Temperament, geistreich und phantasievoll, doch eigenwillig und dem Vater nur nach außen hin gehorsam. Als sie vierzehn und eine Schönheit geworden war, gab ihr Augustus seinen Neffen Marcellus zum Mann, einen zarten Jüngling, der Julias Leidenschaft nur ein Jahr aushielt und dann verstarb. Nach ein wenig gestutzter Trauerzeit stürzte sich Julia in die Freiheit, die ihr so lange versagt geblieben war. Augustus, dem der Sinn nach einem Enkel und Erben stand, mißbilligte Julias Treiben und kam zu dem Schluß, sie müsse einen an Alter und Reife überlegenen Gemahl erhalten. Der verdienteste Feldherr, der erprobteste Freund, und wahrscheinlich der reichste Mann Roms war Marcus Vipsanius Agrippa, eine gewaltige Persönlichkeit und ein gebildeter, ehrenhafter Mensch. Augustus brachte es fertig, Agrippa zur Scheidung von seiner Frau zu veranlassen, um aus Staatsräson die lebensgierige Julia zu heiraten. Sie war achtzehn, Agrippa zweiundvierzig. Der Ehe entsprossen fünf Kinder, darunter zwei Knaben, Gaius und Lucius, auf die Augustus seine ganze Hoffnung setzte. Tragischerweise sollten beide in jungen Jahren sterben. Mittlerweile aber füllte Julia das Stadthaus des Agrippa mit vergnügungssüchtiger Jugend und scherte sich nicht um den Klatsch, den sie damit heraufbeschwor. Wahrscheinlich war ihr Kummer von größerer Ehrlichkeit, als seine Dauer verriet, sobald feststand, daß sie demnächst wieder Witwe sein würde. Im verhängnisvollen Jahr 12 starb Agrippa und ließ Julia als Herrin eines immensen Vermögens zurück.

Die Unabhängigkeit und ihre früheren Erfahrungen mit väterlicher Vorsorge brachten Julia nun zu dem Entschluß, ihr Leben nach eigenem Zuschnitt zu genießen. Bald wußte jeder Dandy in Rom ein neues Histörchen über ihre Liebesabenteuer, deren Pikanterie um so größer war, als Augustus sein eben erlassenes Gesetz über die Sittenreinheit »lex Julia« genannt hatte. Endlich war das Geschwätz unerträglich geworden, und Julia mußte sich das Eingreifen des Vaters erneut gefallen lassen. Der Mann, den Augustus seiner Tochter nunmehr zudachte, war niemand anderer als sein Stiefsohn Tiberius. An dessen altrömischen Ansichten und ruppigen Manieren würde Julias Frivolität wohl erlahmen. Tiberius wurde zu Augustus zitiert, mit dem Beschluß bekannt gemacht und angewiesen, sich von seiner sanften Vipsania zu trennen, obwohl diese gerade ein Kind erwartete. Da er wußte, daß ein Protest nichts helfen würde und auch bei seiner Mutter Livia kein Verständnis zu erwarten war, fügte sich Tiberius dem Willen des Augustus – allerdings in dem Bewußtsein, das bescheidene Lebensglück, an dem sein Herz hing, für immer verloren zu haben. Vipsania heiratete bald darauf den Asinius Gallus, einen der größten Feinde des Tiberius, und war diesem eine nicht weniger musterhafte Gattin als ihrem ersten Mann. Im Schmerz über die Trennung von Vipsania wendete sich das Wesen des Tiberius der Nachtseite des Lebens zu. Noch Jahre danach, wenn er Vipsania von weitem vorübergehen sah, war der harte Mann so erschüttert, daß er die Tränen nicht zurückhalten konnte. In solchem Zustand heiratete er Julia.

Wir erinnern uns: Vipsania war die Tochter des Agrippa aus dessen erster Ehe. Später mußte Agrippa auf des Augustus Geheiß Julia zur Gemahlin nehmen. Nach seinem Tode bekam Julia von Augustus den Tiberius zudiktiert. Somit heiratete dieser die Witwe des Vaters seiner ersten Frau. Pflichtgemäß vollzog er die Ehe, Julia wurde auf der Stelle schwanger. Bald aber trat bei Tiberius eine sexuelle Hemmung auf, die ihn zur Weiterführung der Ehe unfähig machte. Julia reagierte impulsiv und konsequent. Sie verfiel in die alte Zügellosigkeit. Nächtliche Streifzüge durch Vorstädte und Matrosenschänken brachten ihr flüchtige Viertelstunden mit unbekannten Liebhabern ein. Gleichzeitig knüpfte sie die Beziehung zu Sempronius Gracchus wieder an, mit dem sie schon den Agrippa betrogen hatte – einen Beau von hoher Geburt, gewandt in Rede und Geist, ihr ebenbürtig an gewissenloser Lüsternheit. Vielleicht war er der einzige Mann in Julias Leben, für den sie, in der Komplizenschaft des Lasters, etwas wie Liebe hat empfinden können.

Tiberius, der vieles sah und alles wußte, fühlte sich nicht nur zum Hahnrei gestempelt. Er war als Claudier gedemütigt, in seinen untadeligen Grundsätzen beleidigt. Augustus, der Hauptschuldige an diesen furchtbaren Zuständen, hatte kurz zuvor die »lex Julia de adulteriis«, das Gesetz über den Ehebruch, verabschiedet. Darin wurde vom Gatten einer treulosen Frau gefordert, die Ehebrecherin den Gerichten zu übergeben. Tiberius aber, obwohl von altväterlichem Rechtsdenken erfüllt, sollte zum Verhalten Julias schweigen, weil dem Augustus erspart werden mußte, das von ihm erlassene Gesetz an der eigenen Tochter anzuwenden. Eine solche Kraft zur Unmoral aufzubringen, war dem Tiberius unmöglich. Hier bedurfte es des dämonischen Antriebes seiner Mutter Livia. Sie war es, die das Opfer von ihm forderte. Sie gab vor, mit Sicherheit zu wissen, Augustus werde den Tiberius demnächst als Sohn adoptieren und somit in die Rechte eines Nachfolgers einsetzen. Ein Claudier, so machte Livia dem Tiberius klar, nur ein Claudier gehörte an die Spitze des Reiches. Vor diesem erhabenen Ziel schienen Fragen wie Ehebruch und Schande belanglos. Schweigend und ein letztes Mal fügte sich Tiberius den höheren Notwendigkeiten, die man ihm darlegte.

Inzwischen hatte er seinen militärischen Leistungen neue Großtaten hinzugefügt. In Ungarn und Dalmatien siegreich, konnte er die Donau als Nordgrenze sichern. Sein im nördlichen Germanien operierender Halbbruder Drusus erhielt im Gefecht einen Keulenschlag, der seinen Oberschenkel zerschmetterte. Als die Wunde septisch wurde, rief er nach Tiberius. Dieser hetzte eine unbekannte Zahl von Pferden zu Tode, traf den Drusus in den letzten Zügen an, bestattete ihn pompös und ließ niemand merken, daß er nun den letzten Menschen verloren hatte, für den er Liebe empfand. Er übernahm den Oberbefehl in Germanien, siedelte 40000 Sugambrer und Sueben um, trat sein zweites Konsulat an, kehrte nach Rom zurück, fand Augustus verändert vor und Julia ausschweifender denn je. Zudem konnte seine Mutter Livia ihm nicht verheimlichen, daß ihr Ränkespiel, dem Claudier des Augustus Nachfolge zu sichern, von diesem selbst durchkreuzt worden war.

In steigendem Maße wurden die beiden Söhne Julias aus ihrer Ehe mit Agrippa begünstigt, die inzwischen zum Range der »principes iuventutum«, der Jugend-Fürsten aufgestiegen waren. Julia selbst hatte mittlerweile ihrem Vater in einem berüchtigten Brief die Eheunfähigkeit des Tiberius dargelegt, damit ihre eigene orgiastische Lebensführung zu begründen versucht und die Erhöhung ihrer Söhne als Garantie väterlicher Nachsicht interpretiert. Ganz Rom, selbst das geheiligte Forum Romanum, hallte wider vom Lärm der dithyrambischen Umzüge, die Julia mit ihrem ausgelassenen Gefolge Nacht für Nacht zu veranstalten pflegte.

Des Tiberius Maß an Geduld war endlich voll. Von einem Tag auf den anderen legte er alle Staatsämter nieder, bedeutete dem Augustus, er wolle den beiden jungen Principes nicht im Wege stehen, bestieg ein bequemes Schiff und segelte nach der Insel Rhodos. Dort wollte er in philosophischer Ruhe der Wissenschaft leben, mit Hilfe der Rhetoren seine schwerfällige Ausdrucksweise verfeinern, nicht mehr an Augustus und Livia und schon gar nicht an Julia denken müssen. Der Aufenthalt dauerte sieben Jahre. Als er zurückkehrte, war er dreiundvierzig Jahre alt.

Inzwischen hatte sich das Schicksal der Julia vollendet. Der Vater, blind in seiner Liebe, mußte sich von Freunden des Tiberius bittere Wahrheiten sagen lassen. Er selbst, Augustus, habe doch in seinem Ehebruch-Gesetz verfügt, sofern ein Gatte die Anzeige seiner treulosen Frau unterließ, müsse der Vater der Ehebrecherin seine Tochter öffentlich anklagen. Ob Augustus im Falle Julias eine Ausnahme machen wolle und wie er diese zu rechtfertigen gedenke? Man könne ihm genügend Beweise für Julias ungesetzliches Verhalten vorlegen, auch an glaubwürdigen Zeugen mangle es nicht. Ob er warten wolle, bis andere die Schande vor Gericht brächten, die Julia über den Herrscher, die Familie und den Gatten so schamlos ausgegossen? Augustus, in die Enge getrieben, beschloß, diesen Menschen zuvorzukommen. Während die ahnungslose Julia ihrer unstillbaren Sinnlichkeit ein neues Fest ausrichtete, verhängte der Vater über die geliebte Tochter die Verbannung auf die öde Felseninsel Pandateria, die der heißen Küste Campaniens vorgelagert ist. Während normalerweise die Strafe der Verbannung den Betroffenen des gewohnten Lebenskomforts kaum beraubte, wurde der Julia nicht einmal der Genuß von Wein gewährt. Scribonia, des Augustus erste Frau und Julias Mutter, durfte zwar auf eigenen Wunsch die Tochter in das harte Exil begleiten, war aber gezwungen, alle Entbehrungen mit ihr zu teilen. Bittgesuche des römischen Volkes, das die Julia geliebt hatte, fruchteten bei Augustus ebensowenig wie die vornehmen Briefe des Tiberius, mit denen sich dieser von Rhodos aus für die Sünderin verwendete. Zu tief war der Vater getroffen, dem Ehre, Familie und Gesetz gleichzeitig zusammengebrochen waren. Als Julias Freigelassene, Phoebe, ihrem Leben durch Erhängen ein Ende machte, weil sie fürchtete, zur Aussage gegen ihre Herrin gezwungen zu werden, sagte Augustus: »Ich wünschte, ich wäre Phoebes, nicht Julias Vater.«

Verläßlicher Nachricht zufolge hat Tiberius, nachdem er Kaiser geworden war, das Los der Julia kaum erleichtert. Er verfügte lediglich, sie dürfe fortan in Rhegium verbleiben, wo es weniger triste war als auf der Insel. Begnadigt hat er sie nie. Nach sechzehnjähriger Gefangenschaft starb Julia, ohne eine Spur zu hinterlassen. Tiberius, der sich durch seine Flucht nach Rhodos innerlich von ihr befreit hatte, nahm ihren Tod nicht zur Kenntnis. Seine Gnadengesuche an Augustus waren eine Lüge gewesen.

Als hätte Julias Verbannung einen Fluch hinterlassen, raffte der Tod ihre und Agrippas Söhne hinweg, die »principes iuventutum« Gaius und Lucius, denen Augustus das Reich so gerne vererben wollte – und deren Aufstieg den Tiberius nach Rhodos getrieben hatte. Gleichzeitig drohte in Ungarn, Germanien und Gallien der Aufstand. Augustus, sechzigjährig, angegriffen und allein, besann sich endlich des mürrischen Tiberius, der noch immer ungebeugt und menschenverachtend auf Rhodos saß, den Privatmann spielend, obwohl er der glänzendste Feldherr war, über den Rom verfügte. Es muß den Augustus unendliche Überwindung gekostet haben, ihn zurückzurufen, an Sohnes Statt anzunehmen und zum Mitregenten einzusetzen. Andererseits blieb keine Wahl. Tiberius kam, befriedete in fünfjährigen Kämpfen die rebellischen Provinzen, ließ dem gebrochenen Augustus den Titel und übernahm die Herrschaft. Das Volk fand ihn unsympathisch, die Aristokratie fürchtete seine Verstellungskunst, die Soldaten vergötterten ihn, Freunde bauten auf erwiesene Großzugigkeit, Livia hoffte, in seinem Namen wirkungsvoller zu regieren, als ihr jemals an der Seite des Augustus erlaubt worden war. Tiberius aber täuschte sie alle.

Zunächst wartete er. Von seiner Rückkehr aus Rhodos bis zum Tode des Augustus vergingen zwölf Jahre, in denen Tiberius ohne Aufhebens überall dort den Retter spielte, wo dem Staate Gefahr drohte. Er trat als Verfechter der Reformen auf, die Augustus in Religion und Moral zum Ärger der Römer eingeführt hatte. Musterhaft sorgte er für die Ernährung des stadtrömischen Proletariats, versagte ihm aber das Vergnügen der öffentlichen Spiele, die er für eine unnötige Geldausgabe hielt. Nüchtern, verschwiegen, von bedächtiger Rede und furchterregender Sparsamkeit, schien er den Zeitgenossen ein wandelndes Bild gestrenger Vätersitte. Da er das Bewußtsein der eigenen Vorzüge deutlich zur Schau trug, war er für seine genußfreudige Zeit eine einzige Provokation. Man ertrug ihn ob seiner Tüchtigkeit – auf menschliche Zustimmung jedoch konnte er nicht rechnen.

Im Jahre 14 nach Christus starb Augustus in Nola, von Freunden umringt, die er – gleich einem Schauspieler am Schluß der Vorstellung – für Leben und Werk um Beifall bat. Vier Wochen später trat ein tiefernster Tiberius vor den Senat und beschwor die Väter, dem Staate die republikanische Verfassung wiederzugeben und ihn selber ins Privatleben zu entlassen. Er fühle sich ungeeignet, ein so riesiges Reich allein zu lenken; Rom verfüge über genügend erlauchte Männer, die mit vereinter Anstrengung die Geschäfte weit besser zu führen vermochten. Der Senat hörte die Rede an, glaubte kein Wort, und drängte dem Tiberius die Macht förmlich auf. Man fürchtete ihn, verspürte aber gleichzeitig wenig Lust, zu den Unruhen und Kämpfen der Demokratie zurückzukehren. Tiberius hätte leicht einen Weg finden können, die Herrschaft auszuschlagen – er suchte aber in Wirklichkeit nur nach der Form größter Legitimität, um sie auszuüben. Dabei legte er Wert darauf, als Gegner der Monarchie eingeschätzt zu werden, und benahm sich im Senat stets wie der Erste unter Gleichen. Er wies alle Titel zurück und verbot mit Nachdruck die göttlichen Ehren, die man seinem Genius darbringen wollte. Schmeicheleien waren ihm verhaßt, auch wenn sie vom Senat kamen. Man hatte seinerzeit den Monat Juli nach Julius Cäsar, den August nach Augustus benannt und bot jetzt dem Tiberius einen dritten Monat an. »Was macht ihr«, fragte dieser zurück, »wenn einmal alle zwölf Monate umbenannt sind und ein dreizehnter Cäsar kommt?« Rom war perplex, daß dieser trockene Stoiker Humor zeigte.

Im Senat gab Tiberius sich demokratisch. Er ließ sich ohne Widerspruch überstimmen und billigte Dekrete, die gegen seinen Willen erlassen wurden. Das Stadtvolk von Rom durfte ihn ungestraft verspotten, auch Schmähungen wurden nicht geahndet. Wiederholt hörte man ihn sagen: »In einem freien Staate müssen Rede und Meinung frei sein.«

Beim Regierungsantritt des Tiberius fanden sich in der Staatskasse hundert Millionen Sesterzen. Als er starb, enthielt sie zwei Milliarden und siebenhundert Millionen. Dabei hatte Tiberius keine zusätzlichen Steuern erhoben, von Katastrophen betroffene Städte und in Not geratene Familien großzügig unterstützt, das öffentliche Eigentum sorgfältig instand gehalten und keine Kriegsbeute eingebracht. Dem Statthalter einer Provinz, der die Steuerschraube anziehen wollte, schrieb er: »Ein guter Hirte darf seine Schafe wohl scheren, aber nicht ihnen die Haut abziehen.« Mit Ausnahme der ersten drei Jahre seiner Herrschaft hatte das Reich bis zum Tode des Tiberius Frieden.

Gerade diese antiimperialistische Haltung brachte den Kaiser jedoch in Schwierigkeiten. Sein Halbbruder Drusus, der beim Volke sehr beliebt gewesen war, hatte einen Sohn hinterlassen, den Germanicus, begabt und charmant wie sein Vater. Tiberius zog den jungen Mann in seine Nähe, freute sich seines gewinnenden Wesens und adoptierte ihn schließlich. Dann schickte er ihn nach Germanien, um die dortige Grenze zu sichern. Germanicus erfocht mehrere Siege und schlug vor, das weite Gebiet gänzlich zu erobern, wie schon sein Vater Drusus es geplant hatte. Tiberius widersetzte sich. Als Germanicus darauf Anstalten machte, auf eigene Faust zu operieren, zog ihn der Kaiser von seinem Kommando ab und schickte ihn in den Orient. Von da an galt der junge Prinz als Opfer der Eifersucht des Tiberius.

Wenig später traf die Nachricht ein, Germanicus sei eines plötzlichen und rätselhaften Todes gestorben. Ganz Rom verdächtigte den Tiberius des Giftmordes. Dieser ließ den Cnaeus Piso, einen kaiserlichen Bevollmächtigten in Kleinasien, des Verbrechens anklagen. Piso erkannte, daß seine Verurteilung beschlossen war und tötete sich selbst, um sein Vermögen vor der Konfiskation zu retten und der Familie zu erhalten. Der Prozeß fand trotzdem statt, förderte aber keine Schuldbeweise zutage, weder gegen Piso noch gegen Tiberius. Die Mutter des Germanicus nahm den Kaiser in Schutz und blieb bis zu ihrem Lebensende des Tiberius ergebenste Freundin. Das Volk aber zog seine Schlüsse aus anderen Quellen. Als die Asche des Germanicus in Rom eintraf, geleitet von seiner Witwe Agrippina und seinen beiden Kindern, trug ganz Rom Trauer. Man empfand es als beschämend, daß die Totenfeier auf dem Marsfeld in der einfachsten Form und ohne jeden Glanz abgehalten wurde, weil der Kaiser es so befohlen hatte. Tiberius selber war nicht einmal erschienen und hatte das Ansehen des Toten durch das Wort geschmälert: »Herrscher sterben, der Staat jedoch bleibt.« Der Zynismus einer solchen Äußerung bewirkte im Volke die schrankenlose Verehrung für Agrippina. Sie wurde »die Ehre des Vaterlandes« genannt, »das echte Blut des Augustus«, »das einzige Muster altrömischer Tugenden«. Tiberius, der die eigene Unbeliebtheit so lange Zeit geduldig ertragen hatte, hörte nun aus jedem Lobspruch für Agrippina eine Beleidigung seiner Person heraus. Er spürte nicht mehr Abneigung, sondern Haß.

In seiner Verletzbarkeit griff Tiberius damals auf ein Gesetz zurück, das Cäsar einst geschaffen, um Staatsverbrechen einzudämmen. Die Lex Julia de majestate erklärte die Majestätsbeleidigung für Hochverrat und verhängte zumeist die Todesstrafe. Im römischen Staatswesen gab es keine öffentlichen Ankläger und keinen Generalstaatsanwalt. Es gehörte zu den Pflichten und Rechten des Bürgers, Verbrechen, von denen er Kenntnis hatte, den Gerichten zu melden. Falls der Angeklagte für schuldig befunden wurde, erhielt der Kläger ein Viertel von dessen Vermögen, während der Staat den Rest beschlagnahmte. Zu welchen Mißbräuchen dieses Verfahren führen konnte, zeigte sich in der Zeit nach dem Tode des Germanicus. Die Denunziationen schossen aus dem Boden. Viele Mitglieder des Senates, die dem Tiberius gefällig sein wollten, verfolgten die Angeschuldigten ohne Erbarmen. Der Kaiser selbst schien sich dagegen zu wehren. Er ersuchte den Senat, keine Schmähung, die gegen ihn oder seine Mutter Livia ausgestoßen worden sei, zum Gegenstand einer Untersuchung zu machen. Man hielt sich halbwegs daran, aber das »crimen laesae maiestatis«, das Verbrechen der verletzten Majestät, war wieder zum Leben erwacht, und Tiberius selbst, der sich jetzt so milde gab, sollte später dreiundsechzig straffällige Bürger auf Grund des Majestätsgesetzes hinrichten lassen.

Ein weiteres Problem entstand dem Kaiser durch den Herrschaftsanspruch seiner Mutter Livia. In endloser Wiederholung hielt sie dem kaiserlichen Sohne vor Augen, daß er nur ihr die Macht verdanke und sie folglich nur als ihr Vertreter ausüben könne. Tiberius scheute in den ersten Regierungsjahren die Auseinandersetzung mit Livia und beging den Fehler, sie bei amtlichen Dokumenten mit unterzeichnen zu lassen. Livia leitete daraus das Recht ab, als Selbstherrscherin aufzutreten, gängelte den Sohn und intrigierte je nach seiner Fügsamkeit für oder gegen ihn. Tiberius überließ ihr den Palast, den sie zusammen mit Augustus bewohnt hatte und sah jahrelang zu, wie dort eine Zweitregierung des Reiches ausgeübt wurde. Schließlich begann der Zustand unerträglich zu werden und Tiberius entschloß sich zur Klärung der Situation. Er suchte seine Mutter auf, ertrug ihre Heftigkeit und hegte schon die Hoffnung, sie werde sich beruhigen – da zog Livia ein Bündel Briefe hervor, von deren Existenz Tiberius nichts geahnt hatte. Der Verfasser war Augustus, der Inhalt bezog sich auf Tiberius, über dessen »herben, unverträglichen Charakter« bittere Worte zu lesen standen. Tiberius war außer sich vor Zorn. Daß seine Mutter imstande war, derart schmähliche Zeugnisse so lange Zeit aufzubewahren, um sie im geeigneten Moment gegen den Sohn zu gebrauchen, konnte er ihr nicht verzeihen. Von da an bis zu ihrem Tod sah er sie nur noch einmal wieder. So hatte er nun nach der Gattin und dem Bruder auch die Mutter verloren.

Es blieb ihm noch Drusus, sein Sohn aus der Ehe mit Vipsania. Er war weder intelligent noch gebildet, trank über den Durst, liebte Brutalität und sadistische Praktiken. Sein Temperament war ungezügelt, seine Angriffslust so wild, daß das Stadtvolk sehr scharfe Messerklingen nach ihm »drusi« nannte. Er besaß jedoch auch Sinn für Komik und vermochte, nach Tacitus, als einziger, den verdüsterten Kaiser hin und wieder aufzuheitern. Fraglos hat er Tiberius geliebt und seine Sohnespflicht untadelig erfüllt. Auf Wunsch des Vaters heiratete er ein ausnehmend schönes Mädchen, seine Base Livilla, die ihn jedoch nach kurzer Zeit betrog. Alsbald kursierten aufs neue phantastische Gerüchte. Der allmächtige Minister des Tiberius, Lucius Aelius Seianus, habe Livilla zum Ehebruch verführt und sei der Vater der Zwillinge, die offiziell der Ehe Livillas mit dem Tiberius-Sohn Drusus entstammten.

Wenig später starb der jugendliche Drusus eines plötzlichen Todes. Tiberius, nun auch des Erben beraubt, wollte seine Erschütterung nicht zeigen und blieb dem Leichenbegängnis fern – ein Fehler, aus dem der Verdacht des Volkes auf ein geheimes Verbrechen seine Nahrung zog. Nach gebührender Trauerzeit ersuchte Livilla den Tiberius, sich wieder verheiraten zu dürfen – mit dem Minister Seianus. Der Kaiser verbot die Ehe, Livilla zeigte sich gehorsam, pflegte aber die Verbindung mit Seianus weiter. Beide gaben ihre Heiratsabsichten nicht auf. Um von seiner Seite jedes Hindernis zu beseitigen, verstieß Seianus seine Frau Apicata. Einige Jahre später wurde er von Tiberius wegen Hochverrates zum Tode verurteilt und samt seinen Kindern hingerichtet. Kurz darauf beschloß die verstoßene Apicata, aus dem Leben zu gehen. Vorher jedoch schrieb sie dem Tiberius einen Brief, der ein furchtbares Geheimnis enthielt. Drusus, des Kaisers einziger Sohn, sei nicht eines natürlichen Todes gestorben, sondern von seiner eigenen Gattin zusammen mit deren Geliebten Seianus vergiftet worden. Zur Herstellung des Giftes habe sich das Paar des Arztes Eudemus bedient, der ebenfalls ein Liebhaber der Livilla gewesen sei. Die tödliche Droge sei dem Drusus durch den Sklaven Lygdus verabreicht worden, den lasterhafte Bande an den Seianus ketteten. Im ganzen eine grauenhafte Legende, wahrscheinlich nur die Rache der verstoßenen Apicata, aber so folgerichtig erdacht, daß alle Welt und auch Tiberius selbst ihr Glauben schenkten. Der Kaiser ließ Arzt und Sklaven aufspüren und foltern – bis zum Eingeständnis der Mittäterschaft. Livilla empfing den Besuch ihrer strengen Mutter Antonia, wurde von ihr in ein Gemach eingeschlossen und bewacht, bis sie verhungert war.

Inmitten aller dieser Schicksalsschläge zeigte Tiberius eine Selbstbeherrschung, die seinen Nerven das Äußerste an Spannung abverlangte. Immer mehr kapselte er sich ein, seine Befehle wurden despotischer, sein Schweigen bedrohlich. Seit dem Tode seines Sohnes vertraute der Kaiser niemandem mehr – außer einem einzigen Menschen, eben jenem Seianus, der seine letzte große Enttäuschung sein sollte.

Heute würde man den Seianus einen Streber nennen. Er sah gut aus, besaß Mut und Verschlagenheit und verfügte über beträchtliche Körperkräfte. Als Befehlshaber der Prätorianergarde bot er einen dekorativen Anblick und maßte sich mit Erfolg die Autorität an, die aus der Verantwortlichkeit für den Schutz der Mächtigen entspringt. Ursprünglich kontrollierte er nur, wer zum Kaiser vorgelassen werden sollte. Allmählich aber griff er mit des Tiberius Billigung in die Regierungsgeschäfte selbst ein. Er veranlaßte die Kasernierung der Prätorianer in mäßiger Entfernung von Kapitol und Kaiserpalast, wodurch er sich als Befehlshaber der einzigen Truppe auf dem Boden der Stadt zum militärischen Herrn von Rom machte. Bedenkenlos verkaufte er Staatsämter an die meistbietenden Kandidaten und arbeitete unermüdlich an der Vermehrung seines Vermögens. Tiberius vertraute ihm blind und wähnte Rom und Reich in verläßlicher Hand, als er heimlich aufbrach, um in Capri mit seinem Kummer allein zu sein. Wenig später starb in ihrem öden Palast des Kaisers Mutter Livia – die letzte Persönlichkeit, deren Format ausgereicht hätte, dem Ehrgeiz des Seianus Widerstand zu leisten. Damit stand Seianus im Zenit seines Erfolges. Alle Briefe des Kaisers an den Senat gingen durch seine Hand. Die eingeschüchterten Väter beeilten sich, überall in der Stadt Seianus-Statuen aufstellen zu lassen, um ihn versöhnlich zu stimmen. Getragen von der Verachtung, die der Ehrgeizige für seine Umwelt empfindet, wenn diese ihm zu Willen ist, beschloß Seianus schließlich, sich selbst an des Tiberius Stelle zu setzen und den Kaiser zu ermorden. Antonia, die alte treue Freundin, riskierte ihr Leben, um Tiberius zu warnen. Dieser aber schlug auf eine Weise zu, die offenlegte, wie böse er geworden war.

Tiberius zog den Kommandeur seiner Leibwache auf Capri, einen Offizier namens Macro, halb ins Vertrauen. Er übergab ihm zwei Briefe, die Macro nach Rom bringen sollte. Macro eilte in die Stadt, suchte den Seianus auf und teilte ihm mit, der Kaiser plane eine unerhörte Ehrung für ihn, die vor versammeltem Senat stattfinden solle. Seianus möge sich also dorthin begeben, er, Macro, werde den Brief des Tiberius vor den Vätern verlesen. Seianus ging stolzgeschwellt in die Falle. Er machte sich zur gewohnten Stunde auf den Weg zum Senat, während Macro in höchster Eile zu den Prätorianern gelaufen war, um den Soldaten die Absetzung des Seianus bekanntzugeben. Wenig später trat der ahnungslose Senat zusammen, um den Brief des Tiberius über die Ehrung des Seianus anzuhören. Tatsächlich begann das Schreiben mit einer Hymne auf die Verdienste des Ministers. Erst allmählich mischte sich Kritik bei, die immer schärfer wurde, sich in eine Anklage verwandelte und am Ende den Befehl enthielt, Seianus unverzüglich zu verhaften. Mit seltener Einmütigkeit verurteilte der Senat den Entmachteten zum Tode. Er starb noch in der gleichen Nacht.

So weit mag Staatsräson das Geschehen rechtfertigen, wenn man von der Denkweise der Antike aus urteilt. Daß aber Tiberius auch die Kinder des Seianus hinrichten ließ, daß die kleine Tochter erst vergewaltigt werden mußte, bevor man sie erdrosselte, weil das Gesetz den Straftod einer Jungfrau nicht erlaubte – das sind Verbrechen, die dem Tiberius anhaften werden, solange sich Menschen mit seiner tragischen und furchtbaren Gestalt beschäftigen.

Vielleicht hat der Kaiser die Schuld gespürt. Denn in den letzten Jahren verließ er mehrmals sein Inselreich und reiste nach Rom, ohne die Stadt jemals zu betreten. Wie ein Mörder den Ort seiner Tat umkreiste er die Mauern Roms auf entlegenen Pfaden, um zitternd vor Angst nach Capri zurückzukehren. Solange er auf dem Festland weilte, mußten Soldaten die Menge mit Stockschlägen von seinem Weg fernhalten. Nur von weitem sahen die Römer den zerstörten Menschen, der als ihr bester Kaiser begonnen hatte.

Seneca erzählt, auf Capri habe einer der wenigen Vertrauten den Kaiser einmal angesprochen und mit den Worten begonnen: »Erinnerst du dich, Cäsar?« Schroff habe Tiberius ihn unterbrochen und gesagt: »Nein, ich erinnere mich an nichts, was ich jemals gewesen bin.«

NERO

* 37 † 68
Regierungszeit 54–68

Wer heute durch die Stadt Rom wandert, wird die Spur des Kaisers Nero kaum entdecken. Was von seinem Palast noch existiert, liegt versteckt unter einem öffentlichen Park und ist nur mit Sondererlaubnis zugänglich, weil der italienische Staat nicht genügend Wärter aufbringt, um zu verhindern, daß der Besucher sich in dem weitläufigen Gebäude verirrt. Eine lebensvolle Büste Neros im Kapitol ist zur Hälfte falsch, sein Bronze-Porträt im Vatikan ein Fehlguß. Der Turm, von dem aus er dem Brande Roms leierschlagend zugesehen haben soll, stammt zu zwei Dritteln aus dem Mittelalter. Die Thermen Neros, deren Luxus der Dichter Martial rühmt, stecken unerreichbar unter der Kirche des heiligen Ludwig von Frankreich. Dennoch geistert dieser Kaiser auf rätselhafte Weise durch die Monumente der Stadt – und fast immer ist sein Name verbunden mit einer abenteuerlichen Geschichte.

So wissen wir zum Beispiel von einem kleinen päpstlichen Angestellten, der an einem Wintersonntag des Jahres 1506 seinen Weinberg umgrub und plötzlich zehn Meter in die Tiefe stürzte. Er fand sich vor einer vermauerten Tür und entdeckte dahinter die Gruppe des Laokoon, eines der berühmtesten Bildwerke der Antike. Die Nische, in der der Laokoon stand, gehörte zum Privat-Appartement des Kaisers Nero. Wenig später stießen Raffael und sein Schüler Giulio Romano mit Fackeln in die anliegenden Gänge und Gemächer vor. Sie fanden herrliche Wandmalereien, auch Stuckdekorationen von unbekannter Feinheit, kopierten alles und verwendeten die Motive getreulich wieder in den Loggien des Vatikans, die den äußeren Warteraum für die Besucher des damaligen Papstes bildeten. Ein Teil des päpstlichen Palastes verdankt seinen Schmuck dem Geschmack des Kaisers Nero.

Immer sind mit dem Namen Nero in Rom lange Umwege verbunden. Einen davon möchte ich mit Ihnen gehen. Bleiben wir zunächst noch ein wenig bei Raffael. In seinem fünfunddreißigsten Lebensjahr faßte der Maler, damals in Dingen der Kunst fast allmächtig, den Entschluß zu einem ernsten Brief an seinen Herrn und Gönner, Papst Leo X. Da er den Anspruch auf sprachliche Eleganz kannte, den der päpstliche Hof zu jener Zeit erhob, bat Raffael seinen Freund, den Grafen Castiglione, das Schreiben zu stilisieren. Castiglione lieferte geschliffene Formulierungen, konnte aber den aggressiven Ton nicht ganz verdecken, den Raffael in seinem Entwurf angeschlagen hatte, um den Papst auf eine Schändlichkeit der Renaissance aufmerksam zu machen.

»Erblicke ich«, so schreibt Raffael, »in dem, was jetzt noch vom antiken Rom übrig ist, die Spuren des göttlichen Geistes der Alten, so muß es mich um so tiefer schmerzen, mit anzusehen, wie die kostbaren Überreste des alten Rom, der einstigen Königin der Städte, vollends zerstört und zerstreut werden. Sind doch selbst unter Ihren Vorgängern, Heiliger Vater, manche gewesen, die in die Zerstörung antiker Tempel, Bildsäulen, Triumphbogen und anderer erlesener Altertümer eingewilligt haben. Fast möchte ich behaupten, daß das neue prachtvolle Rom mit all seinen glänzenden Palästen, Kirchen und anderen Gebäuden ganz von dem Marmor der Alten aufgebaut sei...«

Raffael schlägt vor, eine Fachkommission zu bilden, die in jedem der vierzehn antiken Stadtbezirke alle noch vorhandenen Reste des klassischen Altertums sorgfältig vermessen und katalogisieren sollte. Der Papst nahm sich die Sache zu Herzen, starb aber bald darauf, im selben Jahr starb auch Raffael – und von da an ging die Zerstörung antiker Monumente in noch größerem Umfang weiter als bisher. Dem Neubau der Peterskirche opferte man den Marmor des Antoninus-Tempels, des Romulus-Tempels und der Triumphbögen für Fabius Maximus und Augustus. Aus dem Sonnentempel stammt das Material für den Quirinalspalast, zwei Brunnen und eine Kapelle in S. Maria Maggiore. Die Tempel von Castor und Pollux, Julius Cäsar und Augustus wurden zum Steinbruch für neue Kirchen – mit der Begründung, diese seien Gott jedenfalls wohlgefälliger als die Reste der Heidenzeit. Die Bauleidenschaft der Renaissance war groß genug, aus Geldknappheit die Monumente jener Kultur zu verwüsten, deren Wiedergeburt ihr stolzestes Werk gewesen war. Unter diesem Prozeß haben zwei antike Bauwerke Roms besonders gelitten: das Kolosseum und der Palast des Nero.

Das alte flavische Amphitheater, das man Kolosseum nennt, war bis zum 14. Jahrhundert fast völlig erhalten gewesen. Dann brachte ein Erdbeben den obersten Teil der Südseite zum Einsturz, machte das Gebäude unbrauchbar und leitete die Plünderung ein. Drei der größten Paläste Roms, der Palazzo Venezia, die Cancelleria und der Palazzo Farnese sind aus den Steinen des Kolosseums gebaut. Es scheint, als habe eine unbekannte Macht an dem gewaltigsten Monument der römischen Baukunst späte Vergeltung üben wollen. Wir kommen der Sache auf die Spur, wenn wir fragen, woher das Kolosseum seinen Namen hat.

»Kolossós« ist ein griechisches Wort und heißt einfach Figur. Auch eine Puppe konnte so genannt werden. Wenn wir heute »kolossal« sagen, steckt in dem Ausdruck noch das alte Wort, wird aber mit dem Begriff des Riesenhaften verbunden. Diesen Wandel verdanken wir der Großmannssucht der Bewohner von Rhodos. Sie beschlossen eines Tages, dem Sonnengott Helios die größte Statue der Welt zu errichten. Das Standbild war so riesig, daß Kriegs- und Frachtschiffe durch die gespreizten Beine des Gottes in den Hafen von Rhodos einfahren konnten. Die Statue wurde zu einem der sieben Weltwunder erklärt und hieß fortan der »Koloß von Rhodos«. Seither wurden alle späteren Standbilder vergleichbarer Größe Kolosse genannt.

Als Nero seinen Palast baute, befahl er, vor dessen Eingangshalle eine fünfunddreißig Meter hohe Bronzefigur aufzustellen, die seine Gesichtszüge trug – der Koloß des Nero. Ein Jahr nach Neros schmählichem Ende ließ sein vierter Nachfolger Vespasian den Koloß kurzerhand köpfen und mit einem neuen Haupte versehen, das die idealisierten Züge des Sonnengottes trug. Vierzig Jahre später brauchte Kaiser Hadrian Platz für seinen Doppeltempel der Venus und Roma. Der Koloß stand im Weg. Hadrian engagierte vierundzwanzig Elefanten, die den bronzenen Giganten hundert Meter weiterschleppten – in die unmittelbare Nähe des flavischen Amphitheaters. Heute ist der Koloß längst verschwunden. Das Amphitheater aber hat nach neunzehn Jahrhunderten immer noch nicht den Namen der Flavier angenommen, die es erbaut, sondern den Namen »Kolosseum« behalten – nach dem Koloß, der einst die Züge des Kaisers Nero trug.

Der Palast, vor dessen Eingangshalle Nero seinen Koloß hatte stellen lassen, war des Kaisers eigene Erfindung und für die damalige Zeit etwas völlig Neues. Nicht ein zusammenhängendes Gebäude, eine Luxus-Landschaft entstand hier – mit bebauten Feldern, Hainen, Wiesen, Weiden, Grotten und Zaubergärten, worin Tempel, Nymphäen, Bäder, Theater, Bibliotheken und der eigentliche Palast samt Küchen, Verwaltungstrakten und Stallungen mit leichter Hand eingeschmiegt waren. Das Ganze wurde umspannt von Säulenhallen in einer Gesamtlänge von vierzehn Kilometern. Im Inneren des kaiserlichen Appartements waren die Wände mit Perlmutt und kostbaren Gemmen ausgelegt, elfenbeinerne Blumen verströmten die Wohlgerüche des Orients, überall gab es Statuen, Mosaiken und Brunnen. Die Decke des Speisesaales stellte einen kuppelförmigen Himmel dar, über den blitzende Sterne zogen. In der Mitte versprühte eine Fontäne aus Porphyr in stetem Wechsel sorgsam aufeinander abgestimmte Parfums. Das römische Stadtvolk übertrieb nicht, wenn es dem Palast des Nero den Namen »Domus Aurea« gab – das Goldene Haus.

Es wird uns berichtet, Nero habe, als er sein Goldenes Haus zum erstenmal betrat, erleichtert ausgerufen: »Endlich eine menschenwürdige Wohnung!« Erstaunlicherweise dachten die Römer nicht daran, ihm das übelzunehmen. Denn der kleine Mann hatte keinen Solidus für den Luxus des Kaisers zahlen müssen. Nero verschaffte sich das Geld durch Zwangsausschreibungen bei reichen Senatoren – und denen gönnten es die Römer schon immer herzlich, wenn sie zahlen mußten.

In der Bauzeit der Domus Aurea stand Nero nach außen hin auf der Höhe seines Erfolges. Er hatte Frieden gebracht, der Handel blühte, die Steuern waren maßvoll, der Staatsschatz floß über. Das Volk war nach wie vor bereit, dem Kaiser seine Verrücktheiten zu verzeihen, denn er nahm den Spott der Römer nicht übel, hatte für jeden ein witziges Wort und stritt sich nur mit dem verhaßten Adel. Selbst in späteren Jahren, als aus dem anfänglichen Menschenfreund längst ein grauenhafter Despot geworden war, hielten die kleinen Leute an Nero fest. Noch Jahre nach seinem Tod, so berichtet der Geschichtsschreiber Sueton, stellten sie Bildnisse von ihm auf, »als ob er noch lebe und binnen kurzem zum Verderben seiner Feinde wiederkehren werde«. Und selbst dreihundert Jahre später, als Rom schon christlich war und das Imperium sich dem Untergange zuneigte, tauschten vornehme Familien zu Neujahr Geschenkmünzen aus – mit dem Bilde des Nero, der inzwischen zum Symbol für den verlorenen Glanz der heidnischen Kaiserzeit geworden war.

Kaum war Nero ohne Sühne für seine Schandtaten mit zweiunddreißig Jahren aus dem Leben geschieden, hat die Geschichte begonnen, sich am Goldenen Hause zu rächen. In der Mitte der Gartenlandschaft war ein künstlicher See angelegt, auf dem der Kaiser märchenhafte Wasserballette zu veranstalten pflegte. Diesen See ließ Vespasian einige Jahre nach Neros Tod zuschütten und baute auf der so gewonnenen Fläche das Kolosseum, das fünfzigtausend Zuschauer faßte. Allein um den Zugang zu den achtzig Portalen zu gewinnen, durch die die Menge auf ihre Plätze gelangte, mußte ein großer Teil der Gärten geopfert werden. Einen Trakt des eigentlichen Palastes verwandelte Titus in öffentliche Bäder. Zehn Jahre nach Neros Tod war nur noch das Privat-Appartement intakt. Hundert Jahre danach begannen die Kaiser, das Ganze an Privatleute zu verkaufen. Fünfzehnhundert Jahre danach war es wiederentdeckt und allen Schmuckes beraubt. Wohin allein der Marmor gewandert ist, kann kaum mehr nachgeprüft werden. Doch ist möglich, daß über manche prachtvolle Steinplatte in römischen Kirchen und Palästen einstmals Poppäas zärtlicher Fuß und Neros goldene Sandale geschritten sind.

Wer war dieser Mann, der seine Mutter ermorden ließ, Rom in Brand setzte, die Christen grausam verfolgte und gleichwohl vom römischen Volk über den Tod hinaus mit solcher Anhänglichkeit geliebt wurde? Seine Spuren sind vielfach verwischt, aber sein Name lebt. Wir kennen die Tragödien, die sich um ihn abgespielt haben. Aber welche Tragödie mag in ihm selbst vorgegangen sein?

Als dem römischen Patrizier Cnaeus Domitius Ahenobarbus von seiner Gattin Agrippina im Jahre 37 nach Christus ein Sohn geboren wurde, soll der Vater zynisch ausgerufen haben: »Was von der und von mir kommt, kann ja ein nettes Früchtchen werden.« Damit ist auf das Charakter-Erbe angespielt, das von Vater und Mutter her dem Knaben zugeströmt war. Beide gehörten dem julisch-claudischen Hause an, dessen Begründer der Kaiser Augustus war. Sehen wir uns erst die väterliche Linie an, der Nero entstammt.

Die Familie der Domitier war alt und reich begütert. Ihre männlichen Mitglieder führten aufgrund eines flammenden Bartwuchses den Spitznamen »Ahenobarbus« – Rotbart. Neros Großvater war Statthalter in Germanien gewesen und hatte die langen Brücken durch das Sumpfland zwischen Rhein und Ems gebaut. Nach Rom zurückgekehrt, gab er sein Geld im Zirkus aus, war selbst ein geschickter Wagenlenker, finanzierte Tierhetzen und Gladiatorenspiele und mußte sich von Augustus einen Leuteschinder schimpfen lassen, weil er seine Angestellten und Sklaven skandalös behandelte. Sueton bescheinigt ihm Anmaßung, Verschwendungssucht und Grausamkeit, ein anderer Chronist, Velleius Paterculus, lobt ihn als Vorbild nobler Einfachheit. Schon Neros Großvater zeigt also jenes zwiespältige Charakterbild, das sich im Enkel gefährlich vergrößern sollte. Dennoch muß Augustus den Großvater Neros geschätzt haben, denn er machte ihn zu seinem Testamentsvollstrecker und gab ihm seine Nichte Antonia zur Frau. Aus dieser Ehe stammt Neros Vater Cnaeus, den Sueton als einen Mann schildert, »dessen Leben in jedem Teil zu verabscheuen war«. Tatsächlich war Cnaeus durch Ehebruch, Inzest, Brutalität und Verrat eifrig bemüht, das Urteil der Umwelt zu bekräftigen. Seine um vieles jüngere Gattin war eine Urenkelin des Augustus, Agrippina. Ihr Bruder Caligula wurde im gleichen Jahr Kaiser, in dem Nero zur Welt kam.

Dieser Caligula spielt im Leben von Neros Mutter Agrippina eine bedeutsame Rolle. Als er den Thron bestieg, war alle Welt entzückt. Er vereinte Mutterwitz, Freigebigkeit und Eleganz, strahlte die Hoffnungen seiner fünfundzwanzig Jahre aus und zeigte einen Familiensinn, der die Römer rührte. Seine Schwestern Agrippina, Livilla und Drusilla erhielten den Rang kaiserlicher Prinzessinnen, ihre Namen mußten bei den Segensformeln von Verträgen und Urkunden neben dem Namen des Bruders genannt werden. Niemand konnte ahnen, wie dieser Mensch fünf Jahre später aussehen sollte: von Verfolgungswahn gepeitscht, von

Macht und Blut berauscht, todeslüstern und geistesgestört. Caligula war das erste Beispiel für jene seelische Krankheit, die seither den Namen Cäsarenwahn trägt. Sie brach bei Caligula langsam aus und steigerte sich rapid. Zunächst verfiel er schrankenlosem Luxus. Er verschenkte bei seinen Gastmählern Hände voll Juwelen. Riesige Vergnügungsbarken wurden gebaut, die Festsäle, Bäder, Gärten und Säulenhallen trugen und am Bug mit Edelsteinen geschmückt waren. Um sich das Geld für seine Capricen zu verschaffen, belegte er selbst Freudenmädchen mit besonderen Steuern, die pikanterweise auch rückwirkend eingezogen werden konnten, falls die Dienerinnen der Liebe sich schon vom Gewerbe zurückgezogen hatten. Um Adel und Kaufmannschaft zu schröpfen, verhökerte er persönlich Sklaven und Gladiatoren und zwang die reichen Leute, astronomische Summen dafür zu bieten. Mit so gewonnenem Geld baute Caligula seinem Rennpferd Incitatus einen Stall aus Marmor und Elfenbein, weil er die Absicht hatte, das Tier zum Konsul zu machen.

Da solche entwürdigenden Narrheiten ohne Kritik hingenommen wurden, reifte in dem jugendlichen Irren auf dem Kaiserthron langsam die Idee, ein Übermensch, ein Gott zu sein. Gleichzeitig stieg seine Grausamkeit. Es bereitete ihm Vergnügen, auf dem Nacken schöner Frauen die Linie des Henkerschwertes vorzuzeichnen. Gleich dem höchsten Gotte Jupiter fühlte er sich als der absolute Herr über das Schicksal der Menschen, der sich nur milde stimmen ließ, wenn man ihm Weihrauch streute und ihn anbetete. In dem uralten Gottkönigtum der ägyptischen Pharaonen fand Caligula für all dies ein Vorbild, das nicht nur ihm, sondern vor allem seinen Schwestern gefährlich werden sollte.

Die Herrscher Ägyptens pflegten seit Jahrhunderten Geschwisterehen einzugehen, weil sie der Überzeugung waren, daß durch jede andere Verbindung ihr göttliches Blut entheiligt würde. Caligula strebte danach, es ihnen gleich zu tun, und blickte begehrlich auf seine jüngste Schwester Drusilla. Bevor es zur Ausführung des Vorhabens kam, bewahrte ein früher Tod Drusilla, die überdies glücklich verheiratet war, vor dem Inzest mit dem Bruder. Der

Witwer, Marcus Aemilianus Lepidus, empfand seine Familie durch die Absicht Caligulas geschändet und schwor, seine Ehre zu rächen. Vielleicht wäre es aber doch nur bei dem Vorhaben geblieben – denn Caligula verstand sich meisterhaft auf die Kunst, panische Angst zu verbreiten –, wenn nicht ein Mensch den wahren Geisteszustand des Kaisers tiefer durchschaut hätte als alle anderen: seine Schwester Agrippina. In ihr kann man die treibende Kraft vermuten, die den Lepidus veranlaßte, eine Verschwörung gegen das Leben des Kaisers zustande zu bringen. Der kleine Nero ging damals in sein drittes Lebensjahr.

Mit dem Instinkt des Raubtieres deckte Caligula das Komplott auf. Lepidus wurde hingerichtet, Agrippina gezwungen, die Asche ihres angeblichen Geliebten nach Rom zu tragen. Gleichzeitig sah sie sich verbannt auf die pontischen Inseln, während der Knabe Nero zu einer entfernten Tante in Kost gegeben wurde. Um ihre Schmach vollzumachen, übergab der Kaiser Agrippinas gesamte Korrespondenz mit allen Intimitäten der Öffentlichkeit.

Kaum war Agrippina in die Verbannung gegangen, traf sie ein weiteres Unglück. Der Vater Neros starb an Wassersucht. Vielleicht, um den Kaiser versöhnlich zu stimmen, hatte er in seinem Testament nicht nur Nero bedacht, sondern auch Caligula zum Miterben eingesetzt, was dieser mit der Beschlagnahmung des Gesamtvermögens quittierte. Agrippina befand sich in der Tiefe eines Lebenstales, aus dem ein Wiederaufstieg, selbst zu bescheidener Höhe, kaum zu hoffen war. Ohne finanzielle Mittel, ohne Bewegungsfreiheit, ohne Komfort, ausgesetzt auf einer öden Insel, mußte sie täglich mit dem Auftauchen von Häschern rechnen, die im Interesse des kaiserlichen Wüstlings einen straflosen Mord an ihr begehen konnten.

Agrippina war damals fünfundzwanzig Jahre alt, schön, gewandt und stark. Wahrscheinlich hat sie in der Einsamkeit der Verbannung den Entschluß ihres Lebens gefaßt: in Rom nie mehr die Zweite zu sein. Sie hatte einen Sohn, Nero, den sie erst beherrschen und dann zum Kaiser machen wollte. Was sie nicht hatte, war Geld. Im Jahr darauf wurde Caligula von einem Offizier seiner Garde ermordet. Agrippina kehrte in die Hauptstadt zurück, erlangte das Vermögen ihres Gatten wieder und stellte fest, daß es trotz seiner Größe nicht ausreichend war für ihr Ziel.

Da gab es einen vielfachen Millionär, Gaius Sallustius Crispus Passienus, einen angenehmen Menschen. Er war der Freund des Philosophen Seneca und mit Agrippinas Schwägerin Domitia verheiratet. Mit der Dämonie, die Frauen entwickeln, wenn sie nur ihrem Willen leben, vermochte Agrippina den freundlichen Millionär davon zu überzeugen, daß man einer bläßlichen Frau schnell den Scheidebrief schickt, wenn eine Agrippina vor der Türe steht. Zwei Jahre später starb Sallustius Crispus eines plötzlichen Todes, vielleicht durch Gift, das Agrippina ihm reichte, nachdem er sie zur Alleinerbin seines ungeheuren Vermögens eingesetzt hatte. Der Reichtum war geschaffen, der Weg frei.

Nach der Ermordung des Caligula hatten Soldaten der Prätorianergarde in einem Winkel des Palastes einen dünnbeinigen, triefnasigen Mann gefunden, der sich hinter einem Vorhang verborgen hielt. Er war ein Onkel des Caligula und der Agrippina namens Claudius. Man kannte ihn als leicht schwachsinnig, gutmütig, pedantisch und ungefährlich. Er hatte die fünfzig Jahre seines Lebens hauptsächlich mit Büchern, Essen und guten Weinen verbracht, stotterte ein wenig und litt an Gicht. Sein Lächeln war gewinnend, sein Lachen zu laut. Im ganzen bot er das Bild eines weltfremden Sonderlings, der in Gelehrsamkeit dilettierte und von niemandem ernst genommen wurde. Diesen Mann zerrte man nun aus seinem Versteck hervor und rief ihn kurzerhand zum Kaiser aus. Der Senat stimmte erleichtert zu, in der Hoffnung, nach dem wahnsinnigen Caligula den beschränkten Onkel Claudius um so einfacher lenken zu können. Aufmerksam verfolgte Agrippina die Vorgänge am Hof und wartete auf ihre Stunde. Ehe diese schlug, sollten aber noch acht Jahre vergehen.

Der gutmütige Onkel Claudius entpuppte sich als ein Genie der Verstellungskunst. Lächelnd bekannte er dem Senat, er habe seiner Umwelt nur deshalb jahrzehntelang den Trottel vorgespielt, weil er entschlossen war, am Leben zu bleiben. Als erstes ließ er die

Mörder Caligulas hinrichten. Daß sie das Reich von einem Irrsinnigen befreit hatten, konnte für Claudius den Mord an einem Kaiser nicht entschuldigen. Sodann nahm er die Eroberung Englands wieder auf, die Cäsar begonnen hatte, und brachte sie zu einem glücklichen Ende. Nach Rom zurückgekehrt, feierte er einen Triumph, in dem der gefangene König der Briten mitgeführt wurde. Ein uralter Brauch wollte es, daß man solche Gefangene zu Ehren der römischen Götter im mamertinischen Kerker erdrosselte. Claudius brach mit der grausamen Gepflogenheit, schenkte dem König das Leben und machte ihn zum Verbündeten.

Das Reich war unter der Regierung des Claudius besser verwaltet als in den Zeiten des Augustus. Der Kaiser bediente sich dazu mehrerer Minister aus dem Freigelassenen-Stande, duldete nachsichtig, daß sie reich wurden, und verließ sich auf ihre durch keine Geldsorgen gefährdete Loyalität. Zwei dieser hervorragenden Minister aber, Narcissus und Pallas, sollten bald zu Helfern Agrippinas werden – auf deren Weg zum Thron der Welt.

Agrippina versuchte sehr geschickt, das Augenmerk des Claudius auf sich zu lenken. Sie war auf dem Höhepunkt ihrer sinnlichen Schönheit, eine große Dame, die durch liebenswürdiges Benehmen, klangvolle Sprache und die Intelligenz ihrer Gedanken bestach. Claudius aber gönnte ihr keinen Blick. Er war bis zur Hörigkeit verliebt in seine vierte Gattin, die um zweiunddreißig Jahre jüngere Valeria Messalina. Sie war nicht anziehend, hatte ein rotes Gesicht und einen etwas verbildeten Oberkörper. Wahrscheinlich hat sie den Claudius aus Versorgungsgründen und in der Absicht geheiratet, ihn weidlich zu betrügen – ohne allerdings zu ahnen, daß sie zwei Jahre nach der Hochzeit schon Kaiserin sein würde. Als solche setzte Messalina dem gutgläubigen Claudius jahrelang öffentlich die Hörner auf, ließ aber zu seinem Trost stets ein paar hübsche Kammerkätzchen in seiner Nähe schlafen und wachte im übrigen eifersüchtig darüber, daß große Damen wie Agrippina ihm nicht gefährlich wurden. Schließlich trieb sie das Spiel zu weit. Als regierende Kaiserin vermählte sie sich in den Gärten des Sallust mit dem hübschen Playboy Silius, während

Claudius in Ostia badete. Der Minister Narcissus setzte den Kaiser von dem Skandal in Kenntnis, fand ihn todunglücklich, aber immer noch unentschlossen, Messalina zu bestrafen. Da Narcissus sich ausrechnen konnte, daß es ihn den Kopf kosten würde, wenn Messalina des Kaisers Verzeihung erreichte, schlug er auf eigene Faust zu. In den Armen ihrer Mutter wurde Messalina von Soldaten niedergemacht, die Narcissus geschickt hatte. Der tief getroffene Claudius erwähnte Messalina niemals wieder und erklärte den Prätorianern voller Reue, sie dürften ihn bedenkenlos umbringen, wenn er sich jemals wieder verheirate.

Nun war Agrippinas Rivalin beseitigt. Der Rest war das Werk eines Jahres. Zunächst machte Agrippina den Finanzminister Pallas zu ihrem Geliebten. Mit seiner Hilfe erhielt sie Zutritt zu Claudius, der in seiner plötzlichen Vereinsamung die zärtliche Nichte höchst wohltuend empfand. Bald hatte Agrippina den alternden Herrscher so entflammt, daß er sie mit allen Sinnen begehrte. Unter dem Gewitzel der Prätorianer begab sich Claudius in den Senat und verlangte, man solle ihm zum Wohle des Staates eine neue Heirat befehlen. Nero war elf Jahre alt, als seine Mutter Kaiserin wurde.

Agrippina war zweiunddreißig und voller Kraft, Claudius siebenundfünfzig und müde. Ihre Ehe dauerte fünf Jahre. Dieser Zeitraum genügte Agrippina, um alles ins Werk zu setzen, was sie sich damals in der Verbannung vorgenommen hatte: ihren Sohn Nero so zu erziehen, daß sie ihn beherrschen konnte, ihn dann zum Kaiser zu machen und durch ihn die Macht nach ihrem Willen auszuüben. Da des Claudius Kräfte nachließen, konnte sie ihren Einfluß schnell vermehren. Stufe für Stufe ließ sie vom Kaiser ihren Rang erhöhen, bis sie schließlich als offizielle Mitherrscherin neben ihm auf dem Throne saß. Von dort aus regierte sie so zielbewußt und sparsam, daß die Provinzen sie als heilbringend feierten. Narcissus, der den Fehler beging, sie zu durchschauen, wurde bespitzelt, ihr Geliebter, der Finanzminister Pallas, gefördert. Nach außen war die Macht gefestigt. Nun galt es, den Sohn auf seine Rolle vorzubereiten.

In den Jahren von Neros Kindheit hatte Agrippina dem empfindsamen Jungen immer wieder das Gefühl eingegeben, von ihr allein könne er Liebe, Sicherheit und Schutz erwarten. Sie hatte stets für ihn Zeit, erwiderte seine Zärtlichkeit, hielt seine Unarten in Grenzen und umhegte ihn mit jener egoistischen Wärme, durch die manche Mütter die Abhängigkeit ihrer Söhne erzeugen wollen. Was er an Kenntnissen erlernen mußte, ließ sie ihm von zwei Freigelassenen beibringen, deren einer Anicetus hieß. Dieser Anicetus hatte auf den Knaben mehr Einfluß, als Agrippina wußte. Von Anicetus lernte der junge Nero, daß es im menschlichen Leben auch Gefühle gibt, die außerhalb der Mutterbindung liegen – etwa die Freundschaft. Da Nero die Freundschaft zu Anicetus instinktiv vor der Mutter verheimlichte, mußte er schon früh sein komödiantisches Talent entwickeln, um Agrippina weiterhin überzeugend vorzuspielen, sie sei die einzige Zuflucht seines Lebens. Noch bevor die eigentliche Ausbildung des Prinzen begann, war Agrippinas Hoffnung, ihn gänzlich zu beherrschen, zur Illusion geworden.

Nero sollte in den Stand gesetzt werden, dem Kaiser Claudius als der einzig mögliche Nachfolger auf dem Throne zu erscheinen. Dies war so einfach nicht, denn Claudius hatte aus der Ehe mit Messalina selber einen Sohn, den Britannicus. Glücklicherweise war Nero drei Jahre älter als sein Konkurrent. So riskierte Agrippina den Wettlauf mit der Zeit. Der große Philosoph Seneca wurde aus der Verbannung zurückgerufen und mit der Oberleitung von Neros Erziehung beauftragt. Zwei griechische Philosophen und der Römer Burrus standen ihm zur Seite. Agrippina griff fortwährend in den Ausbildungsplan ein, beschnitt die Stunden in Philosophie, weil diese zum Regieren untauglich mache, verlangte dagegen gründliche Ausbildung in der Kunst der Rede. Nero erkannte schnell, wie den Forderungen seiner Lehrer beizukommen war. Sobald man ihn tadelte, lief er zu seiner Mutter und konnte damit rechnen, von ihr in Schutz genommen zu werden.

Im dritten Jahr trug die Erziehung die erste Frucht. Claudius war bereit, den Sohn seiner Frau zu adoptieren. Dadurch wurde

Nero zum älteren Bruder des Britannicus und erhielt alle Rechte des kaiserlichen Erstgeborenen. Ein Jahr später, als er dreizehn war, erklärte man ihn durch das Anlegen der Männertoga für mündig. Mit fünfzehn stand er zum erstenmal als Redner vor dem Senat und erwies sich durch seinen anmutigen Stil als geschickter Schüler Senecas. Im gleichen Jahr brachte Agrippina den Claudius dazu, seine – ebenfalls aus der Ehe mit Messalina stammende – Tochter Oktavia, ein zwölfjähriges Kind, dem Nero zur Frau zu geben. Nunmehr hatte Nero gegenüber dem Claudius eine dreifache Rechtsbindung. Durch die Ehe seiner Mutter war er der Stiefsohn des Claudius, durch Adoption sein echter Sohn, durch die Ehe mit des Claudius Tochter der Schwiegersohn des Kaisers. Die Krönung ihres Werkes aber erreichte Agrippina während einer Erkrankung des Claudius. Sie ließ den geschwächten Greis vor dem Senat erklären, im Falle seines Todes werde Nero fähig sein, das Reich zu regieren. Über Britannicus, den leiblichen Sohn des Claudius, wurde kein Wort mehr verloren.

Als der Kaiser sich wieder erholt hatte, bereute er den unüberlegten Schritt und erwog den Gedanken, nun doch den Britannicus zum Erben einzusetzen. Leider hütete er seine Zunge zuwenig. Für die hellhörige Agrippina genügte eine halbe Andeutung, um den Plan des Kaisers zu erraten. Entschlossen, ihr Werk zu verteidigen, handelte sie schnell und ohne Skrupel. Eine berufsmäßige Giftmischerin namens Locusta wurde herbeizitiert und bereitete ein Gift, das dem Kaiser in einem köstlichen Pilzgericht zum Abendessen serviert wurde. Programmgemäß befiel den Claudius eine furchtbare Übelkeit –, aber er starb nicht. Doch auch für diesen Fall hatte Agrippina vorgesorgt. Der griechische Leibarzt Stertinius Xenophon steckte dem Kaiser eine Feder in den Hals, um ihn zum Erbrechen zu bringen. Das Gift, das an dieser Feder haftete, war tödlich. Nero war Kaiser.

Am Abend des nächsten Tages gab der neue Herr der Welt zum erstenmal die Parole für die Garde aus. Sie lautete: »Optima Mater« – die beste Mutter. Nero war siebzehn, Agrippina neununddreißig. Der neue Kaiser suchte den Senat auf und zeigte Bescheidenheit. Er entschuldigte sich wegen seiner Jugend und gab bekannt, er wolle von allen kaiserlichen Rechten nur den Oberbefehl über die Armee behalten. Agrippina frohlockte, weil sie glaubte, der Rest dieser Rechte werde ihr zufallen. Und einen Augenblick lang schien es wirklich, als regiere nicht der Kaiser, sondern seine Mutter. Sie empfing Gesandtschaften, gewährte Gnadenerweise; auf den Münzen erschien ihr Bildnis mit der Inschrift »mater Augusti« – die Mutter des Erhabenen. Ihr alter Feind Narcissus sah sich seines Vermögens beraubt und in einen Kerker geworfen, aus dem er nicht mehr hervorkommen sollte. Der Statthalter der Provinz Asien wurde hingerichtet, weil Agrippina ihm einen Staatsstreich zutraute, den er nie geplant hatte. In beiden Fällen hatte Agrippina den Nero nicht einmal gefragt. Sie fühlte sich als Alleinherrscherin, die auf den Gehorsam ihres Sohnes zählte.

Nero verkündete inzwischen sein Programm. Es hieß: Milde. Er reduzierte die Steuerlast, ließ verarmten, aber verdienten Senatoren einen Ehrensold auszahlen und seufzte bei der Unterschrift eines Todesurteils: »Hätte ich doch niemals schreiben gelernt.« Er veranstaltete prächtige Spiele, war freundlich zu jedermann und wies es weit von sich, daß der Senat ihm goldene Statuen errichten wollte.

Gleichzeitig aber förderte er die Macht seiner beiden Lehrer Seneca und Burrus, deren Vorstellungen von der Regierung des Reiches sich naturgemäß mit den Ansprüchen Agrippinas kreuzen mußten. Tatsächlich hat auch Agrippina in Seneca und Burrus bald die wahren Feinde ihrer Herrschaft erkannt. Sie wußte: beide waren hervorragende Fachleute, denen sie weder in der Politik noch in der Verwaltung das Wasser reichen konnte. Was sie erstrebte, war ein Gleichgewicht zwischen den beiden Regierungsmännern einerseits und den Herrschern Agrippina und Nero andererseits. Um so empörter war sie, als offenbar wurde, mit welch virtuoser Verstellungskunst Nero ihr die Ehren ließ, während er die Macht der Gegenseite zuschob. In einem Anfall von Unbeherrschtheit äußerte Agrippina, sie wisse wohl, wer der eigentliche Thronerbe sei: nicht Nero, sondern Britannicus. Wenn sie wolle, könne sie den Sohn ebenso rasch vom Throne stürzen, wie sie ihn hinaufgebracht habe. Diese Worte kosteten den Britannicus das Leben. Im Verhältnis zwischen Nero und seiner Mutter aber bedeuteten sie den großen Bruch.

Nero hatte den Britannicus stets in Ruhe gelassen. Nun aber, da die Kaiserinmutter den harmlosen Prinzen zum Werkzeug benützen wollte, um ihren eigenen Sohn zu stürzen, mußte sich Nero mit dem Britannicus befassen. Die Raffinesse, mit der er vorging, sollte Agrippina zeigen, daß er nicht mehr der gehorsame Sohn, sondern der gelehrige Schüler seiner Mutter war – und begabter als sie. Wieder wurde die Giftspezialistin Locusta bemüht. Sie versprach dem Kaiser ein absolut sicheres Präparat – aber Nero, der sich an den Tod des Claudius noch lebhaft erinnerte, verlangte, das Gift solle vorher mehrmals an Tieren verschiedener Größe erprobt werden. Locusta gehorchte und lieferte wenig später einen tödlichen Stoff, der dem Britannicus ins Essen gemischt wurde. Der Erfolg war vollständig. Wie vom Blitz getroffen brach Britannicus bei Tisch zusammen und starb auf der Stelle. Agrippina, die sofort unterrichtet wurde, floh voller Entsetzen aus der Stadt.

Wir können nur vermuten, was in Mutter und Sohn damals vorging. Agrippina wird sich gefragt haben, warum Nero den Britannicus aus eigener Initiative beseitigt hatte. Wollte er ihr nur zeigen, daß er sich seiner Feinde selbst erwehren konnte? Oder schlimmer: Wollte er der Mutterbindung entfliehen, die sie mit soviel Mühe ihm eingepflanzt und durch die starke Fessel gemeinsamen Verbrechens gesichert zu haben meinte? Welches Schicksal wartete ihrer, wenn der Sohn die Mutter nicht mehr brauchte?

Nero dagegen hatte jahrelang darunter gelitten, seiner Mutter gegenüber eine Abhängigkeit zur Schau tragen zu müssen, die er nicht fühlte. Er hatte seine Entwicklungsjahre ohne jede Rebellion verbracht, war folgsam von Stufe zu Stufe geklommen, wie die Mutter es geplant und befohlen hatte, weil ihm das ferne Ziel lohnend schien. Er hatte sich gängeln und bevormunden lassen, stets das gefügige Werkzeug gespielt und nach des Claudius Tod der Herrschsucht seiner Mutter ein weites Feld eingeräumt. Daß aber Agrippina es wagte, dem Kaiser Roms mit dem Sturz zu drohen, falls er den gewohnten Gehorsam verletzte, das verschob die empfindliche Balance seiner Haßliebe zur Mutter zugunsten des Hasses. Britannicus starb durch Neros Willen, aber die Ursache seines Todes hieß Agrippina.

Zwei Jahre später war die Entfremdung vollständig. Agrippina hatte einen großen Teil ihrer Ehren eingebüßt, Nero hatte sie aus dem Palast gewiesen, ihr die Leibwache gestrichen und das Münzrecht genommen. Unterstützt wurden alle diese Maßnahmen von Seneca und Burrus, die für ihr Regierungsprogramm Handlungsfreiheit brauchten und das steigende Wohlergehen des Reiches nicht der Herrschsucht einer Mutter opfern wollten.

Kaum aber war Agrippina entfernt, sahen die beiden Minister eine neue Gefahr aufsteigen: Nero zeigte Ansätze, ihnen seinerseits dreinzuregieren. Um dies zu verhindern, fand Seneca einen skrupellosen Ausweg. Er ließ den Nero seine angeborene Sinnlichkeit schrankenlos ausleben. Der junge Kaiser fand bald Vergnügen an orgiastischen Gastmählern – manchmal hat allein der Blumenschmuck eine halbe Million Mark gekostet –, trieb sich nachts vermummt in Gassen und Bordellen herum – wobei er einmal von einem Senator, der ihn nicht erkannte, verprügelt wurde –, und wußte bald mit seiner sittenstrengen, etwas trockenen Gemahlin Oktavia nichts mehr anzufangen.

Als Neros Triebleben vollends ins Ordinäre abzugleiten drohte, verbündete sich Seneca mit dem hochkultivierten Skeptiker Petronius, der den Zynismus aufbrachte, Neros Geschmack zu einem gewissen Höhenflug zu verführen. Von diesem Petronius gibt der Geschichtsschreiber Cornelius Tacitus ein klassisches Bild: »Er verbrachte den Tag mit Schlaf, die Nacht mit den Geschäften und Vergnügungen des Lebens; trotzdem ward er nicht für einen Schlemmer und Verschwender, sondern für einen gebildeten Lebemann gehalten. Desgleichen wurden seine Reden und Handlungen, je ungenierter sie waren, desto günstiger als vermeintliche Einfachheit aufgenommen. Nero nahm ihn unter seine wenigen Vertrauten als Richter des Geschmacks, indem er nichts für angenehm und behaglich hielt, als was ihm Petronius empfohlen hatte.«

Zunächst war die Wirkung des Petronius auf den Kaiser beträchtlich. Nero begann, seine hemmungslose Gier im Essen durch Sport auszugleichen, brachte es in einigen Disziplinen der Leichtathletik zu netten Leistungen und erwarb im Lenken vierspänniger Rennwagen eine Geschicklichkeit, die ihn bald veranlaßte, unter dem Jubel der Massen an öffentlichen Spielen teilzunehmen. Wichtiger als den Sport nahm Nero durch des Petronius Einfluß die Kunst. Er malte und gravierte mit Talent, versuchte sich in der Skulptur, übte seine Stimme zum Rezitieren und Singen, wobei er sich selbst auf der Harfe begleitete, und verfaßte Verse, die oftmals besser waren als die seiner Hofdichter. Eines Abends überraschte er die Senatoren mit kunstreichem Spiel auf einer neuen Wasserorgel und erklärte ihnen deren Konstruktion. Sein sehnlichster Wunsch war, in einer öffentlichen Vorstellung zuerst als Organist aufzutreten, dann Flöte und Dudelsack zu spielen, hierauf als Schauspieler sein Publikum in Rührung zu versetzen, um es schließlich als Tänzer mit einer Pantomime zu erheitern. Neros Ehrgeiz hatte ein Ventil gefunden: Er wollte ein Künstler sein, dem man Beifall spendete. Vielleicht hätte seine Begabung ausgereicht, Größeres zu leisten, wenn die Kunst sein einziges Ziel gewesen wäre. So aber war ihm die Kunst nur Mittel zur öffentlichen Zustimmung. Er wollte sich als Persönlichkeit, als der Mensch Nero bestätigt sehen – auf einem Gebiet, worin seine Mutter nichts zu bieten hatte. Immer noch war die innere Befreiung von Agrippina Neros schwerste Aufgabe.

Sie wurde nicht durch ihn vollendet, sondern durch eine Frau, die ehemalige Sklavin Claudia Acte. Eine kleinasiatische Griechin, hatte sie von ihrem einstigen Herrn nicht nur die Freiheit erhalten, sondern auch ein bedeutendes Vermögen geerbt. Schön, warmherzig, sanftmütig und treu, verkörperte sie ein Ideal des weiblichen Wesens, dem Nero vorher nie begegnet war. Der Kaiser verliebte sich in Acte bis über die Ohren – sie aber entdeckte bald, daß dieser weiche, verletzbare Jüngling die große Liebe ihres Lebens war. Seneca deckte den Frühling der Gefühle im Palast, so gut es ging, nach außen ab, konnte aber nicht verhindern, daß Agrippina davon erfuhr. Als Nero etwas unvorsichtig äußerte, er werde sich von Oktavia scheiden lassen, um Acte zu heiraten, ergriff Agrippina mit der gewohnten Entschlossenheit die neue Rolle, die sich ihr bot. Ohne danach zu fragen, wie ihr eigenes Vorleben mit einem Auftreten als Sittenrichterin zu vereinbaren sei, erschien sie bei Nero als Hüterin altrömischer Tugend. Sie verteidigte die Rechte der Oktavia, der Nero lediglich den Rang einer kaiserlichen Gemahlin gelassen hatte. Immer noch hielt Agrippina ihre Autorität für groß genug, den Sohn moralisch unter Druck zu setzen – wobei sie gleichzeitig hoffte, bei den Senatoren und den Garden neue Sympathie für sich selbst zu gewinnen. Der Auftritt mißglückte.

Zwar ließ Nero, wohl auch aus Prestigegründen, von Acte ab, aber nur um sich einer viel gefährlicheren Frau zuzuwenden. Poppäa Sabina, von ausgezeichneter Familie, fünf Jahre älter als der zwanzigjährige Kaiser, war damals die Gattin des Marcus Salvius Otho. Dieser gehörte zu den Vertrauten des Kaisers und besaß die beklagenswerte Eigenschaft vieler Männer, im Freundeskreis den Körper und die Liebeskünste der eigenen Frau im Detail zu schildern. Nero, inzwischen weniger zimperlich, schickte den Otho kurzerhand als Gouverneur nach Portugal und belagerte die verlassene Schöne. Poppäa erklärte dem verdutzten Kaiser in ausgereifter Raffinesse, sie denke nicht daran, seine Geliebte zu werden. Nachdem sie den Herrn der Welt auf diese Weise noch eine Zeitlang gedemütigt hatte, fand sie sich schließlich bereit, ihn zum Gemahl zu nehmen, wenn er sich von Oktavia scheiden lasse. Nero, mittlerweile blind verliebt, gehorchte auf der Stelle.

Agrippina hatte eine Konkurrentin gefunden, der sie nicht gewachsen war. Sie muß sich – immer unter dem Vorwand, Oktavias Rechte zu schützen – so extrem gebärdet haben, daß das Gerücht aufkam, sie habe dem Sohn den Inzest mit ihr selbst angeboten, um ihn von Poppäa abzubringen. Obwohl diese Nachricht sicher unwahr ist, hat doch Agrippinas Gesamtverhalten zweifellos Poppäas tödliche Feindschaft ausgelöst.

Poppäa war dem Nero eine höchst angenehme Gattin. Sie erschien nur, wenn sie erwünscht war, verbrachte den Rest ihrer Zeit mit der sorgfältigsten Pflege ihres Körpers und neckte beim nächtlichen Liebesspiel den Kaiser, indem sie ihm einredete, er sei noch lange kein richtiger Mann, da alle Welt sehen könne, wie sehr er sich vor seiner Mutter fürchte. So vorbereitet, empfing Nero aus Poppäas Mund schließlich die Nachricht, Agrippina habe die Garde auf ihre Seite gebracht und plane seinen Sturz. Der in Sinnlichkeit versinkende Kaiser glaubte ihr blind und beschloß, »die Frau umzubringen, die ihm das Leben und die halbe Welt geschenkt hatte«.

Gift erwies sich als unwirksam, weil Agrippina sich durch Gegengifte immun gemacht hat. So beschloß man eine große Inszenierung, als deren Erfinder jener Anicetus auftritt, der einst Neros Jugendlehrer gewesen war und als erster die totale Mutterbindung seines Schülers zu mindern versucht hatte. Anicetus, inzwischen zum Flottenkommandeur am Kap Misenum aufgerückt, schlug vor, Nero solle Agrippina zu einem Fest in Baiae am Golf von Neapel verlocken und erklären, er wolle sich dort mit ihr aussöhnen. Für die Heimfahrt werde ein besonderes Schiff bereitstehen, das auf dem Meere durch einen sinnreichen Mechanismus in zwei Teile bersten könne. Nichts, so sagte Anicetus, nach des Tacitus Bericht, »nichts lasse so vielen Zufälligkeiten Raum als das Meer. Und wenn Agrippina durch Schiffbruch umgekommen, wer würde so unbillig sein, einem Verbrechen zuzuschreiben, was Wind und Wogen verschuldet«?

Alles schien zu glücken. Zwar war die Nacht sternenklar – von Wind und Wogen keine Spur –, aber Agrippina hatte das Schiff ahnungslos betreten. Im Augenblick des Attentats jedoch funktionierte der Mechanismus nur halb. Agrippina, die sofort begriffen hatte, war an der Schulter leicht verletzt, stürzte sich aber dennoch ins Meer und erreichte schwimmend die Küste. Von einer nahen Villa aus, die ihr gehörte, meldete sie dem Kaiser durch einen Boten ihre Rettung, obwohl sie wußte, daß der Anschlag von ihm ausgegangen war.

Nun war Nero nicht mehr zu halten. Er forderte den Anicetus auf, das grausige Werk auf irgendeine Weise zu Ende zu bringen. Anicetus verbreitete daraufhin die Nachricht, Agrippinas Bote habe einen Mordanschlag gegen Nero versucht. Daraus zog er die Rechtfertigung, Agrippinas Haus zu umstellen. Mit zwei besonders ausgesuchten Leuten drang Anicetus in das Schlafgemach ein und fand Agrippina auf alles gefaßt. Noch im letzten Augenblick zeigte diese außerordentliche Frau den Mut, der ihr ganzes Leben ausgezeichnet hat. Als die Häscher ihre Schwerter zogen, öffnete sie die Tunika, entblößte ihren Körper und sagte: »Trefft den Leib, der einst den Nero getragen hat.« Viele Male schlugen die Schergen zu, bis sie endlich starb. Wenig später stand Nero vor dem nackten Leichnam und sagte einige Worte, aus denen hervorgeht, wie gefährlich der ästhetische Zynismus des Petronius in ihm gewuchert hatte: »Ich habe gar nicht gewußt, daß ich eine so schöne Mutter besaß.«

Der Muttermörder war zweiundzwanzig Jahre alt und vollendete das fünfte seiner Regierung. Diese ersten fünf Jahre Neros, das quinquennium Neronis, galten noch bis an das Ende der Antike für die glücklichste Zeit in der ganzen Geschichte des Imperium Romanum. Sie gehen mit der Ermordung der Agrippina zu Ende. Die folgenden zehn Jahre bis zu Neros Sturz und Tod sind angefüllt mit Größenwahn, Laster, Grausamkeit und Mord. Poppäa starb in hochschwangerem Zustand durch einen Fußtritt in den Bauch, den Nero ihr versetzte. Dem Seneca und dem Petronius wurde der Selbstmord befohlen. Die Stadt Rom brannte, wahrscheinlich auf Neros Geheiß, zu zwei Dritteln ab, wobei viele tausend Menschen umkamen. Senatoren wurden hingerichtet, weil sie Neros Gesang nicht genügend gelobt hatten. Einen jungen Mann, dessen Gesichtszüge ihn an Poppäa erinnerten, ließ Nero kastrieren und heiratete ihn. Er beschuldigte die Christen der Brandstiftung Roms, stellte sie als lebende Fackeln in seinen Gärten auf und empfand körperliche Lust bei der Betrachtung ihrer Todesqualen.

Hinter all diesen Greueln kann man eine Triebkraft vermuten: Nero hatte Angst. Zehn Jahre mühte er sich mit überreizter Phantasie, den Fluch des Muttermordes loszuwerden. Es ist ihm nicht gelungen – nicht einmal nach seinem Tod. Die Nachwelt hat ihn zum schlechtesten aller Menschen gestempelt, der er von Natur aus nicht war. Um ihn posthum zu strafen, nannte man Hunde mit seinem Namen. Heute noch büßt er in den Geschichtsbüchern mehr für die Frevel, die an ihm begangen wurden, als für die Schandtaten, die er selbst verübte. Keines seiner Verbrechen ist entschuldbar. Aber die meisten werden verständlicher, wenn man bedenkt, was die skrupellose Herrschsucht seiner Mutter in dem zarten Knaben angerichtet hat. Als er Agrippina töten ließ, glaubte er, sich endgültig von seiner Mutter zu befreien – und merkte zu spät, daß er ihr erst jetzt die volle Macht über sich eingeräumt hatte. Auf der Flucht vor ihr glitt er schließlich in den Wahnsinn und geistert seither als ein böses Irrlicht durch die Geschichte. Es stimmt nachdenklich, daß eineinhalb Jahrtausende nach Neros Tod noch nicht einmal die Steine seines Palastes zur Ruhe gekommen waren.

DOMITIAN

* 51 † 96
Regierungszeit 81–96

Nach dem Tode des Nero im Jahre 68 nach Christus kam es in Rom zu schweren Kraftproben um die Kaiserwürde. Der erste, den man ausrief, war Galba, ein gichtkranker General aus edler Familie, bisher Befehlshaber in Spanien. Er begann seine Herrschaft, indem er für den Staat neun Zehntel der Schenkungen und Renten zurückforderte, mit denen Nero seine Freunde überschüttet hatte. Ein Senator namens Marcus Otho, der von Schulden strotzte, legte seinen Gläubigern nahe, sie möchten ihn doch ja zum Kaiser machen, denn andernfalls sei er durch das neue Gesetz gänzlich ruiniert und könne ihnen überhaupt nichts mehr zurückzahlen. Es gab genügend Leute, denen das einleuchtete, und so marschierte man zusammen mit der Prätorianergarde gegen den Kaiserpalast auf dem Palatin. Am Eingang zum Forum Romanum begegnete man dem Galba, der seinen Kopf zur Sänfte herausstreckte und keine Gelegenheit mehr fand, ihn wieder zurückzuziehen.

Othos Herrschaft währte fünfundneunzig Tage, die mit den üblichen palatinischen Lastern angefüllt waren. Am sechsundneunzigsten Tag steckte er zwei scharf geschliffene Dolche unter sein Kopfkissen und brachte sich am nächsten Morgen damit um. Der Grund für den Selbstmord war Vitellius, ein Schlemmer-General, den die Legionen in Germanien inzwischen zum Kaiser ausgerufen hatten. Er zog mit dem Pomp des reichen Prassers auf dem Palatin ein, allerdings nur für kurze Zeit. Denn die in Ägypten und Palästina stationierten Heereseinheiten hatten sich mittlerweile ebenfalls einen Kaiser erkoren, den Flavier Vespasianus. Vitellius muß eine großartige Begabung für die Behandlung von Soldaten besessen haben; seine Legionäre schlugen für ihn gegen die Truppen des nach dem Throne drängenden Vespasian in der Nähe von Cremona eine Schlacht, die zu den grausamsten der antiken Geschichte zählt. Als Vitellius sah, daß er gegen Vespasian verloren hatte, machte er es sich im Palast gemütlich, veranstaltete eine Tag und Nacht währende Monsterschlemmerei und hörte erst auf, als die Truppen Vespasians schon in die Stadt eingedrungen waren. Tacitus berichtet, das Volk habe den Straßenkämpfen zwischen den restlichen Garden des Vitellius und den Legionen des neuen Herrn wie einem Zirkusstück zugesehen. Als der Sieger feststand, beeilte man sich, ihm zu huldigen, während der von seiner Tafel aufgescheuchte Vitellius durch geschicktes Martern langsam zum Tode befördert wurde.

Vespasian selbst war bei all dem nicht anwesend. Der Aufstand der Juden Palästinas gegen die römische Herrschaft hatte sich zum Kriege ausgeweitet. Vespasian war römischer Oberkommandierender und zog es vor, das gefährdete Gebiet nicht zu verlassen.

Das Heer, das ihm die Kaisermacht erstritt, stand unter der Führung seines Generals Antonius. Unter dessen Oberbefehl focht in dem berühmten Kampf um das Kapitol ein zarter Jüngling mit – des Vespasian jüngerer Sohn, der spätere Kaiser Domitian. Kaum war die Herrschaft des Vaters gesichert, verlieh der Senat dem jungen Prinzen das Amt des »Praetor Urbanus« – und somit war Domitian vom 1. Januar des Jahres 70 an der höchste Beamte der Stadt.

Als Roms Oberhoheit in Palästina halbwegs gefestigt war, überließ Vespasian seinem älteren Sohne Titus die Beendigung des jüdischen Krieges und kam – fast schon ein volles Jahr Kaiser – endlich im Oktober 70 nach Rom. Die Szene seiner Ankunft an der rituellen Bannmeile der Stadt ist uns in einem prachtvollen Relief erhalten, das der Vatikan besitzt. Es wurde 1937 unter der Cancelleria Apostolica auf dem Gelände des antiken Marsfeldes gefunden. Die Zeit seiner Entstehung liegt etwa zwanzig Jahre später als der dargestellte Vorgang. Es gibt Anzeichen dafür, daß das Relief von dem Kaiser Domitian selbst in Auftrag gegeben wurde. Es enthält die Entstellung eines geschichtlichen Tatbestandes.

Die Begegnung zwischen dem ankommenden Kaiser Vespasian und seinem Sohn Domitian, der ihm an der Stadtgrenze als Praetor Urbanus entgegentritt, vollzieht sich in einer seltsamen Form. Man würde erwarten, daß Domitian die Hand zum Gruße höbe, um im Namen der Stadt den kaiserlichen Vater willkommen zu heißen. Das Gegenteil geschieht. Vespasian ist es, der sich dem Jüngling mit grüßender Gebärde naht. Er zeigt dabei eine erkennbare Spur mehr Ehrfurcht vor dem Sohn, als dieser vor dem neuen Oberhaupt der Welt. Zeitgenössische Betrachter mußten überzeugt sein, Domitian empfange den Vater gelassen zu einer geheimen Huldigung. Das Rätsel löst der Geschichtsschreiber Sueton, der von dem späteren Domitian eine bezeichnende Einzelheit berichtet: »Als er dann zur Herrschaft gelangt war, hatte er die Stirn, vor dem Senat zu prahlen, *er* sei es gewesen, der seinem Vater wie seinem Bruder den Thron gegeben.« Und der Dichter Martial, dem keine

Schmeichelei zuviel war, solange sie an Domitians Ohr drang, singt von ihm: »Er führte als Knabe für seinen Vater den ersten Krieg – den Kampf um das Kapitol –, und obwohl er die Zügel der Kaisermacht bereits in Händen hielt, übergab er sie an Vater und Bruder und begnügte sich, der Dritte in dem Erdkreis zu sein, der doch ihm allein gebührt hätte.«

Ist das wirklich so gewesen? Domitian erhielt die Kaiserwürde durch Erbfolge nach dem Tod seines Bruders Titus. Weder diesen noch den großartigen Vespasian hat das Volk schnell vergessen. Denn beide waren, wenngleich von gegensätzlichem Charakter, als Kaiser zuerst Menschen gewesen. Domitian aber, der ihnen folgte, wuchs immer mehr der Idee entgegen, er sei nicht ein Mensch, sondern ein Gott. Von daher wird begreiflich, wie sehr das humane Auftreten von Vater und Bruder ihm nachträglich zum Hindernis werden mußte. Das Mittel der Verzweiflung hieß: Geschichtsfälschung. War Domitian ein Gott, so konnte er den beiden Menschen Vespasian und Titus die höchste Würde nur auf Zeit zu Lehen gegeben haben, bevor er selber hervortrat. Über seine Vorgänger hinweg wollte sich der Nachfahre zum Begründer der Dynastie aufschwingen. Infolge seines Kampfes um das Kapitol sollten Staat und Erdkreis dem Domitian allein das Glück und den Wohlstand zu danken haben, die in Wahrheit von Vespasian und Titus geschaffen worden waren. Dies alles sollte zudem die sklavische Unterwürfigkeit fördern, die Domitian seinen Zeitgenossen abverlangte. Sie hatten ohne Widerspruch hinzunehmen, daß die kaiserlichen Dekrete mit den Worten begannen: »Unser Herr und Gott befiehlt, daß folgendes geschehe...« Kaum irgendwo in Rom gibt es ein vergleichbar eindringliches Beispiel dafür, wohin der Wahn irdischer Allmacht einen Menschen treiben kann.

Das Haus der Flavier umfaßte nur drei Kaiser: den Vater Vespasian und seine beiden Söhne Titus und Domitian. Innerhalb der siebenundzwanzig Jahre, die sie insgesamt über Rom herrschten, sorgte Vespasian für Ordnung und Geld, Titus für Menschlichkeit und Spiele, Domitian für Gerechtigkeit und Majestät. Vespasian war ein Bauer, der als Bauer starb, Titus ein Soldat, der als Menschenfreund verschied, und Domitian ein Kaiser, der ermordet wurde. Vespasian kam sechzigjährig auf den Thron, regierte zehn Jahre wie ein Hausvater und sagte im letzten Augenblick seines Lebens: »O weh, ich glaube, ich werde jetzt ein Gott!« Titus brachte es fertig, in den zwei Jahren seiner Herrschaft nicht eine einzige Hinrichtung zu befehlen, und das Volk nannte ihn »Amor et deliciae generis humani – die Liebe und Freude der Menschheit«. Domitian regierte fünfzehn Jahre im Stil eines orientalischen Potentaten, füllte Rom mit spiegelnden Marmorbauten, war der beste Richter seiner Zeit und hatte keinen Freund. Er war das große Rätsel unter den drei Herrschern. Im Zeitraum seiner Regierung haben sich in Rom die Vorstellungen von Göttlichkeit und Macht entscheidend gewandelt. Es ist kein Zufall, daß in diesen Jahren auf der Insel Patmos die Vision von den letzten Dingen, die Geheime Offenbarung des heiligen Johannes niedergeschrieben wurde.

Vespasian duldete keinen Müßiggang. Die Raffinessen der Lebenskunst, denen sich das epikureische Rom in vollen Zügen hingab, riefen in ihm Abscheu hervor. Ein verdienstvoller Mann, den der Kaiser in ein neues Amt berufen hatte, machte ihm seinen Antrittsbesuch. Vespasian fand ihn parfümiert. Er setzte den Unglücklichen sofort wieder ab und sagte: »Ich hätte dich in deinem Amt belassen, wenn du nach Knoblauch gerochen hättest.« Der Kaiser suchte nach Männern, die noch nicht so überfeinert waren, daß ihnen rücksichtsloses Durchgreifen Gewissensbisse verursachte. Der Staat war bankrott. Suetonius, der die Flavier nicht immer freundlich behandelt, berichtet respektvoll, Vespasian habe sich ausgerechnet, zur Sanierung des Staatshaushaltes vierzig Millionen Sesterzen zu benötigen. Um sich dieses Geld zu verschaffen, trieb der Kaiser einen großzügigen Ausverkauf. Er veräußerte bedenkenlos kaiserliche Villen, Paläste und Güter, ließ sich jedes neu verliehene Amt hoch bezahlen und enteignete erfolgreich die nach Rom zurückkehrenden Gouverneure der Provinzen. In neun Jahren war der Staat wieder aufgebaut.

Vespasian war klein von Statur, bäuerlich untersetzt, regierte mit Vergnügen und liebte es, seine Gegner zu foppen. Als er eine Verschwörung gegen sich entdeckte, leistete er sich den Luxus, die Beteiligten nach Hause zu schicken. Er ließ ihnen sagen, sie seien Narren, denn wenn sie wüßten, wie wenig Vergnügen das Amt des Kaisers seinem Inhaber gönne, würden sie um sein ewiges Leben beten. Aufgrund solchen Verhaltens starb er eines natürlichen Todes in dem Bauernhause bei Reate, dem heutigen Rieti in den Abruzzen, wo er geboren war.

Auch sein Sohn Titus starb, nur zwei Jahre später, in Reate, von seinem Bruder Domitian in Bäder von Schnee gepackt. Man weiß bis heute nicht, ob die Natur des Fiebers, das Titus befallen hatte, eine solche Behandlung verlangte, oder ob Domitian nur das Ende fördern wollte. Denn Domitian war der einzige, dem die allgemein gepriesene Milde seines glücklichen Bruders gründlich auf die Nerven fiel. Vieles, was Titus tat, war in Domitians Augen eines römischen Imperators unwürdig. So mokierte sich Domitian über die Weichheit des Titus, als dieser einen Verschwörer straflos entließ und dessen geängstigter Mutter einen Eilboten mit der Nachricht von der Begnadigung des Sohnes ins Haus schickte. Der Gegensatz zwischen den beiden Brüdern wurde um so tiefer, je mehr das Volk die »Clementia Titi« mit Liebe und Verehrung beantwortete. Es war aber nicht persönlicher Neid, der Domitian zu seiner Gegnerschaft veranlaßte, sondern die Verschiedenheit in der Auffassung der Kaiserherrschaft. Titus sah den Kaiser als Zentrum der Gnade, Domitian als den Verbürger des Rechtes. Titus suchte die Nähe seiner Untertanen, Domitian floh in die Distanz. Für Titus war der Kaiser ein Mensch unter Menschen, für Domitian ein Gott hoch über der Welt.

Dabei war Titus nicht immer sanftmütig gewesen. Als Kronprinz hatte er den Krieg in Judäa, den sein Vater mit viel List und wenig Opfern begonnen, in grausamer Schnelligkeit zu Ende geführt. Sein Name ist verknüpft mit der Zerstörung des Tempels von Jerusalem, bei der kein Stein auf dem anderen blieb. Der Triumphbogen des Kaisers am Forum Romanum zeigt in seinen Wangenreliefs, wie die gefangenen Juden die heiligen Tempelgeräte über die Via Sacra schleppen. Noch heute ist kein Jude zu bewegen, seinen Fuß unter diesen Bogen zu setzen.

Das Schicksal wollte es, daß Titus während des Feldzuges in Palästina der jüdischen Prinzessin Berenike in hoffnungsloser Liebe verfiel. Vielleicht hat ihn der Verzicht auf diese wunderbare Frau, die er nicht zur Kaiserin machen konnte, später zu einem so zartfühlenden Herrscher werden lassen. Sein Charakterbild wird erhellt durch eine Eigenschaft, die in der Antike nicht alltäglich war – das Mitleid.

Domitian dagegen, von scharfer Intelligenz, war ausschließlich seiner Berufung zum Herrscher hingegeben. Er sah das Weltgetriebe als ein Ganzes an, in dessen Mittelpunkt das Schicksal ihn gerückt hatte. Das Amt des Kaisers war für ihn ein Prisma, das die Strahlen des Götterwillens vom Olymp herab in sich versammelt, um so die Menschheit zu erleuchten. Das humanitäre Gehabe des Titus ärgerte ihn, weil er es für eine Schmälerung römischer Majestät hielt. Als er auf den Thron gelangte, impfte er seinen Zeitgenossen ein, es sei keine Demütigung, vor dem Kaiser zu Boden zu fallen und seine Knie schutzflehend zu umfassen. Denn in Wirklichkeit rage auch der aufrechteste Mensch dem von göttlicher Kraft erfüllten Kaiser höchstens bis an die Knie. Ungeheure Statuen sollten den Domitian in seiner wahren Dimension zeigen. Das erzene Reiterstandbild des Kaisers auf dem Forum hatte eine Höhe von sechsundzwanzig Metern. Die Wände des Flavier-Palastes auf dem Palatin ließ Domitian mit Marmor bedecken, der zu Spiegeln geschliffen war; ein Gott mußte in der Lage sein, zu wissen, was hinter seinem Rücken vorging, ohne das Haupt zu wenden.

Die wichtigsten Berichte über die Regierungszeit des Domitian lieferten Tacitus und der Jüngere Plinius. Beide waren vermögend und blieben unter der Herrschaft des Kaisers unbehelligt. Dennoch urteilen sie feindselig über ihn; denn sie gehörten dem Senatorenstande an, der in schärfster Opposition zu Domitian stand. Was die beiden Geschichtsschreiber in absichtsvoller Düsternis darstellten, wurde im Munde der beiden Hofdichter Statius und

Martial zu übertriebener Schmeichelei. Wahrscheinlich treffen alle vier Aussagen einen Teil der Wahrheit, denn Domitian begann gleich Nero als freundlicher und bescheidener Prinz, um zwanzig Jahre später ein gefürchteter Despot zu sein.

Mit vierzig hatte er »einen vorgewölbten Bauch, spindeldürre Beine und einen Kahlkopf«. Unter diesem kahlen Kopf muß er besonders gelitten haben, denn der Kummer über seinen schwindenden Haarwuchs hat ihn zur Abfassung einer Schrift veranlaßt, die den Titel trägt »De cura capillorum – über die Pflege des Haares«. Es gebe, so schreibt er, nichts Schöneres als das Haar, aber auch nichts, was nur so kurze Zeit dauert. Er kann sich kaum über das Unglück trösten, »als ein so schöner Mann schon in der Jugend die Mähne des Alters tragen zu müssen«. Obwohl Vespasian die Erziehung seines jüngeren Sohnes mit sträflicher Nachlässigkeit betrieb, entwickelte der junge Domitian frühzeitig einen ausgeprägten Schönheitssinn und den Hang zur Poesie. Später, als Kaiser, genügte ihm das eigene Sprachgeschick nicht mehr. Um einen perfekten Stil zu zeigen, ließ er seine Reden und Erlasse von angesehenen Fachleuten verfassen. Über die einzelnen Stadien seiner Jugend und Entwicklungszeit ist nichts Zusammenhängendes überliefert. Dennoch steht eindeutig fest, daß Domitians frühestes und schwerstes Problem der Vater und der Bruder waren.

Als Bauer von patriarchalischer Gesinnung liebte Vespasian nur den Erstgeborenen, Titus. Domitian fühlte sich mit Recht zurückgesetzt. Ohne Kontrolle lebte er in dem riesigen Kaiserpalast, den Nero hinterlassen hatte, und lernte die Menschen hauptsächlich durch ihre Kunst zur Intrige und ihre Begabung für Mißgunst und Neid kennen. Sein bevorzugter Umgang werden damals wohl Griechen gewesen sein, die die Spitzenpositionen der Palastdienerschaft innehatten. Sie standen zwar zu Recht in dem Ruf der Verschlagenheit, besaßen aber Anmut und verfeinerte Manieren und fast immer eine gewisse literarische Kultur. Auch die Schauspieler am Hoftheater, vor allem aber die kaiserlichen Leibärzte waren ausnahmslos Griechen. Der Satirendichter Juvenal beantwortete die selbstgestellte Frage: »Was sind diese Griechen?« mit den Worten: »Sie sind alles mögliche: Literaturkenner, Rhetoren, Feldmesser, Maler, Masseure, Wahrsager, Seiltänzer, Ärzte und Astrologen. Sage zu einem Griechen, er solle in den Himmel fahren, und er wird es tun.« Solchen Persönlichkeiten verdankte Domitian die wesentlichen Prägungen seiner Erziehung.

Es konnte nicht ausbleiben, daß der zurückgesetzte Domitian ein Wunschdenken entwickelte, worin sich Verfeinerung, Glanz und Macht seltsam mischten. Bald verursachte es ihm Widerwillen, mit welcher Rauheit sein Vater Vespasian auf die proletarische Herkunft der flavischen Familie pochte. Einige gerissene Genealogen spekulierten auf ein gutes Honorar und legten dem Kaiser einen Stammbaum vor, in welchem das flavische Haus auf einen Freund des Herkules zurückgeführt wurde. Vespasian lachte sie aus. Domitian aber begann schon damals zu glauben, daß die Ahnenforscher recht hatten. Er fand es unerträglich, mit welcher Derbheit Vespasian die Witze zurückzugeben wußte, die über ihn gemacht wurden. Die Unverschämtheit zynischer Philosophen ertrug der Kaiser mit größter Geduld, während Domitian dazu neigte, in jedem Anflug von Spott schon ein Majestätsverbrechen zu sehen.

Obwohl Vespasian den Errungenschaften der Bildung mißtraute, begründete er das erste staatliche Erziehungswesen des klassischen Altertums. Fortan erhielten hervorragende Lehrer der lateinischen und griechischen Literatur und der Rhetorik Gehälter aus der Staatskasse und nach zwanzig Dienstjahren eine Pension. Die Jugend des ganzen Imperium Romanum hatte freien Zutritt zu diesen Bildungsquellen. Der einzige, den Vespasian auszubilden vergessen hatte, war Domitian.

Alle Vorteile, die die Position eines Kaisersohnes mit sich brachten, gingen an Titus. Dieser hatte, im Gegensatz zu dem asthenischen Domitian, die vierschrötige Konstitution des Vaters geerbt und war wie dieser Soldat aus Leidenschaft. Die unbarmherzige Art seiner Kriegführung und die Zügellosigkeit seiner Sexualität brachten den Titus schon in jungen Jahren in zweifelhaften Ruf. Für seinen Vater waren solche Exzesse nur Auswirkungen überschäumender Jugendkraft, über die er in kaum verhohlenem Stolz hinwegsah. Es fiel dem Domitian leicht, seine Eifersucht auf den bevorzugten Bruder mit der moralischen Entrüstung über dessen Ausschweifungen zu rechtfertigen. Bald blieb es nicht mehr beim einfachen Haß. Unter den Augen des Vaters versuchte Domitian, gegen den Titus eine Verschwörung zustande zu bringen. Durch sein eigenes Ungeschick wurde die Sache entdeckt – und Titus hatte Gelegenheit, den zu drakonischen Strafen entschlossenen Vater anzuflehen, er möge dem jüngeren Sohne verzeihen. Diese Beschämung hat Domitian dem Titus nie vergessen.

Vespasian war als guter Hausvater darum besorgt, die Thronfolge noch vor seinem Tode geregelt zu wissen. Der Senat stimmte dem Wunsche des Kaisers zu, stellte allerdings die Bedingung, Vespasian möge den »Besten der Besten« adoptieren und somit eine hervorragende Nachfolge sichern. Vespasian erwiderte, nach seiner Meinung gäbe es keinen Besseren als den Titus. Von da an fand es der Senat sinnlos, verhindern zu wollen, daß aus dem flavischen Hause eine Dynastie wurde. Kaum hatte Vespasian die Augen geschlossen, trat Domitian mit der Behauptung hervor, sein Vater habe ihn als Teilhaber an der Regierungsgewalt eingesetzt, der Passus sei jedoch im Testament nachträglich zugunsten des Titus gefälscht worden. Obwohl der Ehrgeiz des Domitian für jedermann durchsichtig war, fing Titus die Sache in einer Weise auf, die den Domitian neuerlich – und diesmal öffentlich – beschämen mußte. Titus bot nämlich dem Bruder an, auf der Stelle sein Teilhaber und nötigenfalls auch sein Nachfolger zu werden. Hätte Domitian angenommen, so wäre er zwar von der dritten in die zweite Position gerückt, aber vom Schatten des Bruders nunmehr gänzlich überdeckt worden. Denn zu Domitians Unglück war im Charakter des Titus eine tiefgreifende Wandlung vorgegangen. Er hatte sich von seiner früheren Lebensführung völlig abgekehrt und begann seine Regierung vom ersten Tage an als ein Vorbild an Sittenstrenge und Ehrenhaftigkeit. In den Augen des Volkes wurden selbst seine Fehler zu Tugenden, vor allem seine hemmungslose Freigebigkeit. »Ich habe einen Tag verloren«, pflegte er zu sagen, wenn es ihm einmal nicht glücken wollte, einen Menschen durch ein Geschenk erfreut zu haben.

In den zwei Jahren seiner Herrschaft jagten sich die Katastrophen ohne seine Schuld. Im Jahre 79 wütete in Rom drei Tage lang ein Stadtbrand. Im gleichen Jahre versanken die blühenden Städte Pompeji und Herculaneum im Aschenregen des Vesuv. Das folgende Jahr brachte über Stadt und Land eine verheerende Seuche. Suetonius berichtet: »Bei allen diesen schweren Unglücksfällen bewies Titus nicht nur die teilnahmsvolle Fürsorge des Fürsten, sondern auch die mitleidsvolle Liebe eines Vaters.« Rom selbst achtete alle diese Heimsuchungen gering gegenüber dem Verlust, den es durch den plötzlich erfolgenden Tod des Titus erlitt. Selten haben Stadt und Imperium um einen Herrscher so aufrichtig getrauert. Der einzige, der keinen Grund dazu finden konnte, war Domitian.

Der kalte Hochmut, unter dem der neue Kaiser seine Verletzlichkeit verbarg, hinderte ihn nicht daran, im ersten Jahrzehnt seiner Regierung ein tüchtiger und unbestechlicher Herrscher zu sein. Bezeichnend ist das Vorbild, das er sich wählte: In der Politik, aber auch in der persönlichen Lebensführung schloß sich Domitian an die Erkenntnisse und Gepflogenheiten des Kaisers Tiberius an. Gleich diesem verstand er sich als den berufenen Hüter altrömischer Gesinnung und strenger Moral. Pamphlete, welche Zoten enthielten, durften nicht mehr veröffentlicht werden. Die längst mißachteten julischen Gesetze gegen Ehebruch wurden wieder in voller Buchstabentreue gehandhabt. Domitian legte schwere Strafen auf die Prostitution von Kindern und auf alle Arten von widernatürlichen Lastern. Die bei der Gesellschaft und beim Volk gleichermaßen beliebten Pantomimen wurden wegen ihrer Anstößigkeit verboten. Eine vestalische Jungfrau, die die geschworene Keuschheit gebrochen hatte, ließ er zum Tode verurteilen und – wie es das römische Gesetz ob ihrer Unberührtheit befahl – durch lebendiges Begraben hinrichten. Da in vermögenden Häusern die Mode aufgekommen war, sich Eunuchensklaven zu halten und deren Preise folglich ins Ungemessene stiegen, untersagte Domitian die Kastration. Er war sparsamer als sein Bruder Titus, aber durchaus nicht geizig. Wenn ihm, wie damals üblich, vermögende Personen einen Teil ihres Besitzes hinterließen, verweigerte er die Annahme, wenn erbberechtigte Kinder vorhanden waren. Seine Finanzpolitik gestattete ihm, den Römern alle Steuerschulden zu erlassen, die mehr als fünf Jahre zurücklagen. Denunziation wurde streng geahndet, Korruption auf ein Mindestmaß beschränkt. Der Kaiser arbeitete viel und regelmäßig, erwarb sich bald einen Ruf als unparteiischer Richter, förderte die Künste und respektierte jede Meinung, die von der seinen abwich. Fast das gleiche hatte man für die erste Phase seiner Regierungszeit auch von Tiberius sagen können.

Als Bauherr war Domitian weit reger als sein Vorbild. Die beiden Stadtbrände von 79 und 82 hatten weite Quartiere verwüstet und ehrwürdige öffentliche Bauten, Tempel und Bäder zerstört. Auf seine Initiative entstand ein neues Heiligtum für Jupiter, Juno und Minerva, für dessen vergoldetes Dach und goldgehämmerte Türen Domitian – in heutigem Gelde – über vierzig Millionen Mark ausgab. Sein größtes Gesamtkunstwerk aber war die »Domus Flavia«, der Flavier-Palast auf dem Palatin. Er wird von Kennern der römischen Architektur für die größte künstlerische Leistung der Kaiserzeit gehalten. Der dort aufgewendete Luxus verband sich mit einem Geschmack, der die eminenten Kosten für eine bewundernde Nachwelt gerechtfertigt erscheinen ließ, wenngleich die Bürger über Domitians Verschwendung murrten.

Ähnlich dem Tiberius war der Kaiser kontaktarm und wenig beliebt. Er suchte den Mangel auszugleichen durch einen grandiosen Aufwand bei öffentlichen Spielen, gegen den merkwürdigerweise kein Bürger etwas einzuwenden hatte. Am Rande des Marsfeldes errichtete Domitian einen gigantischen Zirkus für Wagenrennen, auf dessen architektonischen Konstruktionen heute einer der schönsten Plätze Roms ruht – die Piazza Navona.

Ungleich Tiberius, dessen spröde Natur nur schwer den Zugang zu den Künsten fand, erwies sich Domitian als großzügiger Mäzen.

Den Dichtern und Musikern gab er durch die Gründung der kapitolinischen Spiele Gelegenheit, im öffentlichen Wettbewerb aufzutreten und hochdotierte Preise zu gewinnen. Da den Bränden auch eine Reihe öffentlicher Bibliotheken zum Opfer gefallen war, entsandte Domitian eine Heerschar von Schreibern nach Alexandria, um dortige Manuskripte zu kopieren und mit ihnen die römischen Verluste zu ersetzen.

Eine besondere Vorliebe scheint der Kaiser der Kunst des plastischen Porträts entgegengebracht zu haben. Das kapitolinische Museum besitzt die Büste einer jungen Frau von durchsichtiger Schönheit, das Haar in der Tausend-Löckchen-Mode der Zeit frisiert, deren Lebenswärme noch heute den kalten Marmor zu durchbrechen scheint. Es mag sein, daß der Kaiser selbst den Künstler wählte, der den Zauber der jungen Frau einfangen sollte – denn sie war seine Nichte, Julia, die Tochter seines verhaßten Bruders Titus. Es war nicht der hohe weibliche Reiz, der ihn an Julia fesselte, sondern die übermächtige Gier, sich an Titus zu rächen, indem er seine Tochter mißbrauchte. Er zwang sie, im Palast zu wohnen, und machte die kaiserliche Prinzessin vor aller Welt zu seiner Konkubine. Übereinstimmend berichten Zeitgenossen von Domitians sexuellen Ausschweifungen. Doch ist uns keine Kunde von einer Frau erhalten, die ihn geliebt hätte.

Von solchen Geheimnissen des Palastes wußte die Öffentlichkeit damals noch nicht viel. In den Regierungsgeschäften und in seinem äußeren Verhalten blieb Domitian noch beträchtliche Zeit ein vorbildlicher Regent, der jede Veruntreuung ahndete und die Verwaltung sorgfältig überwachte. Für die Bevölkerung wurde erst erkennbar, daß Domitians Stern sank, als der Kaiser Rom verließ, um an der Donau Krieg zu führen. Diesem Entschluß vorausgegangen war die Abberufung des Agricola aus Britannien. Es handelte sich um einen jener Fälle, die in der Weltgeschichte das Privileg genießen, wiederholt aufzutreten. Agricola war ein dynamischer General, den Domitian zum Statthalter der römischen Provinzen in England eingesetzt hatte. Mit der ausgezeichneten zwanzigsten Legion »Valeria Victrix« drang Agricola ohne kaiserliche Ermächtigung nach Norden vor und hatte ausreichendes Glück, um fast ganz Schottland zu unterwerfen. Auf seinen Befehl umsegelte gleichzeitig eine mit Geographen versehene Sondereinheit der römischen Flotte die Britischen Inseln und lieferte damit die strategischen Kenntnisse zu deren gänzlicher Eroberung. Unvermittelt erreichte den Agricola inmitten erfolgreicher Aktionen das Angebot des Kaisers, seinen Gouverneursposten in England mit der Statthalterschaft des reichen Syrien zu vertauschen. Agricola glaubte der Botschaft, kehrte nach Rom zurück und erfuhr erst dort, daß er seiner Ämter enthoben und in den Ruhestand versetzt war. Das für solche Vorgänge sensible römische Stadtvolk schwor sogleich, der einzige Grund des Kaisers für die Absetzung des Agricola sei Eifersucht auf dessen militärischen Ruhm gewesen. Domitian ahnte damals nicht, wie folgenschwer er seine Maßnahme weit über den Tod hinaus würde büßen müssen. Agricolas Schwiegersohn war der Geschichtsschreiber Publius Cornelius Tacitus, der den Fall in einer weltberühmten Schrift zu Schaden des Domitian interpretierte. Noch achtzehn Jahrhunderte nach Domitians Tod galt sein von Tacitus gezeichnetes Charakterbild als glaubwürdig.

Fast gleichzeitig mit der Rückberufung des Agricola drangen die Daker, die damaligen Bewohner des heutigen Rumänien, über die südliche Donau mit großer Heeresmacht in die römische Provinz Moesia ein. Es kam zu einer Schlacht, in der Domitians Generäle versagten. Darauf glaubte der Kaiser, es seinem Prestige schuldig zu sein, den Oberbefehl gegen das wilde Waldvolk selbst zu übernehmen. Er entwarf einen intelligenten Feldzugsplan, eilte nach Rumänien und war gerade im Begriffe, die Donau zu überqueren und die Daker im eigenen Lande anzugreifen, als ihn sein Glück verließ. Er erhielt die Nachricht, der Statthalter der Germania Superior, Antonius Saturninus, habe sich von zwei Legionen in Mainz zum Kaiser ausrufen lassen. Domitian war gezwungen, einige tüchtige Generäle und einen Teil seiner Truppen in Eilmärschen an den Main zu schicken. Dies verminderte seine Schlagkraft gegen die Daker und ließ dem Feinde Zeit, sich für den römischen Angriff zu rüsten. Als schließlich Domitians Donauübergang gelang, griffen die Daker mit überlegenen Kräften an und schlugen den Kaiser. Dieser Niederlage verdankt der unter dem Namen Limes bekannte Befestigungswall an Rhein, Main und Donau seine Entstehung.

Domitian litt schwer. Er schloß mit dem Daker-König einen kaum maskierten Tributfrieden und kehrte in der Form eines unverdienten Triumphes nach Rom zurück. Sein Vater Vespasian hatte nie eine nennenswerte Schlacht verloren. Sein Bruder Titus brachte dem Imperium das endgültig unterworfene Palästina zu. Er, Domitian, der stets Zurückgesetzte, war in Verlegenheit, den Römern auch nur Spuren einer Kriegsbeute zu zeigen. Schuld an dem Unglück trug zweifellos der Rebell Saturninus vom Main. Daß ein sterblicher Offizier es wagte, gegen den Kaiser zum Aufstand zu rufen, verursachte dem Domitian weniger Groll als seine daraus resultierende Schlappe. Er beschloß, seine eigene kaiserliche Position künftig bis an die Grenzen des Olymp zu erhöhen. Dann würde niemand mehr wagen, ihm in den Rücken zu fallen, weil es Verderben bringt, einen Gott zu verraten.

Domitian begann mit der Vergöttlichung seiner Familie. Seinem Vater, seinem Bruder Titus, seinen Schwestern und seiner Gattin Domitia widmete er einen Kult mit eigener Liturgie, die von der Priesterschaft der Flaviales mit Weihrauch und Opfern gefeiert werden mußte. Auf dem Kapitol ließ er Majestätsbildnisse seiner selbst aufstellen, so zahlreich, daß der Besucher kaum irgendwo hinblicken konnte, ohne in das Angesicht des Kaisers zu sehen. Den Senat entmachtete er rücksichtslos und verlangte als Zeichen der Unterwürfigkeit auch von der höchsten römischen Körperschaft den Erweis göttlicher Ehren.

Zweifellos glaubte der Kaiser schon sehr bald selbst an die Göttlichkeit seiner Person. Er verspürte an sich hellseherische Fähigkeiten. Sein Auge konnte Gedanken hinter gefurchten Stirnen lesen, sein Ohr Worte hinter verschlossenen Türen vernehmen. Dabei war er Realist genug, ein Heer von Spitzeln aufzustellen, die die Ahnungen seines überscharfen Instinktes im einzelnen nachzuprüfen hatten. Nach kurzer Zeit war er in einem Zustand gefährlicher Bewußtseinsspaltung angelangt. Einerseits überzeugt, ein Gott zu sein, stand er andererseits diesem Gott auch kritisch gegenüber. Wie, so fragte er sich, wenn der Gott in mir sich täuscht, wenn die Wirklichkeit nicht mehr mit dem übereinstimmt, was mir göttliche Eingebung zugeflüstert hat? Bin ich dann noch ein Gott? Was werden die Menschen tun, die ihr Haupt unter die Herrschaft des Gottes Domitian beugen, wenn sie innewerden, daß dieser Gott nicht immer an sich selber glaubt? Ein Kaiser, der das Schwinden der Göttlichkeit in sich fühlt, wird den Dolchen der Verschwörer nicht entgehen.

Also bedurfte der Kaiser besonderen Schutzes. Innerhalb weniger Jahre entwickelte sich im Palast des Domitian auf dem Palatin ein Zeremoniell, das weder dem persischen noch dem ägyptischen nachstand. Die Begegnung mit dem Herrn der Welt war für seine Untertanen bis ins geringste Detail festgelegt, wobei realistische Schutzvorkehrungen und halbreligiöse Tabus ineinandergriffen. Augenzeugenberichte geben genügend Auskunft, um vorstellbar zu machen, wie Domitian in seinem Zweifel zwischen der eigenen Göttlichkeit und ihren Grenzen einen Tag seines Kaisertums begann.

Schon vor dem Morgengrauen wandern Senatoren und vornehme Gäste in der offiziellen Toga hinauf zum Palatin. Noch bei Fackelschein betreten sie die prachtvolle Marmorhalle an der Nordfassade des Kaiserpalastes. Die meisten der Herren sind nicht mehr die Jüngsten und spüren die Kälte der Morgendämmerung, während die Hofmarschälle sie in zwei Gruppen teilen – die Freunde des Kaisers vom ersten Zutritt und die anderen, die auf den zweiten Zutritt warten müssen. Die meisten der Versammelten sind Mitglieder alter republikanischer Familien, die in Opposition zum Kaiser stehen. Für sie hat es einen demütigenden Beigeschmack, daß diese Morgenaufwartung ein Ehrenrecht ist, dem sie sich nicht zu entziehen wagen, obwohl es ihnen den Schlaf raubt.

Beim Aufgang der Sonne öffnen sich die Flügeltüren zur

Audienzhalle und die Wartenden strömen hinein. Aus dem Inneren des Palastes kommt ihnen ein Schwarm von Beamten entgegen – zumeist ehemalige Sklaven, die vom Kaiser freigelassen und mit Staatsämtern bedacht worden waren. Vor ihnen benehmen sich die Morgenbesucher mit betonter Unterwürfigkeit. Wer an den Empfänger der Bittschriften gerät und ihm zusammen mit seinem Anliegen ein sanftes Honorar in die Hand gleiten lassen darf, ist glücklich. Wen der oberste Kammerherr des heiligen Schlafgemachs eines Blickes würdigt, der hat das kaiserliche Ohr erreicht. Hilfreicher ist zuweilen noch ein Chorknabe der kaiserlichen Kapelle. Den Gipfel der Glückseligkeit aber hat der erklommen, den Parthenius und Sigerius beachten, die beiden persönlichen Kammerdiener Domitians. Noch immer rühmen sich senatoriale Römer hinter vorgehaltener Hand der demokratischen Freiheit, die sie einst besessen. Der Hofstaat aber, vor dem sie sich beugen, ist von einem Despoten erfunden.

Während die Versammlung auf den Kaiser wartet, gibt der zuständige Zeremoniär bekannt, daß im Lararium des Palastes heute Gottesdienst abgehalten werde. Die kleine Kapelle ist den Ahnen des Kaisers geweiht, zu deren Huldigung sich die Untertanen nun drängen. Niemand wagt mehr zu denken, wie stolz der Vater des Weltherrschers noch darauf gewesen war, von einfacher Abkunft zu sein. In der Mitte des Kultraumes steht das Kaiserbild, umwölkt von Weihrauch. Die Statue des Herrschers war längst zum Staatssymbol geworden. Meuterte eine Armee, so schlug sie zuerst das Kaiserbild entzwei, unterwarf sich ein Barbarenfürst, so fiel er vor der Statue des Kaisers zu Boden. Niemand fand es beschämend, vor dem kolossalen Goldleib des Domitian die Gesten der Anbetung zu vollziehen.

Minuten später wird im Audienzsaal das Herannahen des Kaisers durch das Gebot des »heiligen Schweigens« angekündigt. Die Stille, die den Vergöttlichten umgibt, hat sakralen Charakter. Fast hörbar wird das Schweigen, wenn der Kaiser nun endlich eintritt. Er trägt die bürgerliche Toga ohne Auszeichnungen und Schmuck, er will den Senatoren das Gefühl geben, nichts anderes als der

Erste unter ihnen zu sein. Andererseits wissen die Senatoren genau, welches Privileg sie genießen, »das heilige Antlitz anbeten« zu dürfen. Die geräuschlose Ehrfurcht vor der kaiserlichen Person gebietet, ein Anliegen in schriftlicher Form vorzubringen, obwohl man dem Kaiser persönlich gegenübersteht. Noch fünfzehn Jahre zuvor hatte Titus mit jedermann geredet wie mit seinesgleichen.

Domitian legte Wert darauf, daß Bittsteller die Gebärde des Schutzflehens vollzogen und seine Knie umfaßten. Er erblickte darin ein Zeichen der Anerkennung seiner göttlichen Macht und gewährte oder verwarf schweigend, worum man ihn gebeten hatte. Der Apparat würde es erledigen. Er selbst pflegte sich nach der Morgenaudienz in den Palastgarten zurückzuziehen, wo ihn mancher neugierige Zeitgenosse heimlich beim Fliegenfangen beobachtete. Ein beliebter Hofwitz unter Domitian lautete: »Ist jemand beim Kaiser?« – »Der letzte Besucher war eine Fliege, aber auch die ist wahrscheinlich schon tot.« Domitian war dem Wahn verfallen, ein Gott zu sein, der die Menschen nicht mehr brauchte.

Ein Außenstehender vermochte kaum zu erkennen, in welchem Umfang der Rausch göttlicher Macht den Kaiser ergriffen hatte. Man sah einen hochmütigen, unnahbaren Menschen, der trotz seiner Häßlichkeit faszinierend war und große Autorität ausstrahlte. Von Cäsarenwahnsinn, wie ihn etwa Caligula gezeigt hatte, keine Spur. Als dieser einst sein Lieblingspferd zum Konsul machte, lachte ganz Rom. Dem kalten Flavier wären solche Dinge niemals eingefallen – und Rom hatte keinen Grund mehr, zu lachen. Domitians Stärke lag in der Fähigkeit, die Welt glauben zu machen, er sei eine Art göttlicher Erlöser – ein Phänomen, das durch Vernunft nicht erklärbar war. Wie fast jede Erlösergestalt der Antike hatte auch Domitian eine bescheidene Familie gewählt, um sich zu verkörpern – und er hatte dem Vater und dem Bruder in der Herrschaft den Vortritt gelassen, bis die Zeit reif geworden war, ihn selbst als den großen Heilbringer zu erkennen.

Wie jeder Erlöser fühlte auch er Gefahren, die seine körperliche Existenz bedrohten. Mächte der Finsternis mußten am Werke sein, um das Glück zu verhindern, das er der Menschheit schenkte. Überall witterte er Anschläge auf sein Leben. Sein Herrscherschicksal, so klagte er, sei elend. Denn niemand schenke ihm Glauben, wenn er von geplanten Verschwörungen spreche, da diese ja noch nicht eingetreten waren. Es schien, als wolle der Vierzigjährige den alten Tiberius kopieren, der allerdings zwanzig Jahre länger gebraucht hatte, um zu vergleichbarer Verachtung und Furcht vor der undankbaren Menschheit zu gelangen. Je mehr sich Domitian in seinen Verfolgungswahn hineinsteigerte, um so hilfreicher schienen ihm die Denunzianten, die er früher so gnadenlos bestraft hatte. Durch sie erfuhr er rechtzeitig, wenn jemand ihm nach dem Leben trachtete, und konnte Vorsorge treffen. Durch sie war aber auch die Gesellschaft in Schach zu halten, die bei der kleinsten Unkorrektheit mit Anzeige und Staatsprozeß rechnen mußte. Furcht wurde zum legitimen Mittel der Herrschaft. Domitian sorgte dafür, daß sie sich verbreitete.

Kaum war der Aufstand des Saturninus in Mainz niedergeschlagen, regnete es Todesurteile. Nach jeder Hinrichtung eines angeblichen Verschwörers dankte der entsetzte Senat den Göttern für die Errettung des Kaisers. Dieser begnügte sich bald nicht mehr damit, seine vermeintlichen und später wohl auch tatsächlichen Feinde aus der Welt zu räumen. Er ließ der Exekution immer öfter die Folter in ihrer entwürdigendsten Form vorausgehen, um aus dem Unglücklichen die Kunde von noch unbekannten Verschwörungen herauszupressen.

Eine besonders feindselige Gruppe sah der Kaiser in den Philosophen. Die Kyniker propagierten die Abschaffung jeder Regierung, die Stoiker waren durch ihre Lehre verpflichtet, sich Despoten zu widersetzen und Tyrannen-Mörder zu ehren. Sie alle hinzurichten, wäre einer Massenmetzelei gleichgekommen, die einem Erlöser-Gott nicht anstand. Also entschloß sich Domitian, die Philosophen aus ganz Italien zu vertreiben. Von der Verfügung waren auch die Astrologen betroffen, weil einige von ihnen den Tod des Kaisers vorhergesagt und diesen erneut in Schrecken versetzt hatten.

In den Jahren 95 und 96 stand Rom unter Terror. Ausgenommen war bisher nur der Kaiserpalast, dessen Personenkreis noch immer das Vertrauen Domitians genoß. Plötzlich änderte sich auch dort die Lage. Der Kaiser hatte einen hochbegabten Sekretär namens Epaphroditus, der seit langem sämtliche Geheimnisse des Kaisers teilte. Als junger Mann war dieser Epaphroditus Zeuge des kläglichen Versuches gewesen, mit dem der Kaiser Nero in hoffnungsloser Lage aus dem Leben zu scheiden trachtete. Nero hatte sich damals einen Dolch in den Hals gestoßen, doch war die Wunde nicht tödlich gewesen. Epaphroditus hatte Erbarmen gezeigt und mit eigener Hand nachgeholfen. Auf diese Hand fiel nun, siebenundzwanzig Jahre später, Domitians mißtrauischer Blick. Wer einmal das Blut eines Kaisers gezwungen hatte, seine natürliche Bahn zu verlassen, der konnte es ein zweites Mal tun. Epaphroditus sah sich ohne die geringste Möglichkeit zur Verteidigung unter Anklage gestellt – als Mörder des Kaisers Nero. Das Urteil lautete auf Todesstrafe. Domitian befahl die Hinrichtung.

Von da an fühlte sich der kaiserliche Hausstand im ganzen bedroht. Und so beschlossen die bisher Treuesten, den Kaiser zu ermorden, wozu der Palast tausend Möglichkeiten bot. Zuvor galt es jedoch, die Kaiserin Domitia auszuschalten. Diese merkte, was im Gange war – und schloß sich den Verschwörern an. So war Domitian im eigenen Hause völlig isoliert. Man konnte sicher sein, daß niemand ihn verteidigen würde. In einer merkwürdigen Vorahnung sprang Domitian in der Nacht vor seinem letzten Lebenstag plötzlich schreckerfüllt vom Lager auf und weckte das halbe Gesinde. Man beruhigte ihn notdürftig und ließ ihn noch einige Stunden leben, um den genauen Zeitplan nicht zu gefährden, nach dem das Attentat abrollen sollte. Als der verabredete Augenblick kam, empfing der Kaiser den ersten Stich durch den Kammerdiener seiner Frau. Domitian setzte sich verzweifelt zur Wehr, unterlag aber dem Angriff von vier anderen Verschwörern. Der Gott in ihm war unterlegen und der Mensch mußte bezahlen.

Noch am gleichen Tage beschloß der Senat, das Andenken des Domitian aus dem Gedächtnis der Menschheit zu tilgen, und befahl, seinen Namen von allen Inschriften zu entfernen und seine Statuen umzustürzen. Für ein paar Stunden lebte der alte republikanische Ruf »Freiheit, Freiheit!« wieder auf – aber schon am anderen Morgen beugten sich Senat und Volk von Rom unter die Herrschaft des Nerva. Mit ihm sollte die Friedensherrschaft der Adoptiv-Kaiser beginnen, die die Römer für die Dauer eines Jahrhunderts vergessen ließ, was Tyrannei bedeutet. Ungeliebt, wie er gelebt, war Domitian gestorben. Selbst Nero, der schrecklicher gewütet hatte, empfing nach seinem Tod manches Blumenopfer, das dankbare Hände auf sein Grab streuten. Domitians Grab blieb leer.

HADRIAN

* 76 † 138
Regierungszeit 117–138

An einem harmlosen Tag des Jahres 1971 vernahmen Beamte und Besucher des Justizpalastes in Rom ein merkwürdiges Geräusch, das aus den Mauern zu dringen schien. Wenig später erfolgte ein dumpfer Schlag, von Schreien des Schreckens begleitet. Ein Steinblock, viele Zentner schwer, hatte sich aus dem Gewölbe eines Korridors gelöst und war – glücklicherweise ohne jemanden zu verletzen – auf die Fliesen heruntergefallen. Gleichzeitig wurden allenthalben im Gewände Risse und Sprünge sichtbar, die auf einen fortgeschrittenen Verfall hindeuteten. Herbeizitierte Fachleute gelangten innerhalb weniger Stunden zu dem Schluß, man müsse das Gebäude auf der Stelle räumen. Daraufhin brach ein Chaos aus, das allerdings nicht ganz ohne Nutznießer war. Denn welches Gefühl wäre vergleichbar mit den Empfindungen eines Menschen, der die Papiere seines fast schon verlorenen Prozesses in wahllos zusammengerafften Aktenbergen verschwinden sieht? »La giustizia sta crollando«, so witzelten die römischen Zeitungen, »die Gerechtigkeit macht sich bereit zum Zusammenbruch«. Tags darauf erfuhr man die Ursache für die seltsame Bewegung, in die der Justizpalast geraten war. Er sei, so hieß es, einfach zu schwer. Als man ihn baute – es ist noch keine hundert Jahre her –, sollte er eine Demonstration für die Erhabenheit des römischen Rechtes werden. Doch war man damals von der Idee besessen, was majestätisch wirken solle, müsse massiv sein. So entstand ein unglückliches Monstrum der Architektur, aus zahllosen überdimensionalen Travertinblöcken gefügt, das – ein Opfer seines Gewichtes – langsam immer tiefer in den sandigen Grund des Tiberufers einsank. Schließlich genügte eine geringe Veränderung des Grundwasserspiegels, um dem Justizpalast das Eigenleben zu verschaffen, das seine Dauerhaftigkeit fortan in Frage stellt. Spottsüchtige Römer fanden bald Vergnügen daran, einen Vergleich zu ziehen zwischen dem Justizpalast und einem Bauwerk, das nur zweihundert Meter von ihm entfernt auf demselben sandigen Grund errichtet wurde – aber vor achtzehnhundert Jahren: dem Castell S. Angelo, der Engelsburg. In ihren Grundfesten hat sich – obwohl die Bedingungen die gleichen sind, wie beim Justizpalast – bis heute kein Stein gerührt. Dies ist einem Mann zu verdanken, der der großartigste Bauherr der römischen Antike war: dem Kaiser Publius Aelius Hadrianus.

Was heute als Engelsburg vor uns steht, wurde im Jahr 130 nach Christus geplant und gebaut – als ein Grabmal. Hadrian war damals vierundfünfzig Jahre alt, hatte vierzehn Jahre regiert und im Übermaß erfahren, daß das Schicksal es einem Herrscher nicht dankt, wenn er seine Untertanen glücklich macht. Er hatte den Menschen, den er über alles liebte, durch einen frühen, rätselhaften Tod verloren, er fühlte an der Seite einer schönen, aber kühlen Frau, wie seine Vereinsamung stieg, er wußte, daß das Volk ihm Ehre, aber wenig Zuneigung entgegenbrachte. So bereitete ihm der Gedanke an den Tod keinen Gram. Dagegen bot die Frage, wo er sich bestatten lassen sollte, ein ernstes Problem. Denn nach seinem Tode, so empfand er, würde der Mensch Hadrian belanglos geworden sein, nicht aber der Name und die Majestät des Kaisers, die mit seiner Person verbunden waren. Das mächtige, kreisrunde Mausoleum, das Augustus ein gutes Jahrhundert zuvor am linken Tiberufer errichtet hatte, war die Ruhestätte fast aller bisherigen Kaiser gewesen. In der letzten noch freien Nische hatte man die Urne von Hadrians Adoptivgroßvater Nerva beigesetzt. Hadrians Adoptivvater Trajan war im Sockel der Säule bestattet worden, die heute noch seinen Namen trägt. Für Hadrian selbst gab es keinen Platz mehr. So beschloß der Kaiser, auf dem vatikanischen Ufer ein ungeheures Monument zu errichten, das ihm und seinen Nachfolgern als Gruft dienen sollte.

Zunächst schuf man eine quadratische Grundfläche aus mörtellos gefügten Travertinblöcken, die mit dem edelsten Stein des Mittelmeerraumes, dem Marmor von Paros, verkleidet wurden. Der so gewonnene Platz war eingesäumt mit dorischen Säulenhallen. In der Mitte erhob sich wie eine riesige Trommel das eigentliche Mausoleum, umzogen von zwei Galerien mit jonischen und korinthischen Säulen. Auf der Brüstung zwischen diesen Säulen standen Meisterwerke der Marmorplastik, die Hadrian liebevoll gesammelt hatte. Von der Höhe der Trommel stieg ein Kegel empor, dessen Fläche mit Erdreich aufgeschüttet und mit Zypressen und Blumenrabatten bepflanzt war. Auf der Spitze des Kegels, hoch über den Dächern der Stadt, fand das Ganze seine Krönung durch das goldene Standbild des Kaisers. Manche Monumente scheinen den Charakter ihres Bauherrn in sich aufzunehmen und durch die Geschichte weiterzutragen: Hadrian war ein unruhiger, spannungsreicher Mensch. Sein Grabmal fand bis in unsere Zeit herauf keine Ruhe. Am Ende der Antike, während der Gotenkriege, verschanzte sich hier das letzte Aufgebot der römischen Garnison und benützte die prachtvollen Statuen als Wurfgeschosse gegen die anstürmenden Belagerer. Ein Jahrhundert später herrschte in Rom die Pest, und Papst Gregor der Große zog an der Spitze des römischen Volkes bußfertig nach Sankt Peter. Am Tiber angekommen, sahen Papst und Volk in einer Vision den Erzengel Michael auf das Grabmal niederschweben und zum Zeichen des Friedens sein Schwert in die Scheide stecken. Von da an verdrängt der Führer der himmlischen Heerscharen den Namen des Kaisers Hadrian – und aus dem Mausoleum wird das Castell S. Angelo. Im 10. Jahrhundert nistete sich in den alten Grabgewölben die dämonische Marozia ein, die mit Hilfe von drei rauhen und kurzlebigen Ehemännern Rom und den Heiligen Stuhl einer mörderischen Tyrannei unterwarf. Wieder vierhundert Jahre später wurde das Castell dem römischen Freiheitshelden Rienzi zum Kerker und hat seither Kardinäle, Potentaten, Humanisten, Revolutionäre und Mörder in seinen Verliesen gesehen. Die Renaissance-Päpste stockten die antike Steintrommel auf und richteten sich luxuriös dekorierte Appartements ein, in denen die Seufzer der Häftlinge nicht zu hören waren. Deutsche Landsknechte belagerten die Engelsburg einmal acht Monate lang, ohne sie einzunehmen. Das Castell galt jahrhundertelang als der festeste Platz der Welt. Diese Festigkeit aber verdankt das Monument seinem ersten Bauherrn, Hadrian, der nicht ahnen konnte, welches Schicksal er seinem Grab bereitete – nur durch die Tatsache, daß er für die Ewigkeit zu bauen verstand.

Hadrian war kein geborener Römer. Sein Geschlechtsname weist auf die etruskische Stadt Adria im Po-Delta. Von dort, so berichtet Hadrian in seiner Autobiographie, seien seine Vorfahren nach Spanien ausgewandert und hätten sich in der Colonia Italica niedergelassen. Aus der gleichen Stadt stammte der um vierundzwanzig Jahre ältere Marcus Ulpius Traianus, der die Offizierslaufbahn eingeschlagen hatte und später Hadrians Vorgänger auf dem Kaiserthron werden sollte. Hadrian selbst war mit neun Jahren Vollwaise und erhielt zwei Vormünder, deren einer sein Onkel zweiten Grades, eben jener Trajan war. Dieser bestimmte mit der geradlinigen Unbekümmertheit des Militärs, daß der Knabe die Soldatenlaufbahn einzuschlagen habe, da es eine glücklichere nicht gebe.

Der andere Vormund, Attianus, war ein gebildeter Mann und nützte die Zeit. Er erkannte die empfindungsreiche Natur des Jungen und sorgte für eine vielseitige Ausbildung. Medizin, Mathematik, Musik, Gesang, Malerei und Skulptur waren Fächer, denen sich Hadrian mit einer Begeisterung zuwandte, die nur noch durch seine früh erwachte Liebe zur griechischen Literatur übertroffen wurde. In Spanien lernte der junge Mann die Sprache Homers in solcher Vollkommenheit, daß ihn seine Altersgenossen mit dem Spitznamen Graeculus – das Griechlein – hänselten. Den Fünfzehnjährigen holte Trajan nach Rom, beaufsichtigte die letzten Jahre seiner Ausbildung und kommandierte ihn, als er neunzehn war, im Range eines Tribuns an die rauhe Nordgrenze des Römischen Reiches, zu den Legionen an der Donau und am Rhein. Damals hat Hadrian gelernt, mit Soldaten umzugehen. In späteren Jahren, als er längst Kaiser war, überraschte er die Legionäre immer wieder durch die Ausdauer und Selbstdisziplin, mit der er lange Fußmärsche zurücklegte, in voller Ausrüstung Flüsse durchschwamm und die derbe Kost des Lagers ertrug. Auf diese Weise brachte er das Kunststück fertig, gleichzeitig ein Schöngeist und der Liebling der Armee zu sein. Einmal trat an seinem Hof ein Weiser aus Gallien namens Favorinus auf, der den Ansichten des Kaisers im Disput auch dann noch zustimmte, wenn er sich dadurch selbst widersprach. Auf den Spott seiner Freunde erwiderte er gelassen, ein Mensch, der dreißig Legionen hinter sich habe, sei zwangsläufig im Recht.

Hadrian erkannte sehr bald, daß die Liebe zum Frieden nicht zu einer Schwächung der Armee führen dürfe. Er hatte in den Lehrjahren an Donau und Rhein genügend Gelegenheit, die Mängel zu studieren, die das Soldatendasein damals aufwies. Als Kaiser sorgte er für die Belohnung guter Leistungen, hob die wirtschaftliche Lage der Legionäre und lockerte in der Freizeit die Disziplin bis an die Grenze des Vertretbaren. Daß die römische Armee unter seiner Regierung in einer so glänzenden Verfassung war, verdankte sie einem Philosophen, der in den einundzwanzig Jahren seiner Herrschaft kaum einen nennenswerten Feldzug führte.

Hadrian war ein Mensch voller Widersprüche. Sein Biograph Spartinius schildert ihn als »ernst und fröhlich, humorvoll und bedächtig, empfindsam und vorsichtig, hart und freigebig, streng und gnädig, täuschend einfach und in allem stets verschiedenartig«. Er war groß und stattlich, hatte aber ein etwas verbildetes Kinn, das er durch einen Vollbart verbarg, obwohl damals ganz Rom glattrasiert ging. (Als er Kaiser wurde, führten die Römer den Bart wieder ein.) Früh schon zeigte Hadrian eine menschenfreundliche Skepsis und ein unparteiisches Urteil. Sein Auftreten war männlich und entschlossen, sein Sinn aufs Praktische gerichtet, sein Verstand klarsichtig genug, um sofort zum Wesentlichen vorzustoßen.

In seinem Charakter hingegen ist er schwer zu fassen. Er konnte alles zugleich sein: ein edler Moralist und ein genußsüchtiger Lebemann, ein Religionsverächter und ein frommer Oberpriester, ein sozial engagierter Wohltäter und ein eigensinniger Tyrann. Er konnte tagsüber einen Löwen jagen und mit eigener Hand töten, um abends mit zartem Finger über die Saiten der Harfe zu gleiten und tändelnde Lieder zu singen. Es scheint, als habe er beträchtliche Energie darauf verwendet, zu verbergen, wer er wirklich war – und er mußte einen Grund dafür haben. Aus manchem seiner Gedichte spricht eine empfindsame, scheue Seele, wehrlos in ihrer Verletzbarkeit. Vielleicht war die Virtuosität, mit der er sich den Gegebenheiten des Lebens anzupassen wußte, nur ein kunstreicher Schutz vor der Grausamkeit, mit der die Welt den Zartfühlenden zu quälen liebt. Er war, um einen äußersten Gegensatz zu formulieren, ein hervorragender Regent auf der Flucht vor den Menschen, die er regierte.

Schon der Beginn von Hadrians Laufbahn ist problematisch. Wenn wir dem antiken Klatsch glauben wollen, so war das Verhältnis zwischen Hadrian und seinem Vormund Trajan etwas mehr als reine Freundschaft. Trajan, unter dessen Herrschaft das

Römische Reich seine größte Ausdehnung erlangte, hat auch als Kaiser sein Mündel Hadrian nach Kräften gefördert. Er gab dem Vierundzwanzigjährigen seine Großnichte Vivia Sabina zur Frau, eine ihrer Schönheit voll bewußte junge Dame, die an der Seite Hadrians ein Leben der Ehre und der Gefühlskälte führte und kinderlos blieb. Trajan nahm die Sache zur Kenntnis. Den Schritt zu einer noch engeren Familienbindung aber scheute er: die von aller Welt erwartete Adoption Hadrians blieb aus.

Die römischen Kaiser hatten damals die Gepflogenheit angenommen, das Reich und die Herrschaft nicht ihren leiblichen Kindern, sondern dem fähigsten Mann jüngeren Alters zu vererben, den sie finden konnten. Dieser wurde vom jeweils regierenden Kaiser an Sohnes Statt angenommen und bereitete sich unter den Augen des Herrschers auf dessen Nachfolge vor. Durch dieses Prinzip kam »die schönste Folge guter und großer Herrscher zustande, die die Welt je erlebt hat«. Schon Trajan war durch Adoption zum Kaiser geworden. Warum zögerte er nun, den Hadrian, der seine Zuneigung in so offensichtlichem Maße besaß, zum Sohn und Erben zu bestimmen? War dem alten Kaiser, der ein aufrichtiger und furchtloser Kämpfer gewesen ist, die schillernde Anpassungsfähigkeit des Jüngeren unheimlich? Wir wissen es nicht. Bekannt ist nur, daß Hadrian die Nachfolge unter zweifelhaften Umständen angetreten hat.

Trajan starb auf dem Heimweg aus dem Orient nach Rom in Selinunt auf Sizilien am 8. August 117. Hadrian war damals Statthalter in Syrien, hatte Trajan vor dessen Abreise noch gesehen und besaß genaue Kenntnis vom Gesundheitszustand des Kaisers. Der Schlaganfall, den Trajan erlitten hatte, ließ ein nahes Ende vermuten. Einen Tag nach Trajans Tod, am 9. August, gab Hadrian in seiner Residenzstadt Antiochia bekannt, er sei von Trajan adoptiert worden. Erst am 11. August wurde Trajans Tod offiziell verkündet. Auf diese Weise konnte Hadrian die Nachfolge im vollen Recht der erfolgten Adoption antreten, ohne daß nachzuprüfen war, ob Trajan sie wirklich ausgesprochen hatte. Was tatsächlich geschehen ist, wird ein Geheimnis bleiben.

So war der Regierungsbeginn belastet – und bald häuften sich die Schwierigkeiten. Trajan hatte eine Anzahl ruhmgieriger Feldherren hinterlassen, die den begonnenen Krieg gegen die Parther fortzusetzen wünschten. Hadrian war der Auffassung, das Unternehmen koste zuviel Menschen, der mögliche Gewinn sei nicht ausreichend, eine neue Grenze im Feindesland werde sich nicht sichern lassen – und zog die Legionen bis an den Euphrat zurück. Eine solche Politik war in den Augen der alten Militärs reine Feigheit. Hadrian war noch nicht nach Rom zurückgekehrt, als ihn vom Senat die Nachricht erreichte, vier der trajanischen Feldherren hätten eine Verschwörung gegen die Regierung in Gang gebracht und seien nach der Aufdeckung des Komplotts hingerichtet worden. Alle rechtlich denkenden Römer fürchteten die Wiederkehr der Zeiten Neros und waren entsetzt, daß um den Staat hochverdiente Männer nun wieder ohne Verhandlung abgeurteilt werden konnten.

Hadrian reiste mit Eilpferden nach Rom und schwor, dies alles sei ohne sein Wissen geschehen. Aber niemand schenkte seinen Worten Glauben. Schon die erste Erfahrung des neuen Kaisers mit der Macht verletzte ihn an seiner empfindlichsten Stelle: Man mißachtete seinen guten Willen und traute ihm ein Verbrechen zu, das er nicht begangen hatte. In einem Anflug von Zynismus gab Hadrian der Masse Überzeugenderes als Worte: Er erließ Steuerrückstände in der Höhe von etwa fünfhundert Millionen Mark, ließ die Rechnungsbücher öffentlich verbrennen, veranstaltete Spiele von unerhörter Pracht, erhöhte den Etat der staatlichen Wohlfahrtseinrichtungen und beschloß, fortan ohne die Gunst des Volkes auszukommen.

Eine der ersten Stellen, die er einrichtete, war das Amt des Finanzanwalts, der Steuerhinterziehung und Bestechung zu ahnden hatte. Bald zeigte sich, daß der Staat bei gleichem Steueransatz wesentlich mehr einnahm als zuvor. Populär waren solche Maßnahmen nicht, doch bewirkten sie in der Beamtenschaft einen steigenden Respekt vor dem Kaiser, den dieser durch seine verblüffenden Fachkenntnisse in allen Regierungszweigen noch weiter förderte. »Er hatte ein gewaltiges Gedächtnis«, sagt Spartianus, »er schrieb, diktierte, hörte zu und unterhielt sich mit seinen Freunden – und das alles zur gleichen Zeit.«

Von Julius Cäsar und Napoleon wird dasselbe berichtet – und wohl stets mit einem Quantum Schmeichelei –, aber wahr ist, daß Hadrian in den ersten vier Jahren seiner Herrschaft eine endlose Plackerei mit Verwaltungsreformen, Rechtsprechung und Organisationsfragen auf sich nahm. In seinem Privatleben umgab er sich mit geschmackvollem Luxus, erlaubte sich den freimütigen Umgang mit Intellektuellen und vergnügte sich, zu beobachten, wie schlecht sie seinen Spott vertrugen. Was in seinem Inneren vorging, ist nicht bekannt.

Am ehesten kommen wir ihm auf die Spur, wenn wir sein Verhalten als Richter betrachten. Als Kaiser war er die höchste Rechtsinstanz, an die jeder römische Bürger direkt appellieren konnte. Man kennt Fälle wie diesen: Ein ehrsamer Bürger in weit entfernter Provinzstadt wird allnächtlich durch mutwillige Ruhestörer aus dem Schlaf geschreckt. In seiner Verzweiflung nimmt er eines Nachts einen Tonkrug mit Wasser und gießt ihn über den Randalierern aus. Unglücklicherweise bleibt ihm nur der Henkel in der Hand, der Krug geht auf dem Kopf eines der Lärmenden in Scherben. Die Verletzung ist leider tödlich. Die Polizei sperrt den Bürger ein, dieser appelliert an den Kaiser. Die Akten wandern nach Rom, der Bürger wird freigesprochen, die Ruhestörer trifft empfindliche Strafe.

Es waren nicht immer große Dinge, mit denen ein Kaiser sich beschäftigen mußte – Hadrian erledigte ohne Unterschied getreulich alles, was auf seinen Tisch kam. Sklaven bekamen Recht gegen ihre grausamen Herren, kleine Bauern wurden gegen die Großgrundbesitzer in Schutz genommen, Mieter sahen sich gegen die Übergriffe der Hausbesitzer verteidigt, der Verbraucher fühlte sich geschützt gegen täuschende Reklame und die Preistreiberei des Zwischenhandels. Immer war Hadrian bemüht, den Schwachen vor dem Mächtigen zu behüten. Als er einmal, durch Übermüdung mißgelaunt, von einer bittstellenden Frau bedrängt wurde, sagte er, sie möge ihn in Ruhe lassen, er habe keine Zeit. »Dann sei nicht Kaiser!« rief die Frau. Und auf der Stelle nahm sich Hadrian ihrer an.

In diesen ersten vier Regierungsjahren erkannte Hadrian immer deutlicher die Gefahr, die dem Reich durch die Millionenstadt Rom erwuchs. Hier floß der Reichtum der Welt in ungesunder Häufung zusammen. Ein kaum kontrollierbares Großstadtproletariat war durch Getreidespenden und Spiele zum Müßiggang geradezu verführt worden. Alles Elend, alle Laster und aller Glanz der alten Welt trafen hier zusammen. Die römischen Tugenden, auf denen das Reich einst gegründet worden war, Bürgersinn, Frömmigkeit, Einfachheit und Treue existierten im Bewußtsein der Bevölkerung nur noch im Einzelfall. Die Aufgabe, diese Riesenstadt in ihrem Drohnendasein am Leben zu erhalten, war von alters her den Provinzen zugefallen. Hadrian, der selbst aus der Provinz stammte, gelangte zu der Einsicht, das Mißverhältnis zwischen Hauptstadt und Provinzen müsse geändert werden.

Da er von Natur aus neugierig war und sich für alles interessierte, was in seinem Reiche vorging, ging er im fünften Jahre seiner Herrschaft auf Reisen. »Er wollte«, so sagt Fronto, »die Welt nicht nur beherrschen, er wollte sie auch durchwandern.« Seinen Hofstaat ließ er zu Hause, ebenso seine engsten Mitarbeiter, die dafür garantierten, daß die Verwaltung des Reiches ohne Störung weiterlief. An ihrer Stelle nahm er in seine Begleitung Spezialisten aller Art auf: Architekten, Geographen, Finanzexperten, Festungsbaumeister, Techniker, Historiker, Philosophen und Künstler.

Er ging zunächst nach Frankreich, dann in das römische Gebiet Germaniens, inspizierte und verbesserte dort den Limes, ließ sich dann zu Schiff den Rhein hinunter geleiten und setzte von dessen Mündung nach England über. Dort befahl er, an der schottischen Grenze einen Wall zu bauen, der heute noch seinen Namen trägt. Dann kehrte er um, durchzog Gallien von Norden nach Süden, regelte die Probleme der Gemeinden in der Provence und genoß das heitere Leben in Avignon und Nîmes. Den Winter verbrachte er in der Stadt Tarragona in Nordspanien. Bei einem Spaziergang im Park seines Gastgebers sah er sich plötzlich von einem Sklaven angefallen, der ihn mit einem Schwert zu ermorden versuchte. Hadrian verlor keinen Augenblick die Ruhe, entwaffnete den Attentäter und erfuhr zu seiner Erleichterung, daß der Mann geisteskrank war.

Im darauffolgenden Frühling durchquerte er Marokko und verschaffte mit ein paar Feldzügen den römischen Waffen unter den unruhigen Mauren neuen Respekt. Dann durchquerte er zu Schiff das Mittelmeer und landete in Ephesus in Kleinasien. Hier, auf griechischem Boden, verweilte er längere Zeit, immer rastlos tätig. Drei größere Städte waren von einem Erdbeben heimgesucht worden – Hadrian heilte die Schäden durch Sondermittel aus der kaiserlichen Kasse. Er baute, erweiterte und verschönerte Tempel, Theater und Bäder, interessierte sich für den Zustand der Häfen am Schwarzen Meer, besuchte Trapezunt, durchwanderte Paphlagonien und ruhte sich den Winter über in Pergamon aus. Im folgenden Jahr nahm er zuerst Aufenthalt in Rhodos und reiste von dort aus nach Athen, wo er mehrere Monate in der Gesellschaft von Philosophen und Gelehrten verbrachte und dabei noch Zeit fand, die Metropole des griechischen Geistes mit einem umfangreichen Bauprogramm zu versehen. Auf der Heimreise nach Rom ging er in Sizilien an Land und bestieg in der Nacht den Gipfel des Ätna, um in 3300 Meter Höhe die Sonne aufgehen zu sehen.

In Rom seufzten Minister und Beamtenschaft erleichtert auf, als Hadrian endlich wieder zu Hause war und man ihn selber fragen konnte, anstatt mit den zahllosen Edikten fertig zu werden, die in den vergangenen fünf Jahren von seiner Hand aus den verstecktesten Winkeln der Welt nach Rom geflattert waren. Kaum ein Jahr nach seiner Rückkehr jedoch reiste der Kaiser erneut ab, diesmal in die reiche Provinz Nordafrika. Als er im Herbst wiederkehrte, war sein römischer Aufenthalt nur eine Zwischenstation auf dem Wege nach Athen, wo er einen zweiten, noch intensiveren Winter verbrachte.

Die Stadtväter hatten die Höflichkeit, ihn zum Archon, zum städtischen Regenten, zu ernennen, Hadrian aber, dessen Begeisterung für alles Griechische noch von seiner Jugend her den Anflug romantischen Schwärmens behalten hatte, betrachtete es als eine Ehre, deren auch ein Kaiser sich würdig erweisen mußte, bei den Festen und Spielen Athens den Vorsitz zu führen. Allmählich reifte in ihm der Plan, Athen im gleichen Sinne zur Hauptstadt des Geistes zu machen, wie Rom die Hauptstadt der Macht war. Auf einem von Säulenhallen umzogenen Platz entstand eine Bibliothek, deren vergoldetes Dach auf 120 Säulen ruhte, deren Wände von Marmor und Alabaster strahlten und deren Bücherschätze die Gelehrtenwelt in Euphorie versetzte. Weiterhin befahl Hadrian den Bau eines Gymnasions, eines Aquädukts und zweier Tempel – für die Göttermutter Hera und den allgriechischen Zeus. Dem Zeus als Herrscher des Olymp hatte schon sechshundert Jahre vor Hadrian Peisistratos einen majestätischen Tempel errichten wollen, der jedoch zu groß geplant und deshalb nie vollendet worden war. Seine endgültige Fertigstellung war die größte architektonische Leistung, die Hadrian in Athen veranlaßte.

Es mag sein, daß der Kaiser in Athen einem Mann begegnet ist, von dem wir wissen, daß er mit ihm befreundet war. Er trug den Namen Epiktet und war ein Sklave aus Phrygien, dem sein Herr erlaubt hatte, sich mit Philosophie zu beschäftigen. Später war Epiktet zuerst freigelassen worden, hatte dann einen Lehrstuhl erhalten und eine handfeste Philosophie voller Gleichmut, Humor und Lebensklugheit entwickelt. Er schrieb nie etwas auf, duldete aber, daß ein so hoher Staatsbeamter wie der römische Statthalter von Kappadokien, selbst ein Schriftsteller, seine Traktate mitstenographierte und die Niederschrift veröffentlichen ließ. Darin finden sich eindrucksvolle Worte: »Ich bin kein unsterblicher Genius, sondern ein Mensch, somit ein Teil des Ganzen, wie die Stunde ein Teil des Tages ist. Ich muß einmal wie die Stunde da sein und auch wie die Stunde verschwinden. Verlange also nicht, daß alles so geschieht, wie du es wünschest, sondern wolle, daß alles so geschieht, wie es geschieht, und es wird dir gut gehen.« Hadrian wußte damals noch nicht, wie schwer es ihm wenig später fallen würde, zu wünschen, alles solle so geschehen sein, wie es geschehen war. Noch ein weiteres Wort des Epiktet mag den Kaiser nachdenklich gestimmt haben: »Wer von der Regierung der Welt einen Begriff hat und einsieht, daß dieses System, welches aus den Menschen und aus Gott besteht, das größte, höchste und am meisten in sich fassende sei – warum sollte, wer dies einsieht, sich nicht am liebsten einen Weltbürger, warum nicht einen Sohn Gottes nennen?«

In seinem zweiten athenischen Winter hat Hadrian nicht nur gebaut, regiert, verwaltet und diskutiert – er hat auch nachgedacht. Für einen Menschen von seiner Skepsis war Religion zugleich ein Gegenstand des Zweifels und der Neugier. Da er einen Hang zum Aberglauben besaß, sich mit Astrologie und Orakeln beschäftigte und nichts davon ganz ernst nahm, überwog die Neugier. Er ließ sich in die berühmten Mysterien von Eleusis einweihen. Wir wissen nicht, wie ihm dabei zumute war, doch wird die Idee der Reinigung des Menschen von der Schuld und den Schlakken seines zeitlichen Lebens ihn wohl nicht unberührt gelassen haben. Manches in seinem späteren Verhalten scheint nur von hier aus begreiflich.

Zunächst bleibt Hadrian auch weiter der vielseitige, etwas glatte, meisterhaft beherrschte Souverän mit ästhetischen Neigungen und robusten Regierungsprinzipien. Wieder wendet er sich nach Kleinasien, gründet neue Städte, verschönert bestehende, schlichtet Streit, besucht Kranke und hilft bei unverschuldetem Elend. In Antiochia, wohin er anschließend reist, entstehen auf sein Geheiß und durch sein Geld ein Aquädukt, ein Tempel, ein Theater und neue Thermen. Palmyra, die prunkvolle Oase der syrischen Wüste, zieht ihn an, Arabien, das nicht mehr ferne ist, nimmt ihn auf. Im Jahre 130 betritt er Jerusalem, sechzig Jahre nach der durch Jesus vorausgesagten Zerstörung durch Titus. Immer noch ist die hochgebaute Stadt ein Trümmerhaufen, bevölkert nur von einer winzigen Gemeinde ärmlicher Juden, deren Verrottung den Kaiser zu einem folgenschweren Trugschluß veranlaßt. Er unterschätzt die Glaubenskraft des jüdischen Volkes, hält in seiner religiösen Zweifelsucht das heilige Zion für eine Stadt, die man wiederaufbauen und mit anderem Sinn erfüllen kann – und erkennt nicht, daß Zion eine Idee ist, unsterblich und unbesiegbar wie der Gott Abrahams. So machte Hadrian Jerusalem zu einer römischen Kolonie, nannte sie unter Verwendung seines Familiennamens »Aelia« und zu Ehren des römischen Jupiter »Capitolina«. Er ahnte nicht, daß er damit Jehovas Thronsitz und den Tempel Davids ein letztes Mal schändete, und zeigte sich fassungslos, als fünf Jahre später die Nachricht kam, die Juden Palästinas seien unter Bar Kochba gegen die römische Macht aufgestanden, weil ihr Tempel, der ohnehin schon zerstört war, durch den Götzen Jupiter neuerdings entweiht worden sei.

Wieder mußte Jerusalem von den Römern eingenommen werden, erneut galt es, die jüdischen Widerstandsgruppen im Lande auszuheben, wieder einmal fand eine halbe Million Juden den Tod. Hadrian war außerstande gewesen, bei der Gründung von Aelia Capitolina solche Folgen vorauszusehen. Er hatte noch nicht begriffen, daß Religion im menschlichen Leben wichtig genug sein kann, um das Opfer der eigenen Existenz einzuschließen. Doch näherte er sich, ohne es zu wissen, schon dem Zeitpunkt seiner großen Verwandlung. Er brach auf nach Ägypten.

Auf allen seinen bisherigen Reisen hatte Hadrian rastlos gearbeitet, Universitäten gegründet, Befestigungen erneuert, Wasserleitungen erstellt, Gerichtsurteile gefällt, die Wissenschaft gefördert, Korruption bestraft und von jedem Aufenthalt aus das ganze Reich mit klugen und weitsichtigen Verordnungen versorgt. Nun, in Ägypten, änderte er sein Verhalten. Nach ein paar Wochen in der temperamentvollen Stadt Alexandria begab er sich an das Ufer des Nil und bestieg dort ein bereitliegendes Prunkschiff. Er tat, was 170 Jahre vor ihm Cäsar und Cleopatra getan: Er ließ sich den heiligen Strom hinaufrudern zu den Mysterien des ältesten Landes der Welt. An der Stelle einer Cleopatra hatte Hadrian auf dieser Fahrt zwei Begleiter – seine Gemahlin Vivia Sabina, immer noch unnahbar, kalt und schön, und einen achtzehnjährigen Jüngling aus Bithynien, Antinous. Es ist nicht ganz sicher, wann Hadrian den sanftäugigen Knaben kennengelernt hat – verbürgt aber ist die tiefe und leidenschaftliche Liebe, die der Kaiser seinem Pagen entgegenbrachte.

Im Vatikan gibt es ein meisterhaftes Porträt des Antinous – nicht die übliche Kopie eines verlorengegangenen Originals, sondern die eigenständige Schöpfung eines römischen Künstlers, der den Jüngling fraglos selbst gekannt hat und uns realistisch vor Augen führt, woran Hadrians Herz sich entflammte. Schwellend weiche Formen unter einem Haupt üppiger Locken, dazu kleine Augen, die ihren Blick unter dichten Brauen verträumt ins Nirgendwo richten – wir müssen die Frage, ob er wirklich so schön war, daß sich des Kaisers Aufwand lohnte, leider jenen überlassen, die Hadrians Wonnen teilen. Für die Zeitgenossen war die Beziehung des Kaisers zu diesem Jüngling jedenfalls etwas Natürliches und Unverfängliches. Erst unsere späte und gespaltene Sicht findet einen Unterschied zwischen der Liebe eines älteren zum jüngeren Mann und der Liebe eines kinderlosen Kaisers zu einem von den Göttern gesandten Sohn. Wie immer auch diese Liebe gewesen ist – der tragische Partner war Hadrian. Denn von ihm wissen wir aus vielen Zeugnissen, daß sein Gefühl für Antinous schrankenlos war.

Aber nicht ein Wort ist uns berichtet von dem, was der Jüngling dem Kaiser wiedergab. Wer liebt, erwartet keine Dankbarkeit. Aber wer sich lieben läßt und Dankbarkeit verweigert, weiß nicht, was er anrichtet. Verwunderlich bleibt, daß Hadrians schöne und stolze Gemahlin Sabina mit keinem uns überlieferten Wort gegen die Verbindung des Kaisers mit Antinous protestierte. Noch erstaunlicher ist, daß sie weiter schwieg, als das Gerücht aufkam, sie selber sei in diesem Dreigespann keineswegs ohne Vergnügen geblieben.

Während der Reise ließ sich der Kaiser in die Mysterien der Isis einweihen. In der liebenswerten Gestalt dieser Göttin verdichtete sich die uralte Ahnung des mittelmeerischen Menschen vom ursprünglichen Vorrang des Weiblichen in der Schöpfung. Isis hat im Niltal den Weizen und die Gerste entdeckt. Erst durch sie erfuhr ihr göttlicher Gemahl Osiris – der Vertreter des männlichen Prinzips –, was mit diesen Pflanzen anzufangen sei. Osiris verkörpert den Nil und hatte einen einzigen großen Feind: den Gott der Dürre. Als es diesem einmal gelang, die Nilschwelle zu unterbinden, mußte Osiris sterben. Aber der tapfere Sohn der Isis besiegte den Widersacher, und Isis selbst umschlang den Leib ihres Gatten mit solcher Liebe, daß schließlich das Leben in ihn zurückkehrte.

Der Kult der Isis war eine Quelle der Poesie. Ihre Priester trugen die Tonsur, standen des Nachts zum Gebet auf und stellten zur Zeit der Wintersonnenwende das juwelengeschmückte Bildnis der Göttin unter vertrauten Attributen aus. Man sah, wie Isis ihrem neugeborenen Sohne Horus, den sie auf wunderbare Weise empfangen hatte, in einem Stalle die Brust gibt. »Himmelskönigin«, »Stern im Meere« und »Gottesmutter« waren Anrufungen, die schon lange vor dem Christentum der Isis zugedacht wurden. Hadrians Neigung zur Homosexualität, die häufig mit einer starken Mutterbindung verknüpft ist, mag den Kaiser empfänglich gestimmt haben für den Schutz und die Wärme, die von der ägyptischen Muttergöttin auf ihn niederstrahlten. Jedenfalls war die Fahrt auf dem Nil die glücklichste Zeit in Hadrians Leben.

Mitten in dieser mysteriösen Idylle brach über den Menschen Hadrian ein schwerer Schicksalsschlag herein. Eines Nachts verschwand Antinous. Es ist bis heute unaufgeklärt, ob es sich dabei um einen Unglücksfall oder um politischen Mord handelte. Nach der einen Version wäre Antinous auf dem Verdeck des Schiffes zur Nachtzeit ausgeglitten und in den Nil gestürzt. Im anderen Falle hätten ein paar entschlossene Männer gefunden, die Hörigkeit des Kaisers gegenüber dem launischen Knaben bringe das Reich in Gefahr – und so sei Antinous mit Gewalt in den Strom geworfen worden. Spartinius berichtet jedenfalls, der große Hadrian habe beim Empfang der Todesbotschaft zum erstenmal in seinem Leben die Beherrschung völlig verloren und »geweint wie eine Frau«.

Von diesem Augenblick an gibt es den wendigen, jede Situation beherrschenden Hadrian nicht mehr – es scheint, als sei er mit dem Antinous im Nil zugrunde gegangen. Was übrigblieb, war ein untröstlicher, verzweifelter Mensch, dem man sein Liebstes entrissen hatte. Mit der Ausschließlichkeit des auf einen Menschen konzentrierten Gefühls, wie es Introvertierte aufbringen, hatte der Kaiser geliebt, und wußte nun, daß er es nie mehr wieder können würde. In solcher ausweglosen Trauer griff Hadrian zu einer Geste, die ihm vorher niemand zugetraut hätte, weil sie sein Inneres mit der gleichen Intensität bloßlegte, die er vorher darauf verwendet hatte, es zu verbergen. Der Kaiser ließ den toten Knaben durch die Priester Ägyptens zu einer Wiederverkörperung des Gottes Osiris erklären und bot ihn der Bevölkerung seines Reiches zur Verehrung dar.

Und die Bewohner dieses Reiches, die dem Kaiser in der Zeit seines Glückes mit Ehrfurcht, aber ohne Zuneigung begegnet waren, öffneten nun dem Schmerz des Menschen Hadrian ihr Mitgefühl. Überall tauchen Standbilder des Antinous auf – mit Vorliebe in der Gestalt des Dionysos, der der Gott des Rausches, der Ekstase, der Erlösung und der persönlichen Unsterblichkeit war. Gleichzeitig verbreitete sich eine rührende Legende: Ein ägyptischer Priester habe während der verhängnisvollen Nilfahrt geweissagt, der Kaiser werde seine größten Pläne nur verwirklichen können, wenn das Liebste, das er besitze, das Leben lasse. Dies habe Antinous vernommen und freiwillig den Tod gesucht. Hadrian wird daraus kaum einen Trost gezogen haben. Er reagierte nach dem Abklingen des ersten Schmerzes auf sehr differenzierte Weise. Durch des Antinous Tod im Nil vermählte sich für Hadrian die Gestalt seines Lieblings mit dem Lande Ägypten. Die Atmosphäre des alten Pharaonenlandes wurde für ihn zur Lebensnotwendigkeit. Noch bis in sein von Krankheit und Pessimismus gezeichnetes Alter gewann er Trost aus dem Gedanken, Antinous sei Osiris geworden, eins mit dem ältesten Gott der Welt, zu dem mittlerweile halb Rom die Hände flehend erhob.

Nach Rom zurückgekehrt, ging der Kaiser daran, sein letztes und größtes Bauwerk zu planen: die Villa Adriana in Tivoli. Auf einem Grundstück von elf Kilometer Umfang entstand eine Palast-Landschaft mit Bibliotheken, Nymphäen, Tempeln, einem

Theater, einem Konzertsaal, einem Hippodrom, dazu die Nachbildung der Platonischen Akademie in Athen, eine Kopie des Lykeion des Aristoteles, eine weitere von Zenons Stoa – es war, als habe Hadrian die Bildungsstätten der griechischen Welt hier vereinigen wollen. Des Kaisers Lieblingsprojekt aber blieb sein privates Klein-Ägypten, als dessen Modell das Tal Kanopos in der Nähe von Alexandria diente, eine berühmte orientalische Vergnügungsstätte, die nun durch gewaltige Erdbewegungen in Tivoli getreu wiedererstand. Warum Hadrian sich für ein so profanes, lebensvolles Ägypten entschieden hat, wissen wir nicht. Vielleicht war es ihm darum zu tun, dem vergöttlichten Osiris-Antinous eine Heimstätte zu schaffen, die nicht der Erinnerung, sondern dem Traume ewiger Gegenwart zugewendet war. In jedem Zimmer von Hadrians Privatappartement in der Villa in Tivoli stand eine Büste des Antinous, mit Blumen bekränzt, als ob er lebte.

Als die Villa Adriana vor ihrer Vollendung stand, erkrankte der Kaiser. Man weiß nicht genau, ob es Tuberkulose oder Wassersucht war, die ihn befiel, jedenfalls begann er unter schweren körperlichen Qualen zu leiden. Er, der sich dem seelischen Schmerz durch tausend Masken so lange zu entziehen versucht hatte und ihm bei des Antinous Tode fast erlegen war, stellte nun mit Entsetzen fest, daß er körperliche Schmerzen genausoschwer ertragen konnte. Immer heftiger sehnte er den Tod herbei.

Damals lebte in Rom ein hochbetagter stoischer Philosoph, der seiner Krankheiten nicht mehr Herr wurde und beim Kaiser um die Erlaubnis anfragte, sein Leben zu beenden. Hadrian gewährte ihm neidvoll die Bitte, der Stoiker leerte den Schierlingsbecher und verschied in Frieden. Ihn selber wollte niemand von seinem Leiden erlösen. Ein donauländischer Sklave, den er anflehte, ihn zu erdolchen, entfloh, der Arzt, den er um Gift bat, nahm sich selbst das Leben. Als er schließlich einen Dolch auftrieb, wand ihm sein Gefolge die Waffe aus der Hand. Zuletzt förderte er seine Krankheit durch schwere Speisen und Weine, verweigerte seinen Ärzten den Zutritt und verschied endlich unter grauenhaften Schmerzen in seinem zweiundsechzigsten Lebensjahr.

Rom, in dem die Majestät der Pantheonkuppel und der Doppeltempel der Venus und Roma emporwuchsen, trauerte mäßig um ihn und verhielt sich genau, wie er vorausgesehen hatte: Man gab dem Kaiser an Ehre, was ihm an Ehre gebührte, und hatte den Menschen bald vergessen, den man so wenig gekannt hatte. Erst als seine Gedichte veröffentlicht wurden, erkannten Eingeweihte, wer der Mensch Hadrian gewesen war. Nicht der Herrscher, der scheue melancholische Mann spricht aus den Versen, mit denen er sich – in Todesnähe – von seiner eigenen Seele verabschiedet:

»Du kleine schmeichelnde Seele, rastlos bist du gewandert, so lange du des Leibes Gast und Begleiter warst. Und jetzt schickst du dich an, hinabzusteigen an einen Ort in ferner Tiefe, du bleiche, bloße, blasse Seele, und keines deiner Spiele, die du gewöhnt warst, wirst du spielen dürfen.«

Von den Monumenten Hadrians ist nur noch eines zur Gänze erhalten: das Pantheon, dessen ungeheure Innenwölbung zum Vorbild für die Peterskuppel wurde. Der Doppeltempel der Venus und Roma ist zur Hälfte in der Kirche S. Francesca Romana aufgegangen, von der anderen liegen nur noch die Stümpfe der Säulen und die Ziegelwand der Apsis frei. Aus der Villa Adriana in Tivoli haben sich alle bedeutenden Museen Europas Schätze geholt, ihre Ruinen tragen kaum mehr eine Spur von jener Mischung aus Majestät und Lyrik, die Hadrian so liebte. Keines seiner Bauwerke weist eine Inschrift auf, die seinen Namen trägt. Aber der große Bronze-Engel, der auf dem einstigen Grabmal Hadrians das Schwert in die Scheide stößt, drückt mit seiner Geste einen Zustand aus, den der Mensch Hadrian in seinem Leben ersehnt und nie erreicht, den aber der Kaiser Hadrian für den römischen Erdkreis zur Wirklichkeit werden ließ: Frieden.

MARC AUREL

* 121 † 180

Regierungszeit 161–180

Auf dem Kapitol in Rom steht inmitten des Platzes das überlebensgroße Standbild eines Reiters. Er ist ein bärtiger Mann mit einem Antlitz voll Ernst und Güte. Sattellos sitzt er auf seinem mächtigen Roß und erhebt die Hand zum alten römischen Friedensgruß. An der Bronze sind noch Spuren der Goldschicht erkennbar, mit der das Bildwerk einst überzogen war. Der Mann trägt keinerlei Abzeichen einer Würde, doch verrät die Inschrift auf dem Marmorsockel Namen, Herkunft und Rang. Sie beginnt mit den Worten »Imperatori Caesari« – dem Kaiser und Cäsar. Das Wort Cäsar ist hier nicht als Name, sondern als Titel gebraucht, um die Legitimität der Herrschaft über das Imperium Romanum auszuweisen, dessen Gründer einst Julius Cäsar gewesen war. Dann folgt der Vorname Marcus, der Familienname Aurelius, darauf der Name Antoninus, den er von seinem Vater übernommen hatte, zusammen mit dessen Titel »Pius«, der Fromme. Anschließend finden wir seine väterliche Ahnenreihe: er ist der Sohn des Antoninus, der Enkel des Hadrian, der Urenkel des Trajan und der Ururenkel des Nerva. Jeder dieser vier Vorgänger des Marc Aurel ist zusätzlich mit dem Titel »Divus« bezeichnet, was besagt, daß sie alle nach ihrem Tode durch den Senat in einer Art Heiligsprechung in den Götterhimmel versetzt worden sind.

Mit keinem dieser vier Kaiser war Marc Aurel blutsverwandt. Sie waren aufeinander gefolgt durch Adoption – jeder von ihnen fühlte sich verpflichtet, unabhängig von eigenen Kindern das Reich dem besten jungen Mann zu vererben, den er finden konnte. Die Inschrift fährt fort mit den Worten »Germanicus« und »Sarmaticus«, die darauf hinweisen, daß Marc Aurel gegen Germanen und Sarmaten siegreiche Kriege geführt hat. Die Datumsbestimmung erfolgt dreifach. Das Standbild sei ihm errichtet worden, so heißt es, im dreiundzwanzigsten Jahr seiner Vollmacht als Tribun, in seinem dritten Konsulat, im sechsten Jahre seiner Kaiserherrschaft. Zum Schluß zeigt die Inschrift noch sechs große Buchstaben: »PPSPQR – Patri Patriae, dem Vater des Vaterlandes – Senatus Populusque Romanus, der Senat und das Volk von Rom«. Aus den lapidaren Worten dieser Inschrift wird auch für uns noch erkennbar, welche Majestät einen römischen Kaiser umgab.

Das Standbild des Marc Aurel hat eine merkwürdige Geschichte. Es ist mit Sicherheit während der Regierungszeit des Kaisers, also zwischen 161 und 180 nach Christus, gegossen worden. Wo es aber in der Antike aufgestellt war, wissen wir nicht. Durch das ganze Mittelalter, also wahrscheinlich beinahe tausend Jahre lang, hatte es seinen Platz vor dem Lateran, der damals den Päpsten als Residenz diente. Erst am Anfang des 16. Jahrhunderts, als Michelangelo das Kapitol umgestaltete und auf die Peterskirche hin orientierte, wurde der bronzene Kaiser dorthin gebracht. Es war eine Geste der Ehrfurcht – nicht nur vor dem außerordentlichen Menschen, den man in das architektonische Zentrum der römischen Geschichte rücken wollte, sondern auch vor dem Kunstwerk, der einzigen vollständig erhaltenen Reiterstatue der römischen Antike. Daß das Standbild überhaupt noch existiert, verdanken wir einer Verwechslung, die kurz vor dem Fall des Imperium Romanum geschah. Von Konstantin dem Großen an bekannten sich Roms Kaiser zum Christentum. Aber es dauerte noch lange, bis die alten heidnischen Kulte im Reich so weit zurückgedrängt waren, daß der christliche Glaube auch in der Bevölkerung überwog. Unter den Kaisern des 4. Jahrhunderts war einer, Theodosius II., der erste christliche Fanatiker auf dem Thron. Er wünschte den Bekehrungsprozeß zu beschleunigen, schloß alle heidnischen Tempel und dekretierte mit barbarischer Unduldsamkeit die Zerstörung sämtlicher öffentlich aufgestellter Statuen aus der heidnischen Zeit. Allein in Rom sanken damals dreißigtausend Standbilder in Trümmer. Den Marc Aurel hat nur die Unbildung der Zeitgenossen vor dem Einschmelzen bewahrt. Man wußte nicht mehr, wer der bronzene Kaiser war. Die Inschrift auf dem Sockel, die ihn verraten hätte, existierte damals noch nicht. Sie wurde erst in der Renaissance nach antiken Vorbildern verfaßt. So hielt man den mächtigen Reiter für Kaiser Konstantin den Großen, den Begründer des christlichen Rom, und ließ ihn unberührt.

Marc Aurel ist der einzige Herrscher der Antike, von dem wir Selbstzeugnisse besitzen. Während seines Krieges gegen die Markomannen schrieb er in den langen Nächten des Feldlagers philosophische Ermahnungen an sich selbst, die nach seinem Tode gefunden und herausgegeben wurden. Merkwürdigerweise sind die Handschriften, die den Text über das Mittelalter hinweg tradiert haben, nicht erhalten. Die ältesten Ausgaben stammen erst aus dem 14. Jahrhundert. Dennoch ist die Echtheit nachprüfbar, da zahlreiche Stellen aus den Aufzeichnungen des Kaisers bei spätantiken Schriftstellern zitiert werden und mit den ältesten erhaltenen Texten übereinstimmen.

Man hat lange herumgerätselt, ob die Selbstbetrachtungen wirklich nur die Niederschrift persönlicher Gedanken waren und fremden Augen unzugänglich bleiben sollten. In einigen Teilen ist das sicher der Fall. Andererseits gibt es eine Reihe von Passagen, worin der Schreiber in eindringlichster Form zur Wahrheit, zur Aufrichtigkeit, zu Ernst und Würde mahnt, die er selbst ja in hohem Maße besessen hat. Vielleicht hat er sich damit eine Sorge von der Seele schreiben wollen – die Sorge um seinen Sohn Commodus. Eingeschlossen in die Geschichte des Kaisers Marc Aurel ist die Tragödie eines Vaters.

Es gibt viele Herrscher in der späteren Geschichte, von deren Empfindungen wir weit weniger Kenntnis haben als vom Innenleben des Marc Aurel. Er legt seine Seele in selbstkritischer und schonungsloser Weise bloß und dies in einer Position als Kaiser, die wir uns kaum mehr vorstellen können. An sich selbst und nicht weniger an Commodus richtet er das Wort: »Hüte dich, daß nicht der Wahn der Kaiser dich ergreift. Bleibe ein einfacher Mensch, der Wahrheit getreu, ein Freund der Gerechtigkeit, gottesfürchtig und gut. Deine Familie schließe ins Herz – und die Pflicht in dein Wesen. Es gibt nur eine Frucht, die das Dasein auf Erden zeitigt: Werke der Menschenliebe, aus frommer Gesinnung getan. Das Leben ist kurz. Scheue die Götter – rette die Menschen.« Solche Worte setzen einen Charakter voraus, der nicht nur von den Wechselfällen des Lebens, sondern durch tiefes Nachdenken geformt ist. Die Beschäftigung mit der Philosophie reichte bei Marc Aurel weit zurück in seine Jugend.

Die Familie, der Marc Aurel entstammte, war etwa hundert Jahre vor seiner Geburt aus der Gegend von Cordoba in Spanien nach Rom übersiedelt. Der Großvater des kleinen Marcus war Herr über ein immenses Vermögen und stieg im Geburtsjahr des Knaben zur Würde eines Konsuls auf. Im gleichen Jahr verstarb der Vater des Marcus, was den Konsul veranlaßte, das Kind in sein Haus aufzunehmen und seine Erziehung zu überwachen. Ein häufiger Besucher der Familie war der Kaiser Hadrian, dessen Altersmelancholie ihn nicht daran hinderte, in dem Knaben schon bald die außerordentliche Persönlichkeit zu erkennen. Marcus verbrachte eine selten glückliche Jugend und schrieb fünfzig Jahre später: »Den Göttern verdanke ich, daß ich gute Großväter, gute Eltern, eine gute Schwester, gute Hausgenossen, Verwandte, Freunde, überhaupt beinah lauter gute Menschen um mich hatte.« Obwohl er von Liebe umhegt und von Reichtum umgeben war, unterlag der junge Marcus offensichtlich nicht den Verführungen des Luxus, sondern hielt sich schon früh an eine einfache, beinahe spartanische Lebensweise. In seinem zwölften Jahr trieb er die Askese so weit, daß er es ablehnte, in einem bequemen Bett zu schlafen, und eine Strohmatte auf dem Fußboden vorzog. Er hatte vier Grammatiker, einen Rhetor, einen Juristen und acht Philosophen zu Lehrern, erkannte aber in seltener Frühreife, daß die Bemühungen dieser Gelehrten nur dann fruchtbar sein würden, wenn er den Hauptteil seiner Erziehung selber leistete.

Er suchte sich von Aberglauben frei zu halten, sein Leben in Harmonie mit den Naturgesetzen zu bringen und sein Bild von einem geordneten Staatswesen an den strengen Vorbildern der römischen Geschichte, Brutus, Cato, Thrasea zu entwickeln. So gewann er, wie er selbst bekennt, »eine Vorstellung von einer demokratischen Verfassung, die auf bürgerlicher Gleichheit und gleicher Redefreiheit aller beruht, und von einer Monarchie, der die Freiheit der Untertanen über alles geht«.

Hadrian sorgte dafür, daß dem Jüngling nachgeordnete politische Ämter übertragen wurden, und empfahl ihn schließlich dem Antoninus, den er selbst als Adoptivsohn und Nachfolger erwählt hatte. Antoninus wurde zur dominierenden Persönlichkeit in der geistigen Entwicklung des Marcus Aurelius. Als Hadrian starb und Antoninus Kaiser wurde, war dessen erste Amtshandlung, sein immenses persönliches Vermögen der kaiserlichen Schatzkammer zu überschreiben. Sämtliche Einnahmen, die er hatte, unterbreitete er der Öffentlichkeit, ebenso wie er über alle Ausgaben regelmäßig Rechenschaft ablegte. »Bewähre dich«, so sagt Marcus zu sich selbst, »in allem als Jünger des Antoninus. Zeige dich so beharrlich wie er bei der Ausführung wohl überlegter Entschlüsse, stets gleichmäßig in deinem Wesen und ebenso fromm. Habe die Heiterkeit seines Antlitzes, seine Milde. Sei ebenso frei von eitler Ruhmsucht.«

Der Schriftsteller Appianus berichtet, er habe in Rom Delegationen fremder Staaten gesehen, die vergeblich um die Aufnahme ihrer Länder unter die römische Herrschaft nachsuchten. »Die Welt schien den Idealzustand erreicht zu haben. Die Weisheit führte das Zepter, und dreiundzwanzig Jahre lang wurde die Welt wie von einem Vater regiert.« In dieser Zeit lebte Marcus inmitten des prunkvollsten Palastes der Welt sein einfaches, der Pflicht hingegebenes Leben und bereitete sich in selbst geschaffener Stille auf die Übernahme der Herrschaft vor. Er sollte nach dem Wunsch des alten Hadrian das Reich gemeinsam mit einem anderen jungen Römer regieren, Lucius Verus, der sich jedoch bald zu einem eleganten Playboy entwickelte und den Freuden der Liebe weit mehr Reiz abgewann als der spröden Verwaltung.

Als Antoninus, durch Alter und schwindende Kraft bewogen, an einen Mitregenten dachte, berief er nur den Marcus Aurelius, während er den anderen Adoptivsohn, Lucius Verus, seiner Vergnügungsjagd in der römischen Gesellschaft überließ. Kaum war Antoninus tot, setzte Marcus, aus Pietät für Hadrians ursprünglichen Wunsch, den Lucius als Mitregenten ein. Da dieser sein Leben nicht änderte, erledigte Marcus schweigend die Geschäfte für sie beide. Niemals war ein Mensch von solcher Anständigkeit auf dem römischen Throne gesehen worden. Die lange Lehrzeit an der Seite des guten Antoninus trug ihre Früchte. Platons Ideal – der Philosoph als Herrscher – schien Wirklichkeit geworden.

Marcus war aber weit davon entfernt, einen Idealstaat in Platons Sinn schaffen zu wollen. Er hatte als Kronprinz genügend Zeit gehabt, zu beobachten, daß selbst unter einem so ausgeglichenen, sittlich hochstehenden Herrscher wie Antoninus das Leben im Palast und in der Stadt keine Tendenz zu höherer Moral zeigte. »Die Götter«, so schrieb er später, »die doch unsterblich sind, zeigen sich offenbar nicht darüber ungehalten, daß sie in so unendlicher Zeit dauernd minderwertige Menschen ertragen müssen.« Er nahm Verderbtheit und Niedertracht als Faktoren der menschlichen Natur hin, denen er an seiner eigenen Person unerbittlich entgegenwirken wollte, ohne sich der Illusion hinzugeben, er könne sie bei anderen ausmerzen.

Antoninus hatte einen Staatsschatz von zwei Milliarden siebenhundert Millionen Sesterzen hinterlassen. Marcus, der sich selbst kaum einen Luxus erlaubte, erlag angesichts solchen Reichtums einer Eigenschaft, die er zu Recht für eine Tugend hielt – der Freigebigkeit. Er erhöhte die Getreidespenden an römische Bürger, veranstaltete häufig öffentliche Spiele von phantastischem Aufwand und war allzu leicht geneigt, säumigen Steuerzahlern, bisweilen auch ganzen Provinzen die Schulden an das Reich zu erlassen. Wäre es ihm vergönnt gewesen, gleich dem Antoninus seine Herrschaft in Frieden zu verbringen, so hätte der Staatshaushalt solche Belastungen ohne weiteres vertragen. Das Unglück war, daß der Krieg vor der Tür stand.

Im dritten Regierungsjahr des Marcus brach das Unheil herein. Die lange Friedenszeit unter Hadrian und Antoninus und des Marcus eigener Ruf eines gleichmütigen philosophischen Herrschers wurden an den Grenzen des Reiches vielfach als Schwäche interpretiert. In Britannien brach ein gefährlicher Aufruhr aus. Gleichzeitig fielen die Chatten in das römische Germanien ein. Zudem kam aus dem Orient die Nachricht, der Partherkönig Volasges III. habe Rom den Krieg erklärt. Marcus sandte erfahrene Generäle nach Norden, machte aber den Fehler, die wichtigste Aufgabe seinem üppigen Mitregenten Lucius zu übertragen, der gegen die Parther geschickt wurde. Lucius ging, kam aber nur bis Antiochia. Dort versenkte er sich intensiv in die Strategie der Liebe, während die Parther schon in Syrien standen. Marcus ließ es dem Lucius gegenüber nicht an Ermahnungen fehlen, ohne allerdings zu ahnen, daß dieser inzwischen einer wahren Circe ins Netz gegangen war. Sie hieß Pantheia und muß eine jener seltenen Frauen gewesen sein, in denen sich Schönheit und Geist zu gefährlicher Vollkommenheit mischen. Lukian, der sie offenbar gesehen hat, behauptet von ihr, alle Meisterwerke der Bildhauerei hätten sich in ihr vereinigt. Zeitgenossen rühmten den Wohlklang ihrer Stimme und die anmutige Geschwindigkeit, mit der ihre Finger der Leier nie gehörte Harmonien zu entlocken wußten. Lucius vergaß die Parther, warf sich in einen Rausch von Festlichkeiten und erwachte erst, als sein Unterfeldherr Avidius Cassius aus Rom das Oberkommando über die Armee erhielt. Der Order war ein Feldzugsplan von des Marcus eigener Hand beigefügt, glänzend genug, um Avidius Cassius innerhalb kurzer Zeit zum Sieger über die Parther zu machen. Lucius nahm schmerzvollen Abschied von Antiochia, kehrte nach Rom zurück und stellte fest, daß der Senat ihm einen Triumph bewilligt hatte – worauf er den Marcus gelegentlich bat, doch zu ihm auf den Wagen zu steigen.

Wenig später brach in Rom die Pest aus. Die heimkehrenden Truppen des Lucius hatten sie aus dem Orient eingeschleppt. An einem Tag starben in Rom zweitausend Erkrankte, in einem Jahr hatte die Seuche die Bevölkerung von halb Europa dezimiert. Marcus bestimmte Hekatomben von Rindern zum Opfer für die Götter, organisierte Ärzte und Gesundheitspolizei, mußte aber erkennen, daß weder die Götter noch die Medizin der Krankheit gewachsen waren. Als die Pest endlich ausgebrannt war, zog der Hunger ein. Zahlreiche Landstädte hatten fast die ganze Bevölkerung verloren und verfielen. Nahrungsmittel wurden knapp und teuer. Das Transportwesen brach zusammen. Um das Unglück vollzumachen, traten Italiens Flüsse über die Ufer und zerstörten einen großen Teil der aus Ägypten herangeschafften Getreidevorräte. Mit einem Mal hatte sich die Zeit des Glückes, die von den Menschen so lange als ein natürlicher Zustand betrachtet worden war, in einen fernen Traum verflüchtigt, an dessen Wiederkehr niemand mehr glaubte. Marcus verbot sich, den allgemeinen Pessimismus zu teilen. Aber in seinen Selbstbetrachtungen findet sich manches Wort, dessen Spur zu jenen furchtbaren Tagen zurückführt. »Mit jedem Tag verrinnt das Leben, und der Teil, der von ihm bleibt, wird immer kleiner. Die Chaldäer haben den Tod von so vielen Menschen vorausgesagt – und dann hat auch sie das Verhängnis ereilt. Alexander und Pompeius und Gaius Cäsar, die ganze Staaten niedergeworfen, haben auch selber einmal vom Leben scheiden müssen. Nur noch ein Weilchen, und auch Du bist Asche, nur noch ein Name, oder nicht einmal das. Dinge sind nichtig und belanglos, Menschen streitsüchtige Kinder, unsere Sinne trübe und leicht zu täuschen. Was könnte Dich hier festhalten? Du bist an Bord gegangen, über See gefahren und hast den Hafen erreicht. Nun steig aus.«

Seltsame Worte für einen Kaiser. Das Schicksal sorgte dafür, daß Marcus seine innere Distanz von Welt und Leben unablässig mit der steigenden Verantwortung konfrontieren mußte, die er gegenüber dem Reich und seinen ihm anvertrauten Menschen empfand. Kaum waren Pest und Hungersnot überwunden, kam die Nachricht, Chatten, Quaden, Markomannen und Jazygen seien, die Notlage Roms nutzend, in die Donauprovinzen eingefallen. Und gleich darauf erfuhr man, einige Heerzüge der Barbaren hätten die Alpen überschritten, ein römisches Heer vernichtet und stünden vor Verona.

Nun machte Marcus sich selbst auf, trieb die Stämme zurück und zerrieb sie auf der Flucht. Dabei wurde er magenkrank und lebte von einer einzigen Diätmahlzeit am Tag. Ein Jahr später, 169 nach Christus, hatte Marcus die Grenze von Gallien bis zum Ägäischen Meer mit neuen Verteidigungsanlagen versehen und kehrte nach Rom zurück, ohne an den Frieden zu glauben. Er fand seinen Mitregenten Lucius auf dem Sterbebett vor, kümmerte sich rührend um seine Pflege, ersparte ihm jeden Vorwurf über sein verpraßtes Leben und betrauerte ihn aufrichtig, obwohl er ihn zwar gemocht, aber nicht geschätzt hatte. Als der erbarmungslose Stadtklatsch wissen wollte, der Kaiser habe den Lucius vergiftet, schwieg er dazu, denn die bösartige Anschuldigung schien ihm geringfügig, gemessen an den Gerüchten, die über seine eigene Gattin im Umlauf waren.

Im Belvedere-Hof des Vatikans gibt es eine weibliche Marmorfigur, die den Namen »Venus Felix« trägt – die glückliche Venus.

Sie ist nicht sehr glorreich der knidischen Aphrodite nachgebildet, hat aber einen Kopf, der nicht überraschender sein könnte: man blickt in das wirklichkeitsnahe Antlitz der Kaiserin Faustina, der Gattin Marc Aurels. Um keinen Zweifel aufkommen zu lassen, trägt sie ein Diadem. Die Stifter der Statue, Helpidus und Sallustia, fanden es weder unmoralisch noch ehrenrührig, die regierende Herrscherin als nackte Göttin der Liebe abzubilden. Faustina selbst, sofern ihr die Sache bekannt wurde, dürfte die Idee eher als Kompliment genommen haben. Denn sie war ein lebenslustiges und fröhliches Wesen, das nie begreifen konnte, warum Staatsräson und Wissenschaft aus ihrem Kaiser einen langweiligen Ehemann machen mußten. Pflichtgetreu schenkte sie dem Gatten vier Kinder, flirtete aber nebenbei so gerne, daß die Schauspieler in den Zwischenakten der römischen Theatervorstellungen dem klatschlüsternen Publikum die Namen jener zuflüsterten, mit denen die Venus Felix die wandelnde Philosophie betrog.

Marc Aurel fuhr fort, seine Frau zu ehren, verlieh den angeblichen Nebenbuhlern angenehme Staatsämter und blieb bei seinem Grundsatz, man müsse allem zustimmen, was einem von Schicksal verhängt wird. Beide waren nicht glücklich: Faustina, weil sie Kaiserin war, und der Kaiser, weil er Faustina und die Philosophie gleichzeitig liebte. Von den vier Kindern war ein Mädchen früh gestorben. Die zweite Tochter, die Marcus seinem Mitregenten Lucius zur Gemahlin gegeben hatte, war nun eine an Kummer gewöhnte Witwe. Die beiden Söhne waren Zwillinge, von denen der eine bei der Geburt starb. Der andere war Commodus. Diesem wandte der Kaiser, der sich mit nur achtundvierzig Jahren immer mehr als ein einsamer alter Mann fühlte, seine ganze Liebe zu.

Noch war Commodus nur ein stämmiger Junge, in den ein vernarrter Vater die großartigsten Zukunftsbilder hineinträumen konnte. Und Marc Aurel, sonst in allem ein Muster an Disziplin, gönnte sich diesen Traum von einem großen Sohn, obwohl er wissen mußte, wie gefährlich es für das Reich sein konnte, das bewährte Prinzip der Adoption zugunsten der Erbmonarchie aufzugeben. Er stellte den Commodus bei einer Parade den Legionen mit dem Zeremoniell vor, das der Ernennung zum Nachfolger vorbehalten war. Das Ereignis ging unter in den Schreckensnachrichten, die neuerdings von den Grenzen nach Rom gelangten.

Am Oberrhein griffen wiederum die Chatten an, die Chauken fielen in Belgien ein, wenig später plünderten die Kostoboken Griechenland, wobei sie niemand hindern konnte, den altberühmten Mysterientempel von Eleusis zu zerstören. Die Mauren setzten von Afrika nach Spanien über und verwüsteten Marc Aurels andalusische Familienheimat – und um das Maß vollzumachen, erschienen die Langobarden zum erstenmal am Rhein. Zusammengenommen war das eine Bedrohung für das Reich, die der Hannibals gleichkam. Marcus entschloß sich, den gefährlichsten Stamm der Barbaren zuerst anzugreifen: die Markomannen. Und nun begann der sechs Jahre währende zweite Markomannen-Krieg, in dessen Verlauf der Kaiser sich gedrängt fühlte, seine kurzen nächtlichen Ruhestunden durch die Abfassung der Selbstbetrachtungen noch weiter zu reduzieren.

Es ist ergreifend zu sehen, wie dieser Mann, der den Krieg haßte, bei Tage ein hervorragender Heerführer war, um des Nachts Sätze niederzuschreiben wie diesen: »Eine Spinne, die eine Fliege fing – brüstet sie sich nicht ihrer Überlegenheit? Wenn einer einen Hasen in der Falle hat, ein anderer Sardellen im Netz oder wenn ich Sarmaten fange – ist das nicht dasselbe? Sind wir nicht – im Grunde – alle Räuber?«

Marcus machte es sich zur Pflicht, mit seinen Soldaten jede Gefahr und Anstrengung zu teilen. In zahllosen Gefechten war er siegreich, wurde bejubelt und verehrt – doch wenn man seine Selbstbetrachtungen liest, gewinnt man den Eindruck, seinen größten Feldzug habe er gegen sich selbst geführt. »Es ist eine Schande«, so hält er sich vor, »wenn in einem Leben, worin der Körper noch kräftig ist, die Seele schon versagt. Das Licht der Lampe erlischt nur, wenn es stirbt. In mir aber sollen Wahrheit und gerechter Sinn erlöschen, während ich noch lebe?« Solche Ermahnungen, so weiß der Kaiser, muß er sich selbst verabfolgen, um die Gefahr der Menschenverachtung aus seinem Herzen zu bannen. Wohl mag seine fortschreitende Krankheit, mögen die damit verbundenen Schmerzen seinen Pessimismus gesteigert haben – aber er durfte sich nicht erlauben, als Philosoph den Menschen gänzlich den Rükken zu kehren, die er als Kaiser zu leiten und zu schützen hatte. Manchmal aber muß er loswerden, wie sehr er an der Welt leidet. »Die Ursache des Alls ist ein wilder Strom. Alles reißt er mit sich fort. Wie armselig diese Menschlein, die sich mit öffentlichen Angelegenheiten befassen. Und dabei glauben sie noch, daß sie im philosophischen Geiste handeln. Die Narren! Mensch, was denn nun? Träume nicht – raffe Dich auf! Und sieh nicht um, ob es auch jemand beachtet! Wer kann schon die Überzeugungen der Menschen ändern? Und wenn sie sich nicht ändern, was sind sie anderes als stöhnende Sklaven, die so tun, als ob sie gehorchten. Denke daran, wie viele Menschen nicht einmal Deinen Namen kennen, wie viele ihn rasch vergessen werden, wie viele, die Dich in den Himmel erheben, schon jetzt bereit sind, Dich morgen zu verraten.« Hier spricht Marcus aus Erfahrung. Er hatte den Feldzug gegen die Markomannen und ihre Nachbarstämme bis weit nach Böhmen hineingetragen und plante mit Grund, die Grenze des Reiches bis zu den Karpaten vorzuschieben. Wäre ihm dies gelungen, so hätte möglicherweise Germanien im ganzen die lateinische Kultur angenommen, wie es Gallien getan. Der abschließende Erfolg war greifbar nahe, da traf ihn ein Schlag in den Rücken.

Avidius Cassius, der Sieger gegen die Parther, war noch immer Befehlshaber im Orient, hatte aber den Kontakt zum Kaiser infolge des Markomannen-Krieges fast verloren. Er erlag der Verführung der Macht und ließ sich von den in Ägypten stationierten Legionen zum Gegenkaiser ausrufen. Dies veranlaßte Marc Aurel, mit seinen barbarischen Feinden zu einem schnellen Friedensschluß zu gelangen, der ihm ein fünfzig Kilometer breites Gebiet nördlich der Donau sicherte und die Feinde geschwächt zurückließ, aber nicht besiegt. Dann versammelte er seine gesamte Streitmacht und erklärte den Legionen, sofern es der Wunsch Roms sei, wäre er ohne Zögern bereit, den Thron für Avidius freizumachen. Da das

Heer protestierte, versprach er, den Rebellen zu begnadigen und brach nach dem Orient auf, um Avidius zu stellen. Noch bevor er Gelegenheit dazu hatte, erreichte ihn die Nachricht, Avidius Cassius sei durch einen Centurio seiner eigenen Legionen ermordet worden. Der Aufstand war zusammengebrochen. Marcus, an der Donau am Erfolg verhindert, bemerkte beim Eintreffen der Botschaft in Anspielung auf die Milde Julius Cäsars, er bedauere die verlorene Gelegenheit, einem Feinde verzeihen zu können.

Marc Aurel hat zeitlebens nicht nur seine Seele, sondern auch seinen Körper genau beobachtet. Nun mußte er feststellen, daß seine physischen Kräfte eine Wiederaufnahme des Markomannen-Feldzugs nicht mehr erlaubten. So entschloß er sich, im Orient zu bleiben, und verbrachte dort ein Jahr der Einkehr, des Nachdenkens und der Gespräche. Er stiftete Lehrstühle, ging ohne Leibwachen durch die Straßen, besuchte die Vorlesungen seiner ehemaligen Lehrer und fühlte sich glücklich. Was ihn zutiefst bewegte, war der Gedanke an den Kosmos als Ganzes: »Alle Dinge sind miteinander verflochten, und ihr Band ist heilig. Denn *eine* Welt wird aus allen Dingen und *eine* göttliche Macht durchdringt alle Dinge und einen einzigen Urstoff gibt es und ein einziges Gesetz: die allen denkenden Wesen gemeinsame Vernunft und eine einzige Wahrheit.« Von dort her kommt er zu dem Schlüsselsatz für menschliches Verhalten: »Diese winzige Spanne Zeit gemäß der Natur durchwandern und heiteren Gemüts zur Ruhe gehen, wie wenn die Olive, die reif vom Baum fällt, die Mutter Erde priese und dem Baume Dank wüßte, der sie getragen hat.« Es geht dem Kaiser um die Erkenntnis, daß das Weltall vom gleichen ordnenden Sinn getragen wird wie der Mensch. Also mußte es die vornehmste Aufgabe des menschlichen Geistes sein, sich mit allen Kräften, mit Verstand, Gefühl und Intuition dem verborgenen Sinn zu nähern.

Marcus fragt dabei nicht immer nach den Göttern oder Gott. Manchmal gebietet er sich Bescheidung und begründet sie mit der Unvollkommenheit der menschlichen Natur, die in der Frage nach Gott nicht zu letzten Erkenntnissen gelangen kann. Dann aber wieder stellt er sich selbst die Frage: »Welchen Zweck hat es für mich, in einer Welt ohne Götter und ohne Vorsehung zu leben?« Das All ist ihm beseelt und vermag ihn zu einer Art von Gebet zu führen: »Allem stimme ich zu, was mit dir, o Kosmos, übereinstimmt. Nichts kommt mir zu früh oder zu spät, was dir zur rechten Zeit kommt. Alles, was deine Jahreszeiten bringen, o gütige Natur, ist mir reife Frucht. Von dir alles, in dir alles, in dich alles.«

Das Jahr 176 nach Christus sah den Kaiser endlich wieder in Rom. Der Senat bewilligte ihm einen Triumph als Retter des Reiches. Wir haben keine Zeugnisse darüber, ob irgend jemand damals in Erstaunen geriet, daß Marc Aurel zu dieser höchsten Ehrung des Staates seinen inzwischen fünfzehnjährigen Sohn Commodus als Mittriumphator einlud. Fast gleichzeitig ernannte er ihn zum Mitregenten. Damit war der blühendsten Zeit des Römischen Reiches, der Epoche der Adoptivkaiser, von dem besten unter ihnen das Ende gesetzt. Wahrscheinlich war Marcus sich der Gefahren wohl bewußt, die in der Wiedereinführung der erblichen Monarchie für den Vielvölkerstaat entstanden. Andererseits war der Charakter seines Sohnes ausgeprägt genug, um Marcus befürchten zu lassen, Commodus werde im Falle des Ausschlusses von der Nachfolge Mittel und Anhang finden, um einen Bürgerkrieg zu entfachen. Die blinde Liebe, die der Vater für den Sohn so lange gehegt hatte, zeitigte nun im Kaiser einen Zwiespalt, dessen er nicht mehr Herr wurde.

Commodus war in seiner Kindheit durch die Obsorge des Vaters mit Lehrern geradezu umstellt worden. Verständlicherweise entwickelte er früh einen Widerwillen gegen Bücher und Bildung, legte aber größten Wert, seinen Körper zu athletischer Kraft und Geschmeidigkeit hochzutrainieren. Er war gleich brillant im Tanzen, auf der Jagd und im Fechten. Seine bevorzugte Gesellschaft waren Gladiatoren und Wagenlenker, sein liebster Aufenthalt die Arena und die dazugehörigen Schänken. Mit Absicht härtete er sich ab durch willentliche Grausamkeit, gebrauchte den zotenreichen Jargon der Gladiatorenkaserne. Das böse Gerücht, er sei gar nicht der Sohn seines Vaters, sondern entstamme einer Verbindung zwischen seiner Mutter und einem Dreizackkämpfer, erfüllte ihn mit Stolz, und er sorgte für seine Verbreitung. Marcus gab gleich manchem blinden Vater die Hoffnung nicht auf, der Sohn werde seine Wildheit, seine Neigung zu Lüge und Gewalttat nach der Pubertät von selbst verlieren und den veredelnden Impulsen der frühen Herrscherverantwortlichkeit zugänglich werden. Doch mußte der Vater im Augenblick seiner Rückkehr nach Rom wohl erkennen, sich in Commodus getäuscht zu haben, aber nichts mehr gegen dessen Beliebtheit bei den die Arena bevölkernden Massen tun zu können. Dem alten Kaiser ist zu seinem Glück erspart geblieben mitanzusehen, was wenige Jahre später aus Commodus geworden war.

In der Sala Rotonda der Vatikanischen Museen steht in vergoldeter Bronze der Riesenleib eines Herkules. Dieser kolossale Muskelprotz lag bis zum Jahre 1864 im römischen Boden verborgen. Als man im Hof des Palazzo Pio die Fundamente für ein Nebengebäude aushob, stießen Arbeiter auf ein aus Steinplatten gefügtes Dach, das eine Grube deckte. Darin lag das Standbild – begraben wie ein Mensch. Im Hohlraum des Körpers fand man eine Münze mit dem Bild des regierenden Kaisers – Commodus. Herkules war des Commodus liebster Heros. Er selbst hat sich wiederholt als Herkules porträtieren lassen – das Gesicht umrahmt vom gesperrten Rachen des bezwungenen Löwen. Die Statue zeigt, was man damals liebte: Körperkraft, dünkelhaft zur Schau gestellt. Nicht Herkules der Held, der zum Wohle des schwachen Menschengeschlechtes Unholde tötet, sondern ein vergöttlichter Gladiator, ein Star der Arena genoß die Verehrung der Massen. Von Commodus ist überliefert, daß er es liebte, noch vor dem Frühstück ein Nilpferd, einen Elefanten und einen Tiger niederzukämpfen. Bei einer einzigen Schaustellung im Zirkus trat er mit hundert Pfeilen im Köcher auf und erlegte damit hundert Tiger. Manchmal nahm er an Stelle der Bestien auch verkrüppelte Menschen. Der Herkulesknüppel war eine Waffe, von der er sich nie trennte und vor der niemand sicher war, dem er begegnete. Er hat heftig getrunken, war dem Spiel verfallen und hielt sich einen

Harem aus dreihundert Frauen und dreihundert Knaben. Commodus und sein Herkules sind fraglos ein Beweis mehr, daß es immer wieder Zeiten gibt, in denen der Kopf zu einem unwichtigen Körperteil wird.

Warum man den Herkules aus dem Vatikan wie einen Menschen begraben hat, blieb lange Zeit ein Rätsel. Eine der Steinplatten, die ihn deckten, trug als Aufschrift die drei Buchstaben »FCS«. Archäologen haben daraus geschlossen, daß es sich um Abkürzungen für die Worte »Fulgur Conditum Summanium« handle. Wenn die Deutung zutrifft, wurde die Statue einmal vom Blitz getroffen. Für die abergläubischen Römer mußte das ein furchtbares Vorzeichen sein. Denn Blitze kommen von Jupiter. Also hatte der Göttervater selbst seinen Zornstrahl geschleudert, um den Herkules, den Lieblingsgott des Kaisers, zu fällen. Tatsächlich wurde Commodus, da seine Geliebte Marcia, eine Christin, ihm zuwenig Gift in den Becher getan hatte, von seinem Leibringer, einem herkulischen Menschen, im Bade erwürgt. Niemand weiß, ob die Statue vor oder nach diesem Ereignis bestattet wurde. Aber jedenfalls wollte man den Jupiter versöhnen, weiteres Unglück von Rom abwenden und die Ehre des geschändeten Herkules wiederherstellen, indem man sein Standbild ehrenvoll begrub.

Wir haben aus den Jahren nach der Abfassung der Selbstbetrachtungen keine unmittelbaren Zeugnisse mehr von Marc Aurel. Wir wissen nicht, ob er sich dem Problem seines Sohnes philosophisch gestellt hat oder ob er es vorzog, bei seinem alten Grundsatz zu bleiben: »Wenn es Dich betrübt, daß es böse Menschen gibt, dann richte Deine Gedanken auf die guten Menschen, denen Du begegnet bist, und erinnere Dich der vielen guten Seiten, die auch einem unvollkommenen Charakter gegeben sind.« Wahrscheinlich hat der Kaiser bis zum Ende seines Lebens an der Hoffnung auf die vielen guten Seiten im unvollkommenen Charakter des Commodus festgehalten. Denn als er nach zwei dürftigen Friedensjahren zum dritten Markomannen-Krieg aufbrach, nahm er den Commodus mit sich.

Noch einmal besiegte er die barbarischen Stämme und schickte sich soeben an, Böhmen und Donau-Galizien zu neuen Provinzen des Reiches zu machen, als ihn eine Krankheit, die wir nicht kennen, in der Nähe des heutigen Wien auf das Todeslager zwang. Er hatte mit Commodus eine lange Unterredung und gab ihm den Auftrag, die Befriedung der eroberten Gebiete einzuleiten und dann weiter nach Norden bis an die Elbe vorzustoßen – wodurch ein alter Traum des Augustus in Erfüllung gehen sollte. Commodus, im sicheren Wissen, das väterliche Gebot in den Wind zu schlagen, versprach alles. Darauf bereitete sich der Kaiser beruhigt auf seinen Tod vor und verweigerte jede weitere Nahrungsaufnahme. Am sechsten Tag trat der wachhabende Offizier in das Zelt und bat den Sterbenden um die Tagesparole. Marc Aurel antwortete: »Wende dich an die aufgehende Sonne – meine Sonne geht unter.« Dennoch erhob er sich mit letzter Kraft und stellte den Commodus der Armee als neuen Kaiser vor. Dann zog er sich zurück, bedeckte das Haupt mit einem Leintuch und verschied nach kurzer Zeit. Zehn Jahre zuvor hatte er geschrieben: »Du tratest ins Dasein als ein Teil. Du wirst verschwinden in dem, was Dich erzeugt hat. Verachte nicht den Tod, sondern habe Dein Wohlgefallen an ihm, denn auch er gehört zu den Dingen, die die Natur will.«

Für das Römische Reich bedeutete der Tod Marc Aurels den Anfang des Verfalls. Seine Vaterliebe hatte den Sieg über alles davongetragen, wozu er sich selbst so eindringlich ermahnt hatte. Sein Bewußtsein von der Erhabenheit der Allnatur ließ ihn die politischen und persönlichen Probleme, die zu meistern er für seine Pflicht hielt, als Nichtigkeiten sehen, während er sich noch um sie bemühte: »Du mußt es von oben betrachten – wie die Dinge sich vereinen und wieder vergehen. Wenn Du das Wesen der Ewigkeit bedenkst und die rasche Wandlung der Gestalten, wirst Du erkennen: unermeßlich ist die Zeit, bevor ein Wesen entsteht, flüchtig sein Dasein und grenzenlos die Ewigkeit nach seinem Tod.«

Wer an das Römische Reich denkt, vergißt über seiner Größe leicht, wie sensibel es war. Wie jeder echte Organismus, hing es noch in seinen verzweigtesten Gliedern von dem einen Herzen ab, das der Kaiser war. Und nun verkörperte mit Marc Aurel ein Mann dieses Herz, der sich selbst predigte, nichtig seien Welt und Dinge. Wohl finden in seiner Persönlichkeit römisches Ethos und griechischer Geist einen Augenblick der Harmonie. Wohl sammelt er im Charakter und Wesen das Beste auf, was die Antike hervorgebracht. Aber es erwächst daraus ein Pessimismus, der nicht mehr erwirbt, um zu besitzen, sondern nur noch rüstet, um das Schicksal mit Gleichmut zu tragen. So war in das Zentrum des Imperiums der Keim des Verfalls gesetzt, weil das Wesen Roms des Marcus Seele nicht mehr geprägt hatte. Für den pflichtgetreuesten Herrscher Roms war das Reich, dessen Grenzen er schützte, nur ein kaum wahrnehmbares Gebilde im Zusammenhang der Allnatur. Die innere Tragödie des Marcus Aurelius ist, daß er keinen Jupiter mehr sah, den er hätte verkörpern, und noch nicht den einen Gott, dem er herrschend hätte dienen können.

Marc Aurel war ein tief religiöser Mensch. Die stoische Philosophie, der er anhing, beschränkte sich nicht auf rationale Spekulation, den Lehrern, die sie verkündeten, haftete fast immer eine tiefe Nachdenklichkeit an, die auf das Weltgeheimnis gerichtet war. Die praktische Anwendung einer solchen Geisteshaltung auf die Forderungen des Tages hatte dem Marc Aurel schon sein Adoptivvater Antoninus vorgelebt, dessen letztes Wort auf dem Sterbebett eine Mahnung zum Gleichmut gewesen war. Marcus verstand darunter während seiner ganzen Herrschaft die innere Anpassung an das Schicksal. Er hielt es für geboten, der Dynamik des Lebens eine Ruhe der Seele entgegenzusetzen, in der die Leidenschaften gebändigt blieben. Schmerzen mußten akzeptiert und in Geduld durchlitten werden, Freuden durften nicht zu falscher Hoffnung führen. Haß schien ihm ein Fehler zu sein, der am meisten den Hassenden selber trifft. Liebe empfand er nicht nur als Gefühl, sondern als eine Tugend, die von Mitleid untermischt war. Er betrachtete mit steigender Intensität die Nachtseiten der menschlichen Natur und grübelte vergeblich über das Böse, dessen Existenz er am liebsten geleugnet hätte, obwohl es ihm allenthalben entgegenschlug. Niemals aber wäre ihm der Gedanke an Erlösung gekommen. Zu seiner Zeit hatten die alten Götter nur noch den Wert staatstragender Symbole. Überall gewannen Mysterien-Kulte an Einfluß – vor allem der Dionysos- und der Mithras-Kult –, die ihren Anhängern die Reinigung von Schuld und die persönliche Unsterblichkeit verhießen. Marcus hielt solche Lehren für Aberglauben. Denn er schrieb die Schuld der menschlichen Blindheit zu, nicht dem freien Willen. Und die Unsterblichkeit schien ihm ein Wahn zu sein, den er für Egoismus hielt. Das Leben nach dem Tode leugnete er nicht ganz, faßte es aber als das fortschreitende Eingehen der Einzelseele in den Geist des Kosmos auf. Von hier aus erklärt sich seine unablässige Beschäftigung mit dem Tode, die manchmal zur Höhe einer großen Sehnsucht reift.

Erstaunlich bleibt am Charakter des Kaisers, wie er das unaufhörliche Nachsinnen über die inneren Gesetze des Weltganzen verbinden konnte mit seiner gewaltigen Aktivität als Herrscher über das Imperium. Der Schlüssel liegt in einer Idee, die er von den Begründern des Reiches, von Cäsar und Augustus, geerbt und ernster genommen hatte als viele Kaiser vor ihm: die Idee des Friedens der »Pax Romana«. Was seinem Gemüt die vollkommene Ruhe war, müßte dem Imperium der Friede sein. Marcus faßte seine kaiserliche Position nicht als den Gipfel der Macht, sondern als das Lebenszentrum seiner Völker. Er empfand eine geheimnisvolle geistige Kommunikation zu jedem unter römischen Gesetzen lebenden Menschen. So wurde ihm die Philosophie des Gleichmuts, der er als Mensch mit solcher Treue anhing, als Kaiser zur Herrscherpflicht. Ob er Recht sprach, Feldzüge führte, die Verwaltung in Ordnung hielt oder philosophierte – er war niemals nur Mensch oder nur Kaiser, sondern immer beides zugleich. Erst die volle Identität von Amt und Charakter war nach seiner Überzeugung mächtig genug, den Frieden zu verwirklichen, den er in seiner Seele vorgebildet hatte.

In manchen Passagen der Selbstbetrachtungen nähert sich das Denken des Kaisers den Grenzen des Christentums. Was ihn tatsächlich beseelte, war nicht Glaube, sondern Pietas, ein antiker Tugendbegriff, den man weder mit Ehrfurcht noch mit Frömmigkeit genau übersetzt. Pietas bedeutete den Willen, die eigene Person in Übereinstimmung zu bringen mit den Gesetzen des Kosmos, des Staates, der Familie, wobei die Absicht fromm und die Geste von Ehrfurcht erfüllt war. Für den Menschen des alten Rom bewegten sich die Kräfte des Weltalls und der Natur nach immanenter Harmonie. Um sie auf das zeitliche Leben anwendbar zu machen, mußte das Leben der menschlichen Gesellschaft als ein Organismus verstanden werden, dessen Glieder miteinander kommunizierten durch die Vernunft. Um diese nicht in purer Logik erstarren zu lassen, mußte man die Würde und die Schwäche der menschlichen Natur in das Weltgeschehen einbeziehen. Wer dies tat und sich darüber hinaus den geheimen Kräften beugte, die unserer Erkenntnis entzogen sind und dennoch unser Schicksal bestimmen – der übte Pietas. Durch sie war begreifbar, daß die Entwicklung der Völker, Aufstieg und Untergang der Reiche, die Geschicke der großen Beweger zusammengenommen weder ein Chaos noch ein Bündel von Zufällen sein konnten. Vielmehr schienen sie dem Geheimnis einer stetigen Verwandlung zu unterliegen, das größer war als die Summe der Geschichte.

Von dieser Position aus sagt Marc Aurel, der zu Recht den Beinamen »Pius – der Fromme« trägt, am Ende seiner Selbstbetrachtungen zu sich und zu uns allen: »O Mensch, Du bist in dieser großen Stadt Bürger gewesen, was liegt daran, ob fünf oder dreißig Jahre. Was den Gesetzen gemäß ist, ist für niemand hart. Was ist es denn Schreckliches, wenn Du nicht durch einen Tyrannen, nicht durch einen ungerechten Richter, nein, durch eben die Natur, die Dich in diesen Staat eingeführt hat, wieder hinausgesandt wirst? Es ist nichts anderes, als wenn ein Schauspieler durch denselben Prätor, der ihn angestellt hat, wieder entlassen wird. – ›Aber ich habe nicht fünf Akte gespielt, sondern erst drei.‹ – Wohlgesprochen, doch im Leben sind drei Akte schon ein ganzes Stück. Denn den Schluß bestimmt derjenige, der einst das Gesamtspiel einrichtete und es heute beendet; weder das eine noch das andere hängt von Dir ab. So scheide denn freundlich von hier; auch er, der Dich entläßt, ist freundlich.«

HELIOGABAL

* 204 † 222
Regierungszeit 218–222

Unsere Geschichte beginnt in einem kleinen Hof des Vatikans. Er gehört heute zu dem labyrinthischen Bezirk, worin die Kunstsammlungen der Päpste untergebracht sind. Sein Name »cortile del Belvedere« erinnert an das kaum mehr erkennbare Schlößchen, das auf der Nordflanke des vatikanischen Hügels den Päpsten der Renaissance in der Sommerhitze Zuflucht und Kühlung bot. Dem heutigen Besucher wird hier von leiernden Fremdenführern gerade genug Zeit gegönnt, um mit einem Auge den Laokoon, mit dem anderen den Apollo von Belvedere optisch in Besitz zu nehmen. Hat man beides getan, eilt man weiter und überläßt die sonst noch unter den Arkaden versammelten Kunstwerke der preisenswerten Anonymität, die nur durch die Abwesenheit von Publicity erreichbar ist. Unter den halbvergessenen Monumenten befinden sich eine Gestalt und eine Inschrift, beide bedeutsam für unseren Bericht.

Die Gestalt ist ein griechischer Gott – Hermes, hier als »psychopompos« auftretend, der Geleiter der Seelen ins Todesreich. Die Glätte der Figur verrät nicht mehr, was die Antike in der vielgeschäftigen Gottheit gesehen hat. Ursprünglich war dieser stämmige Jüngling der Bote der olympischen Götter. Im späteren Altertum wurde Hermes, ohne seine ursprüngliche Qualität einzubüßen, auch noch zum Schutzherrn der Diebe, der Redner und der Reisenden – denn alle drei bedurften eines Quentchens jener Verschlagenheit, ohne die die Kommunikation zwischen Welt und Überwelt offenbar nur schwer gelingt. Den Lebenden verschaffte Hermes die Wohltat des Schlafes samt guten und bösen Träumen. Für die Sterbenden aber war er der sanfte Begleiter zu den Geheimnissen, welche die Seele nach dem Verlassen des Körpers erwarten. Diese Geheimnisse wurden immer vielfältiger, je mehr die Griechen über ihre ursprüngliche Heimat hinausdrangen, den östlichen Mittelmeerraum in großen Städten bevölkerten und mit den dortigen sehr alten Kulturen in Berührung kamen. Vor allem in den griechischen Städten Syriens, Palästinas und Ägyptens stand die Einwohnerschaft von der Gründungszeit an unter der Einwirkung der Kulte des Orients und ihrer Auffassung von Unsterblichkeit. So fanden viele Griechen im ägyptischen Alexandria es bald ganz natürlich, zusammen mit den Einheimischen einem Weisheitsgotte zu huldigen, der im Nillande seit Jahrtausenden unter dem Namen Thot verehrt wurde. Die Ägypter nahmen von Thot an, er habe achtzehn Jahrtausende vor ihrer Zeit über die Erde regiert und nach den dreitausend Jahren seiner Herrschaft der Nachwelt zwanzigtausend Bücher hinterlassen, die die Ureinsichten in den Gang des Universums enthielten.

Um die Zeit Christi begann man in Alexandria, den mitgebrachten Griechengott Hermes mit dem vorgefundenen Weisheitskönig Thot zu einer neuen Gestalt zu verschmelzen, zu dem »dreimalgrößten« »Hermes Trismegistos«. Die rätselvollen Fragmente seiner Bücher bildeten damals für Griechen und Ägypter gleichermaßen einen Born verschlüsselter Lehren über das Schicksal der Seele nach dem Tode. Orientalisch an diesem Vorgang ist zunächst die Form des Geheimnisses, das nur Auserwählten zugänglich gemacht werden darf, weil die Unwissenden es beschmutzen und damit wirkungslos machen würden. Orientalisch ist aber auch die Auffassung, der Tod sei der Beginn des eigentlichen Lebens. Schon in den ersten Jahrzehnten nach dem Tode Jesu wurde das Evangelium in Ägypten bekannt und fand viele Anhänger. Doch schon bald schien seine jedermann zugängliche Erlösungslehre den Suchern nach geheimem Wissen über die Unsterblichkeit des Menschen zu allgemein, zu leicht verständlich, also ungenügend. Es traten innerhalb der christlichen Gemeinden Lehrer auf mit der Behauptung, der Glaube könne es gar nicht sein, durch den die Seele der Erlösung teilhaftig werde – der Mensch müsse erkennen, was Gott ist, um erlöst zu werden. Gnosis – Erkenntnis – war der Name der Sekte, die aus diesen Spekulationen entstand. In ihrer Lehre taucht nun Hermes Trismegistos wieder auf – als der Weltgeist schlechthin, der in geheimer Weitergabe von Ohr zu Ohr predigt, die Seele könne sich in jede im All vorhandene Form verwandeln und auch dorthin gelangen, wo kein Himmel mehr sei. Schließlich sah man in der Erlösung die Gleichsetzung der Einzelseele mit dem Weltgeist im ganzen. Damit vertiefte sich im Orient der innere Gegensatz zu der formalen und rechtsgebundenen Auffassung von Weltordnung, wie sie die irdische Macht vertrat, die damals jene Gebiete beherrschte: das Imperium Romanum. In der ersten Hälfte des dritten Jahrhunderts nach Christus sollte sich dieser Gegensatz zu einem religiösen Drama steigern, dessen erste Spur wir in der Inschrift finden, die uns als zweites Monument im »cortile del Belvedere« interessiert.

Sie ist in griechischer und lateinischer Sprache verfaßt und bedeckt einen Sarkophag, der vor zweihundert Jahren in der Gegend von Velletri in den Albanerbergen gefunden wurde. Der Text lautet: »Dem Sextus Varius Marcellus, dem Procurator der Wasserversorgung mit 100000 Sesterzen Gehalt, dem Procurator des kaiserlichen Privatbesitzes mit 200000 Sesterzen Gehalt, dem Stellvertreter des Prätorianer- und des Stadtpräfekten, dem Manne, der durch den Titel ›clarissimus‹ in den Senat aufgenommen wurde, dem Präfekten der Heereskasse, dem Legaten der 3. Legion Augusta und Statthalter der Provinz Numidien – die mit dem Titel ›clarissima‹ ausgezeichnete Frau Julia Soemias Basiana mit ihren Kindern dem Gatten und liebevollsten Vater.«

Wenn wir die Ämter, Ehrenstellen und Einkünfte des hier beschriebenen Sextus Varius Marcellus zusammennehmen, so ist nach zeitloser römischer Gepflogenheit wohl die Frage erlaubt: Hat er diese steile Karriere aus eigener Tüchtigkeit erreicht – oder wurde er protegiert? Marcellus war kein Römer – er stammte aus Apamea in Syrien. In seiner Jugend hatte er das Glück, einer Dame aus der höchsten syrischen Priesteraristokratie angenehm zu sein, die den Namen Julia trug und später den Titel »domna« – Herrin empfing, als nämlich der Kaiser Septimius Severus sie aufgrund eines günstigen gemeinsamen Horoskopes zur Gattin erkor. Im Gefolge der Julia Domna gelangte Marcellus an den Hof nach Rom und machte dort eine so glückliche Figur, daß man ihm der Reihe nach alle die aufgeführten Ämter übertrug und dazu noch die Hand einer Nichte der Kaiserin gab: eben jener Julia Soemias, die ihn auf der Grabinschrift als liebevollsten Gatten und Vater betrauert. Eines der Kinder aus der Ehe zwischen Julia Soemias und Marcellus war ein Sohn, um dessentwillen allein die Grabschrift aufregend ist: Sextus Varius Marcellus war der Vater des Kaisers Heliogabal.

Der Name, mit dem wir diesen Kaiser nennen, wurde von ihm selber nie gebraucht. Spätere lateinische Geschichtsschreiber haben ihn erfunden – und es gibt dafür interessante Gründe. Bevor wir aber auf sie eingehen, lohnt sich ein Blick auf die Verfasserin der Grabinschrift, die Mutter des Heliogabal, Julia Soemias.

Kaum hundert Meter vom Sarkophag des Vaters entfernt, finden wir in der »Galleria Chiaramonti« ihr Standbild. Julia Soemias, eine Frau von etwa siebenundzwanzig Jahren, Mutter des regierenden Kaisers (der selber knappe vierzehn war), im Bewußtsein der Untertanen dem Herrscher fast gleich an Majestät, tritt uns, fast lebensgroß, als Venus entgegen. Sie trägt nur »ein um den Unterkörper geschlungenes Gewand, das vorne geknotet ist«, sonst nichts. Ihr Körper ist prachtvoll, der Busen klein und fest, die Hüften von jener weichen Rundung, deren sinnlicher Reiz auch auf den heutigen Betrachter noch ungemindert wirkt – wie sehr die knabenbezogenen Diktatoren moderner Weiblichkeit sich darüber auch entsetzen mögen. Die großen Augen, vom Marmor nur im Umriß gezeigt, hatten wahrscheinlich das verhaltene Feuer, das manche Frauen Syriens heute noch zwischen Lust und Würde zu entfachen wissen. Das Profil verrät in der Feinheit seiner Zeichnung die Sensibilität des hochgezüchteten Geschöpfes, das spielerische Gefälle des einfach gekämmten Haares deutet auf die Kunst der Dame hin, Schlichtheit bewußt und erregend einzusetzen. Im ganzen eine wunderbare Frau – und dabei keineswegs frei von weiblichen Schwächen: ihre Frisur ist – obwohl in Marmor gemeißelt – abnehmbar, damit sie der rasch wechselnden Mode entsprechend ausgetauscht werden konnte. Julia Soemias war eine berühmte Schönheit, die auch als Kaiserin nichts dabei fand, sich nackt porträtieren zu lassen, da ihrer Meinung nach der Anblick lohnend war und zugleich als Erklärung dafür dienen konnte, warum die Zahl ihrer Liebhaber die Toleranzgrenze so leicht überschritt. Im Jahre 222 nach Christus wurde sie, wenig älter als dreißig Jahre, zusammen mit ihrem Sohne Heliogabal ermordet.

Es gibt genügend Gründe, uns diese Gewalttat wenn schon nicht verzeihlich, so doch verständlich erscheinen zu lassen. Der Knabe Heliogabal – wir wollen ihn zunächst weiter so nennen – war vierzehnjährig aus Syrien nach Rom gekommen. Sogleich diente ihm der weitläufige Palast der römischen Kaiser zum Schauplatz phantastischer Orgien. Sein Zeitgenosse Lampridius rechnete aus, daß das bescheidenste Gastmahl des Kaisers nach heutiger Umrechnung wenigstens dreißigtausend Mark, ein luxuriöses aber bis zu einer Million gekostet haben mußte. Der syrische Jüngling vergnügte sich damit, ehrwürdige Gattinnen altväterlicher Senatoren auf Kissen zu setzen, denen mit plötzlichem Knall die Luft ausging, er animierte weißhaarige Würdenträger zu übermäßigem Trinken, arrangierte um die Bezechten zahme Löwen, Bären und Leoparden und weidete sich an dem Schrecken, der die Ahnungslosen beim Erwachen angesichts der Bestien befiel. Zu seinen Lotteriespielen lud er jedermann ein – der Preis konnte ein fertig eingerichtetes Haus sein, aber auch eine Schachtel mit einem Schwarm von Fliegen. Unter Erbsen, Linsen, Bohnen und Reis mischte er Goldkörner, Onyxe, Perlen und Bernsteinkugeln und freute sich an den ausgebissenen Zähnen seiner Gäste. Das Silbergeschirr der kaiserlichen Tafel wechselte häufig, da Heliogabal die Gepflogenheit hatte, die Geladenen zum Mitnehmen des Tafelgerätes aufzufordern. Man behauptete, er trüge keinen Ring mehr als einmal. Da ihm seine Privatthermen zu dürftig erschienen, ließ er sie vollständig mit Onyx auskleiden und bestellte neue Beschläge und Hähne aus purem Golde. Sein Badewasser wurde mit Kannen persischen Rosenöls versetzt – und damit er nicht nur die Nasen seiner Mitwelt durch unerhörten Wohlgeruch berauschen, sondern auch deren Augen durch entsprechenden Glanz blenden konnte, bestand er auf einer Kleidung, die vom Lorbeerkranz bis zu den Schuhen mit Edelsteinen überschüttet war. Wenn er auf Reisen ging, waren sechshundert Gespanne für seinen Troß das mindeste, worin allerdings sein Harem und seine Knäblein einbegriffen waren. Wie Nero empfand er sich als Künstler – sonderlich in der Musik, er sang mit Leidenschaft, spielte Horn, Flöte und Orgel.

Eine fixe Idee verdankte er dem Wahrsager, der ihm prophezeit hatte, er werde durch Gewalt ums Leben kommen. Da er dem Mann aufs Wort glaubte, richtete er sich auf den denkbar luxuriösesten Selbstmord ein. Überall im Palast ließ er für den Fall der Notwendigkeit purpurne Seidenstricke bereitlegen, ebenso goldene Dolche nebst Büchsen aus Smaragd und Saphir, die wirkungsvolle Gifte enthielten. Er veranlaßte weiterhin den Bau eines ausgehöhlten Turmes, in dessen Inneren er sich von einer Plattform in die

Tiefe zu stürzen gedachte. Damit aber sein Ende dem Stil seines Lebens entspreche, ließ er den Fußboden des Turmes mit Diamanten pflastern, um – wenn es schon sein mußte – wenigstens auf den kostbarsten Steinen der Natur ums Leben zu kommen.

Manche der Berichterstatter, die uns diese Paradestücke der Exzentrik überliefert haben, mochten aus Bosheit und Rachsucht Heliogabals Bild verzeichnet haben. Doch selbst wenn manche Verrücktheit entfällt, bleibt das Bild eines Menschen, der noch in seinem Wahnsinn andere Wurzeln des Fühlens und Denkens bloßlegt, als es den römischen Lebensvorstellungen entsprach. Der junge Mann war von semitischer Rasse und ein hochrangiger orientalischer Priester. Als er im Frühjahr 219 in Rom einzog, trug er purpurne Seidengewänder, die mit Gold bestickt waren, hatte die Wangen mit roter Schminke bedeckt, die Augen mit phosphoreszierenden Türkistönen zu künstlichem Leuchten gebracht, die Arme von Goldreifen bedeckt, Perlenstränge um den Hals und einen edelsteinbesetzten Goldkranz auf dem Kopf. Den alteingesessenen Konservativen mußte dies als eine entwürdigende Maskerade erscheinen, aber Heliogabal selber empfand nichts davon. Er trat mit den Insignien eines Hohenpriesters auf, der dem Gotte, dem er dient, den Triumph über den Erdkreis ermöglicht hat. Dieser Gott war in Syrien zu Hause und trug den Namen Baal.

In der syrischen Ursprache heißt das Wort Baal »der Hohe, der Herr der Erde, der Inhaber der Übermacht«. Er allein regiert über Götter und Menschen, sein Reich ist ewig für alle Geschlechter. Einst widerfuhr es dem Baal im Kampfe mit Mot, dem Gott des Todes und der Dürre, zu unterliegen. Da mußte auf der Erde alles Leben erlöschen, »da hörte« – wie es im Baal-Epos heißt – »der König auf, Urteile zu sprechen, die Brunnen hörten auf, Wasser zu geben, und der Klang der Arbeit hörte auf in den Werkstätten«. Dann aber konnte sich Baal mit Hilfe seiner Schwester aus der Unterwelt befreien – und er krönte seine Wiederauferstehung mit der Verheißung: »Ich allein werde die Götter regieren, ich allein werde sorgen, daß Götter und Menschen fett werden, ich allein werde die Bewohner der Erde sättigen.« Hier fällt auf, wie sehr dieser Gott betont, er allein sei der Herrscher über alles Leben. Da der kaiserliche Jüngling aus Syrien diesem Allein-Gott Baal ein hingebender Diener war, können wir annehmen, daß Heliogabal ein Monotheist gewesen ist, ein Mensch, der an einen Gott glaubt.

Hier kündigt sich die tiefe religiöse Auseinandersetzung an, die damals die Grundfesten des Römischen Reiches berührte. Der Osten erhob sich mit Macht gegen den alten, starren Vielgötter-Staatskult des antiken Rom, und unter diesem Aspekt ist Heliogabal der erste Bote orientalischer Religiosität auf dem Throne der Cäsaren. Bevor wir jedoch beobachten, was dieser halbwahnsinnige Priesterjüngling in den vier Jahren seines römischen Kaisertums bewirkt hat, müssen wir die Frage stellen, auf welche Weise es ihm überhaupt gelungen ist, dort hinauf zu gelangen. Es war das Werk zweier Männer und zweier Frauen.

Dem Lucius Septimius Geta hat die Geschichte nicht zu Unrecht den Beinamen »Severus – der Strenge« verliehen. Er war 146 nach Christus in Libyen geboren, in der Stadt Leptis magna, die er später als Kaiser durch grandiose Bauten von solcher Solidität ausstattete, daß sie heute noch den größten im Zusammenhang erhaltenen Baukomplex der römischen Antike bilden. Seine Muttersprache war Phönizisch, die Sprache Karthagos und Hannibals, des größten Feindes, den Rom jemals hatte. Es gibt Historiker, die das Auftreten dieses Afrikaners Septimius Severus in der Reihe der römischen Kaiser als die späte Rache werten, die Hannibals Heimatland an Rom geübt hat. Septimius konnte trotz glänzender griechischer und lateinischer Bildung den phönizischen Akzent seiner Aussprache bis ins späte Alter nicht ablegen. Seine Schwester vermochte – auch als Septimius schon Kaiser war – das Lateinische nur radebrechend zu sprechen. Nach seiner Jugendzeit in Leptis magna wandte sich Septimius zunächst nach Athen, um dort Literatur und Philosophie zu studieren. Später ging er nach Rom, um seinen Kenntnissen die Jurisprudenz anzufügen und eine Praxis als Anwalt aufzumachen. Jedoch blieb trotz seiner umfassenden Bildung, die die beiden geistigen Hemisphären der alten Welt virtuos durchdrungen hatte, sein Charakter afrikanisch. Er war rastlos und verschwiegen, gewalttätig und durchtrieben, verzieh schwer und vergaß nie, unterhielt seine Zuhörer mit Geist und Eleganz, ohne je außer acht zu lassen, daß ihr Geld ihm wichtiger war als ihre Sympathie. Seine Verschlagenheit wurde nur noch übertroffen durch unkontrollierte Ausbrüche seines Zornes, vor deren unheilvollen Nachwirkungen er sich aber durch seine hohe Kunst im Verschleiern der Wahrheit und durch gelegentliche Grausamkeit zu retten wußte. Außerdem besaß er ein erotisches Verhältnis zu Geld – ein Umstand, der ausschlaggebend war, als es ihm darum ging, Kaiser zu werden.

Nach dem Tode seines Vorgängers verschacherten die Führer der kaiserlichen Garde den Thron an den Meistbietenden. Ein Mann namens Didius Julianus saß mit Frau und Tochter beim Mittagessen, als die Nachricht kam, die Krone sei demjenigen sicher, der den Prätorianern das größte Geschenk machen könne. Solche Aussichten schienen den beiden Damen verlockend genug, den Didius zum Mitbieten zu überreden. Seufzend unterbrach dieser sein Mahl, ließ sich in die Kaserne tragen, fand aber dort schon einen Konkurrenten am Werk, der den Gardesoldaten pro Mann fünftausend Drachmen, also etwa zwölftausend Mark bot. Als Didius 14600.– Mark dagegen bot, rief ihn die Garde zum Kaiser aus, ohne daran zu denken, wie das römische Volk auf einen solchen Handel reagieren würde. Tatsächlich fanden sich beherzte Männer, die die Legionen in Britannien und Ungarn aufforderten, nach Rom zu kommen und Ordnung zu schaffen. Der Kommandeur der in Ungarn stationierten Truppen war Septimius Severus. Er brauchte für die Strecke von der Donau bis vor die Tore Roms einen Monat, überredete unterwegs die englischen Legionen, auf seine Seite überzutreten, zog entgegen dem Gesetz mit seiner Streitmacht in die Stadt und sicherte seine Herrschaft, indem er jedem Soldaten, der ihm zum Throne verholfen hatte, ein Geschenk von achtundzwanzig Mark zukommen ließ. Man kann nicht sagen, daß dieser Mann Illusionen hatte.

Dennoch vertraute er – fast ein antiker Wallenstein – in den wesentlichen Entscheidungen seines Lebens mehr den Sternen als seinem Intellekt. Er war davon überzeugt, daß die Götter der Gestirne, als Herren des Alls und der Ewigkeit von unbegrenzter Macht, die Schicksalsbahnen der Menschen bestimmen. Das Verborgene und Geheime – denken wir an Hermes Trismegistos – hat den afrikanischen Herrscher stets fasziniert. Selbst in Rom hat er darauf bestanden, seinen Palast auf dem Palatin eine Prunkfassade vorzusetzen, deren Unterbau noch heute steht: das Septizonium, das dem von der Via Appia hereinkommenden Besucher die sieben Götter der Planeten entgegenhielt, in deren Mitte unter dem Sonnengestirn das Bild des Kaisers thronte. Auch im Inneren des Palastes hat Septimius einen Raum den Gestirnen gewidmet, wobei er allerdings ängstlich darauf achtete, daß das Zeichen, das seine eigene Geburt und Todesstunde regierte, undeutlich blieb, damit niemand erkennen konnte, wann dem Kaiser das Ende des irdischen Daseins bestimmt war. Die Zwangsvorstellung, ein Mensch könne seine Sterbestunde erraten und dadurch Macht über ihn gewinnen, verließ Septimius niemals und erzeugte in ihm eine Angst, die ihn auf bloßen Verdacht hin zu absurden Grausamkeiten verleitete. Hier zeigt sich der Orientale: Im damaligen Orient begriff man die Welt als eine ungeheure Höhle. Der Himmel war nicht frei und weit, sondern eine kompakte Höhlung, an deren Innenrand die schicksalsbestimmenden Sterne nach ehernen Gesetzen entlangglitten. Den solcherart als starr empfundenen Himmel, dem die Erdenbewohner ausgeliefert sind, benannten die Bewohner des damaligen Persien mit einem Wort, das gleichzeitig »Stein« bedeutete. Der Gott, dem des Septimius übernächster Nachfolger, Heliogabal, dienen sollte, der große Alleingott Baal, wurde verehrt in einem heiligen Stein.

Septimius Severus verlor, noch bevor er Kaiser wurde, seine erste Frau. Als er sich wieder verehelichen wollte, befragte er, seinem Charakter gemäß, die Sterne. Seine Wahl fiel auf ein junges Mädchen, in dessen Horoskop die Prophezeiung enthalten war, sie werde einen Herrscher zum Gatten erhalten. Sie stammte aus Emesa am Orontes – dem heutigen Homs in Syrien – und war die Tochter eines Mannes namens Basianus, der ein Priester des Sonnengottes war. Auf lateinisch wurde sie Julia genannt, ihr syrischer Name aber war Martha, das heißt Herrin. Es ist nicht erwiesen, auf welche Weise Septimius und Julia sich kennengelernt haben. Möglicherweise waren syrische Kaufleute vermittelnd tätig gewesen, denn zum Zeitpunkt des Entschlusses, Julia zu heiraten, befand sich Septimius in Lyon, das Mädchen aber im Orient. Jedenfalls konnte sich der Bräutigam in seinem Sternenglauben bestätigt fühlen, als er die Braut zum erstenmal von Angesicht sah. Sie war ungewöhnlich schön, von sehr edlem Wesen und so eminent gebildet, daß die Gelehrten des Hofes ihr schon wenig später den Titel verliehen: der Philosoph Julia. Von astrologischen Konstellationen abgesehen, muß Septimius wohl auch Überlegungen der Macht und des Einflusses angestellt haben, als er sich mit Julia und ihrer Familie verband.

Ihr Heimatort Emesa war noch hundertfünfzig Jahre vorher die Hauptstadt eines jener selbständigen Kleinstaaten gewesen, aus denen Syrien vor der römischen Eroberung bestanden hatte. Das frühere Königtum von Emesa hatte sich nach dem Verlust der Selbständigkeit auf den geistlichen Teil seiner Würde zurückgezogen und lebte in der Erbfolge eines Oberpriestertums fort, das im Heiligtum der Stadt ausgeübt wurde. Dort verehrte man seit Jahrhunderten den vom Himmel gefallenen schwarzen Stein Baals, einen Meteor, als die Verkörperung des Sonnengottes »Helios«. Die zum Dienst an dieser gestaltlosen Gottheit ausersehenen Männer trugen den Titel Basus, und folglich hießen alle, die von einem Basus abstammten und zum Hohepriestertum vorbestimmt waren, Basianus. Dies war der Name von Julias Vater. Auch Julias Großneffe Heliogabal wird Basianus als Familiennamen führen, ebenso wie dessen Mutter Julia Soemias sich auf der Inschrift im Vatikan sich mit dem Beinamen Basiana schmückt. Aus all dem geht hervor, daß durch die Ehe zwischen einem afrikanischen Kaiser und einer orientalischen Priestertochter in Rom ganz von selbst der Nährboden entstehen mußte, der den Geist des Ostens zu einer neuen, bisher nicht gekannten Herrschaftsform des Römischen Reiches emporwachsen ließ.

Der Ehe entstammten zwei Söhne, Caracalla und Geta. Zunächst wird in Urkunden und Inschriften Caracalla bevorzugt, erhält den Titel des Thronfolgers und wird im Alter von ganzen siebzehn Jahren durch einen willfährigen Senat mit der Bezeichnung »Vater des Vaterlandes« versehen. Geta steht lange nicht ganz so hoch im Rang, wird jedoch gegen des Septimius Lebensende zu auf gleiche Stufe erhöht, und zum Schluß sind alle drei »Augusti« – Kaiser.

Die Schöpferin dieses »heiligen Hauses« war Julia Domna, der Septimius sogar gelegentlichen Ehebruch verzieh, weil die Sterne ihn an sie gekettet hatten. Ihre wahre Stellung im Staate geht aus einigen Inschriften hervor, die von der Hand der Soldaten und Offiziere der 3. Legion »Pia Vindex« in Afrika stammen. Hier wird Julia die »Gattin des Wiederherstellers des Friedens« genannt, was besagt, daß sie an den großen Ereignissen der Septimianischen Politik offiziellen Anteil hat. Sie ist die verkörperte Frömmigkeit, Keuschheit, Fruchtbarkeit, das glückschaffende Glück, die Eintracht und der Friede. Schließlich erscheint sie auf Münzen auch noch als »Fortuna Redux«, als die Göttin der glücklichen Heimkehr. Im ganzen repräsentiert sie den milden und wohltuenden Teil der Staatsregierung. Ihr Standeszeichen ist das Diadem, das auf Bildnissen der Julia Domna bisweilen die Form der aufwärts gekrümmten Mondsichel angenommen hat – in dem gleichen Sinne, wie Nero die Strahlenkrone der Sonne auf sein Standbild setzen ließ. Sonne und Mond sind zusammen die Ewigkeit, in der das Römische Reich seine Fortdauer verankert weiß.

Im Jahre 208 begleitete Julia Domna ihren Gatten Septimius Severus nach England. Obwohl der Kaiser schwer an Gicht litt, gelang es ihm, einige Siege gegen die Schotten zu erringen, deren Früchte zu ernten ihm jedoch versagt blieb. Schließlich gab er Schottland auf, um Britannien sicher halten zu können. Todkrank und von düsterer Skepsis überschattet, begab sich Septimius schließlich nach York und diskutierte dort, von Schmerzen gepeinigt, mit Julia Domna an langen Winterabenden vergeblich das Hauptproblem der Familie: die tödliche Feindschaft zwischen den beiden

Söhnen Caracalla und Geta. Beide führten nicht das Leben, das auf dem Gipfel der Welt zu Achtung und Ansehen führt. Im Stil jedoch war ein Unterschied zu bemerken: Geta erscheint als der feinere, differenziertere Mensch, während der robuste Caracalla in seinem Charakter proletarisch, in seiner Genußsucht vulgär und in seinem Verhalten brutal gewesen sein muß.

Noch reichte die Autorität des Vaters aus, die Brüder zu einer formellen Versöhnung zu bringen, doch mag die Ahnung von der Vergeblichkeit seines Bemühens dem Septimius auf dem Sterbebett die Worte eingegeben haben: »Alles bin ich gewesen, aber es ist nichts wert.« Aus diesen letzten Lebenstagen des Septimius berichtet Herodian über Caracalla: »Der Vater, dessen Krankheit sich in die Länge zog und der gar nicht sterben wollte, erschien ihm beschwerlich und lästig, und so suchte er dessen Ärzte und Diener zu bereden, bei seiner Kur irgendeinen Fehler zu machen, um desto schneller von ihm befreit zu werden.«

Kaum war Septimius Severus bestattet, brach die Tragödie herein. Rom teilte sich in zwei Lager – Freunde des Caracalla, Freunde des Geta. Der Ältere versuchte einen Mordanschlag, der mißglückte. Seither umgab sich Geta mit einer starken Leibwache. Um diese auszuschalten, täuschte Caracalla die gemeinsame Mutter Julia Domna, indem er sich scheinbar versöhnungswillig zeigte und erklärte, er wolle den verhaßten Geta bei der Mutter treffen. Geta erschien und wurde von vorbestellten Offizieren Caracallas niedergestochen. Mit letzter Kraft flüchtete er sich in den Schoß der Mutter und rief: »Mutter, Mutter, die du mich geboren hast, hilf mir jetzt, denn man bringt mich um.« Julia, die bei dem Gemetzel um ihren verendenden Sohn selbst an der Hand verwundet worden war, wurde von Caracalla gezwungen, zu lächeln, als sei ihr ein großes Glück zuteil geworden.

Man würde annehmen, daß nach einem solchen Vorfall kaum mehr eine Möglichkeit der Versöhnung zwischen der Mutter und dem Brudermörder bestand. In Wirklichkeit trat das Gegenteil ein. Wohlwollend sah Julia Domna zu, wie Caracalla die Kassen seines Vaters leerte, um die über den Tod des Geta murrenden Soldaten zu beschwichtigen. In Abwesenheit des Kaisers, der ganz in seinen Feldzügen aufging, lenkte Julia als bevollmächtigter Minister für Gesuche und Staatskorrespondenz die Geschäfte des Reiches fast allein und gab Audienzen, deren Entscheidungen in vielen Inschriften festgehalten sind. Sie duldete den halb irrsinnigen Traum des Sohnes, es Alexander dem Großen gleichzutun, dem zuliebe er eine Phalanx von sechzehntausend Mann mit altmakedonischen Waffen ausgerüstet hatte, um mit ihnen gleich seinem unerreichbaren Vorbild Persien zu erobern. Der Feldzug wurde auch noch in Gang gebracht, scheiterte aber am gesunden Widerwillen der Legionen. Da Caracalla nicht verstehen wollte, griff man zu dem einleuchtendsten Mittel und ermordete ihn meuchlings, während er sich zum privatesten aller Geschäfte zurückgezogen hatte. Macrinus, der damalige Präfekt der Garde, rief sich kurzerhand selbst zum Kaiser aus.

Die Tochter des syrischen Priesters aber, Julia Domna, versuchte, durch einen Stich in die Brust von eigener Hand zu sterben. Sie verfuhr dabei so ungeschickt, daß sie nur den Brustkrebs förderte, an dem sie litt. Bald darauf empfing Julia Domna ein Schreiben des neuen Kaisers Macrinus, worin ihr der alte Hofstaat und ihre Leibwache zugesichert wurden. Sogleich wiegte sie sich wieder in der Illusion, immer noch die große Regentin zu sein, versäumte keine Zeit und hetzte die syrischen Legionen gegen Macrinus auf. Als dieser darauf ihre Ausweisung aus Antiochia verfügte, verweigerte sie jede Nahrung und hungerte sich zu Tode. Cassius Dio, der sie selbst gut gekannt hat, sagt in seinem gefühlvollen Nachruf für die geistreiche, schöne und herrschsüchtige Frau, sie sei ein Beispiel dafür, daß man nicht alle, die zu großer Macht gelangten, auch glücklich preisen könne.

Macrinus aber hatte die Gefahr unterschätzt, die von Julia Domna kommen konnte – selbst nach ihrem Tode. Die Syrerin hatte nämlich eine Schwester, Julia Maesa, die bisher kaum in Erscheinung getreten war. In jungen Jahren hatte Maesa einen ehrenhaften Mann namens Avitus geheiratet, der bis zum Konsul aufgestiegen und dann rechtzeitig genug gestorben war, um die Pläne seiner

Gattin nicht zu behindern. Aus der Ehe zwischen Avitus und Maesa stammte die schöne Julia Soemias, die Mutter des Heliogabal. Dieser war damals ein Knabe von anmutiger Gestalt, beseelt von halb kindlichem, halb schwärmerisch empfundenem Glauben an seinen Gott Baal. Da auch er ein Basianus, ein zum Hohepriestertum Vorbestimmter aus der alten Königsfamilie von Emesa war, fiel es seiner Großmutter Maesa und seiner Mutter Soemias leicht, unter den römischen Legionären Syriens, die längst von den Mysterien orientalischer Kulte beeindruckt waren, für den schönen, hieratischen Knaben Propaganda zu machen. Maesa war eine »Meisterin in der Menschenbehandlung und der Intrige«. Sie hatte aber ihrer Schwester Julia Domna noch eines voraus: die Kunst des Wartenkönnens.

Julia Domna hatte die Familie, die ihr eigenes Werk gewesen war, überlebt. Septimius Severus, ihr Mann, war zynisch und verbittert gestorben. Von ihren beiden Söhnen hatte der eine, Caracalla, den anderen, Geta, umgebracht und war dann selbst ermordet worden. Als der Nachfolger Macrinus ihre ungebrochene Herrschsucht durchschaute, hatte Julia Domna es vorgezogen, aus dem Leben zu scheiden. Das von ihr geschaffene »heilige Haus« der kaiserlichen Familie lag in Trümmern, Macrinus konnte sich in Sicherheit wiegen. Denn das letzte Glied des »heiligen Hauses« des Septimius Severus, Caracalla, war kinderlos gestorben und sein nächster männlicher Verwandter, Heliogabal, war lediglich der Enkel von Caracallas Tante – eine Verwandtschaft, die nichts mehr zählte bei den Soldaten, die allein die Macht hatten, einen Kaiser anzuerkennen oder einen anderen auszurufen. Man mußte also, so kalkulierte Maesa, die Verwandtschaft ihres Enkels Heliogabal mit Caracalla etwas inniger gestalten. Dies konnte nur gelingen, wenn Soemias, die Mutter des Heliogabal, einen Ehebruch zugab, den sie nicht begangen hatte. Sie mußte ihren Sohn Heliogabal nicht von dem legitimen Ehemann Varius Marcellus empfangen haben (wir erinnern uns seiner Grabinschrift im Vatikan), sondern von Caracalla. Und Soemias, wie die meisten Orientalinnen der Mutter hörig, stimmte sofort zu. So wurde das

Gerücht verbreitet, der junge, fromme Hochachtung gebietende Priesterknabe sei in Wahrheit der Sohn des Caracalla und somit der direkte Enkel des Septimius Severus. Die Soldaten im syrischen Emesa ließen sich überzeugen. Sie riefen den vierzehnjährigen Heliogabal als Enkel des großen Septimius zum Kaiser aus.

Macrinus, der regierende Kaiser, der zugleich der Mörder Caracallas war, nahm die Sache zunächst überhaupt nicht ernst. Er schickte eine mäßige Streitmacht gegen seinen priesterlichen Konkurrenten und wachte erst auf, als die Nachricht kam, Maesa habe mit dem Schatz ihrer Familie die Soldaten des Macrinus auf die Seite Heliogabals gezogen. Mit einer weit größeren Armee begab sich nun Macrinus selbst auf den Schauplatz des Geschehens. Die Zahl seiner Truppen machte, als es zur Schlacht kam, auf die Anhänger Heliogabals einen gewissen Eindruck. Als sie zurückwichen, sprangen Maesa und Soemias, zusammen mit dem zarten Heliogabal vom Kriegswagen, hinderten die Schwankenden an der Flucht, formierten die eigenen Kräfte neu und führten sie zum Siege über Macrinus, der seine Sache zu früh verlorengegeben hatte. Da Macrinus einst Beamter der Staatspost gewesen war, leistete er sich den Luxus, diese als Fluchtmittel in den Westen zu benützen, wo er aber nicht ankam, weil man ihn unterwegs ermordete. Dank der Willenskraft und Tapferkeit der beiden Frauen Maesa und Soemias war Heliogabal Kaiser.

Hier ist es Zeit, noch ein Wort einzufügen über den Ort Emesa – Homs. Das Land um diese Stadt war schon in der Antike fruchtbar, man lebte vom Steingebirge ebensoweit entfernt wie von der Wüste. Doch wie sich auch heute der Fanatismus vielfach dort entzündet, wo Überfluß herrscht, so galt damals die reiche Stadt Emesa als geradezu besessen in der Ausschließlichkeit, mit der sie sich dem Kult des Baal, des Gottes der unbesiegten Sonne, hingab. Aus der Priesterfamilie dieser Stadt war Julia Domna zu kaiserlichem Range aufgestiegen, hatte sich aber leichtfertig von der religiösen Begeisterung ihrer Landsleute distanziert, war zur Philosophin geworden und hatte es gewagt, über die Götter, Baal eingeschlossen, insgeheim zu lächeln. Dafür war sie – aus der Sicht von Emesa – zu Recht bestraft worden durch die Grausamkeiten, die das Leben an ihr vollzog. Ihre Schwester Maesa hütete sich, den gleichen Fehler zu machen. Für sie, ihre Tochter Soemias und den Enkel Heliogabal bedeutete der heilige Stein von Emesa das höchste Gut der Welt – und vielleicht fühlten sich Maesa und Soemias geradezu verpflichtet, den großen Baal zu versöhnen für das, was Julia Domna im Geiste an ihm gefrevelt hatte.

Jedenfalls wurde dafür gesorgt, daß der Knabe Heliogabal schon sehr früh die Weihe zum Baalspriester erhielt und gleichzeitig eine Erziehung, die die gesamte Existenz des sensiblen Knaben auf Baal und seinen heiligen Stein konzentrierte. Der Tempel von Emesa, worin der schwarze Meteor in Gold, Silber und Juwelen gehüllt als materialisierter Teil des Sonnengottes verehrt wurde, lag auf der Burg, hoch über den Mauern und Zinnen der Stadt. Wahrscheinlich stammt daher die Bezeichnung »Elagabal« – der »Gott vom Berge«. Dieses Wort nahm der junge Priester als Namen an, den er auch als Kaiser behielt: Elagabal. Damit war nicht eine Gleichsetzung mit dem Gotte beabsichtigt, sondern ein orientalischer Akt der Demut: Ich verdiene meinen eigenen Namen gar nicht, denn der Gott, dem ich diene, ist so groß, daß nur er genannt werden darf, also nenne ich mich beim Namen meines Gottes: Elagabal. Eine solche Interpretation der Namengebung würde auf einen eminent religiösen Vorgang schließen lassen, denn »Elagabal« ist nicht der Name des Kaisers, sondern der des emesischen Gottes, der einst als Stein vom Himmel fiel und nun durch seinen Priester über den römischen Erdkreis herrschte.

In Rom traute man seinen Augen nicht. Mitten in der Stadt wurde dem Baal ein Tempel errichtet. Der Kaiser ließ, nachdem das Heiligtum fertiggestellt war, in einer Prozession ohnegleichen den heiligen Stein von Emesa nach Rom bringen und verlangte vom Senat, er solle Baal als dem obersten Gotte huldigen. Die ehrwürdigsten Heiligtümer der altrömischen Religion, der Stein der großen Mutter, die Schilde der Salier, das Feuer der Vesta wurden in den neuen Tempel gebracht und dem schwarzen Stein zu Füßen gelegt. Zusammen mit Mutter und Großmutter vollzog der Kaiser vor seinem Stein geheimnisvolle Zeremonien – man sprach von Knabenopfern, von Inzest und Orgien. An den Festtagen des Baal, etwa am 25. Dezember, der im römischen Kalender nunmehr als »dies natalis invicti«, der Geburtstag des Unbesiegten, geführt wurde, opferte man, kaiserlicher Weisung gemäß, auf zahlreichen öffentlichen Altären Hunderte von Rindern und goß Amphoren des ältesten und kostbarsten Weines ins Feuer, wobei der Kaiser selbst in religiöser Verzückung zu tanzen anhob, begleitet von den Chören syrischer Frauen, die gleichzeitig Zimbeln und Pauken schlugen.

Außerhalb der Stadtmauer wurde dem Baal ein zweites Heiligtum errichtet, gewissermaßen ein Sommersitz. Jedes Jahr begleitete der Kaiser den heiligen Stein bei seinem Zug hinaus aufs Land. Der Wagen, auf dem der Gott reiste, durfte von niemand bestiegen werden. Er wurde gezogen von sechs Schimmeln, deren Zügel um den heiligen Stein geschlungen waren und von niemand berührt werden durften – der Gott fand selbst seinen Weg. Das Diadem auf dem Haupt, in Purpur und Gold gehüllt, schritt der Kaiser dem Wagen voran – aber nach rückwärts gewendet, um sein Gesicht nicht einen Augenblick von seinem Herrn abwenden zu müssen. Leibwächter hatten darauf acht, daß der jugendliche Herrscher beim Rückwärtsgehen nicht in den Goldstaub fiel, mit dem der Weg bestreut war.

Solche Dinge mußten sich für die Römer als ein einziger unfaßbarer Skandal ansehen. Die Großmutter Maesa, die praktisch die Regierung ausübte, warnte denn auch mehrmals, die Provokation nicht zu übertreiben. Doch war Heliogabal nicht ansprechbar, wenn es um die Schmälerung der Rechte seines Gottes ging – und so ließ Maesa ihn gewähren. Soemias vollends stürzte sich, den Luxus der Hauptstadt ausschöpfend, in einen Taumel der Sittenlosigkeit und konnte am Gebaren ihres Sohnes nichts Anstößiges finden. Zutiefst waren beide Frauen selber im Banne des Gottes von Emesa und wagten nicht, die göttliche Inspiration zu beeinflussen, die zu empfangen Heliogabal überzeugt war. Schließlich aber brachte sich der Kaiser selbst zu Fall durch eine Tat, die auch noch in den abgebrühtesten Skeptikern Roms Schauer des Entsetzens hervorrief. Heliogabal vermählte sich mit einer Vestalin.

Die Priesterinnen der Vesta waren das Heiligste, was Rom besaß. Sie wurden aus den edelsten Familien im Alter von zehn Jahren ausgewählt, versahen bis zum zwanzigsten Lebensjahr die Dienste der Novizinnen in Kloster und Tempel, wurden dann auf zehn Jahre zu Priesterinnen geweiht und kehrten mit dreißig in das freie Leben zurück. Den Vestalinnen oblag der Kult des heiligen Feuers, das einmal im Jahre in einer feierlichen Zeremonie gelöscht und am zweiten Februar ebenso ehrfürchtig wieder entzündet wurde. An diesem Tag – die katholische Kirche hat später das Fest Maria Lichtmeß daraus gemacht – holten sich alle Hausfrauen Roms am Vesta-Tempel das neu geweihte Feuer und entfachten damit den häuslichen Herd. Schon diese eine Seite des Vesta-Kultes mag zeigen, daß hier uralte Traditionen der römischen Lebensform weitergeführt wurden, die alle aus einer einzigen Grundwahrheit hervorkamen: Das höchste Ziel des Menschen ist Reinheit, weil nur Reinheit die Übereinstimmung mit den Göttern und dem Schicksal garantiert. Folgerichtig war die höchste den Vestalinnen auferlegte Pflicht die absolute Keuschheit. Ein keusches junges Mädchen wurde im alten Rom, auch noch in der Zeit des Sittenverfalles, als das Unterpfand für den Fortbestand des Staates angesehen. Die Idee des Kaisers Heliogabal, die amtierende Oberpriesterin der Vesta zur Ehe zu nehmen, mußte der römischen Öffentlichkeit als Frevel ohnegleichen erscheinen. Heliogabal ahnte von all dem wenig und begründete seinen Schritt mit den Worten: »Ich tat es, damit ich, der Oberpriester, mit ihr, der Obervestalin, göttergleiche Kinder zeugen kann.«

Julia Maesa erkannte bald, daß durch des Kaisers letzte Tat auch die letzte Stütze der Dynastie von ihm abrückte: das Heer. Maesa reagierte auf eine Weise, die ihrer Herkunft und Familie würdig war. Der Bestand des Kaiserhauses war wichtiger als die Fortdauer der Herrschaft des Heliogabal. So zog sie aus dem emesischen Priesterclan einen anderen, dreizehnjährigen Enkel hervor und überredete Heliogabal, diesen seinen Vetter als Nachfolger zu adoptieren. Sie erklärte dem verblüfften Kaiser, er müsse seinem Gotte in Zukunft noch viel inniger dienen, also sei es zu seinem eigenen Vorteil, wenn er die Regierungsgeschäfte an den Vetter abtrete. Maesa und Soemias nahmen beide an der Senatssitzung teil, in deren Verlauf die Adoption des Dreizehnjährigen durch den Siebzehnjährigen vollzogen wurde.

Tatsächlich hatte Maesa richtig gerechnet. Der jüngere Prinz wußte durch sein bescheidenes Wesen und seine disziplinierte Lebensweise das Heer und die Bevölkerung bald für sich einzunehmen. Heliogabal, der zwar verblendet, aber nicht ohne Intelligenz war, bemerkte diese Entwicklung mit Schrecken und begann, den Vetter mit seiner Eifersucht zu verfolgen. Schließlich erwachte auch Soemias aus dem Taumel ihrer Sinnlichkeit und wurde inne, daß mit des Heliogabal Sturz auch ihr eigener bevorstand. Sie eilte in das Lager der Prätorianergarde und versuchte, die Soldaten gegen Maesa und ihren neuen Günstling Alexander aufzuhetzen. Maesa entgegnete mit den Argumenten, die sie schon dem Senat vorgetragen hatte: Heliogabal habe den Staat nicht nur durch Verschwendungssucht und Schamlosigkeit beleidigt, sondern noch mehr dadurch, daß er die Unterordnung des römischen Göttervaters Jupiter unter den syrischen Baal vollzogen habe. Solche Worte aus dem Munde einer Frau, die selbst der syrischen Priester-Aristokratie entstammte, beweisen die schrankenlose Herrschsucht der Maesa und hatten bei den Soldaten den gewünschten Erfolg. Als wenig später Soemias und Heliogabal im Prätorianerlager erschienen, kamen sie nicht mehr zu Wort. Die Garde erschlug den Kaiser, der im Augenblick der Todesgefahr seine Mutter fest umschlungen hielt. Beiden hieb man die Köpfe ab. Die Leichen wurden auf entehrendste Weise entblößt, durch die Stadt geschleift und schließlich in den Tiber geworfen.

Damit endet eines der seltsamsten Kapitel der an Verrücktheiten reichen Geschichte des kaiserlichen Rom. Die Auswirkungen der Herrschaft des Heliogabal haben aber noch lange fortgedauert. Der orientalische Priester-Kaiser hatte sich allen Religionen des Römischen Reiches gegenüber tolerant gezeigt. Der mosaische Glaube erfuhr durch ihn selten gekannten Schutz, das Christentum sollte gesetzlich anerkannt werden (was ihm, wenn es geschehen wäre, ein volles Jahrhundert weiterer Verfolgungen erspart hätte). Heliogabal verlangte lediglich, daß über allen Kulten, Mysterien und Glaubensrichtungen, über dem ganzen vielfältigen Göttersystem des Römischen Reiches der eine Gott der Sonne und des Lichtes herrschen sollte, den er selbst in Baal erkannte.

Die Ausgrabungen unter den Grotten von Sankt Peter haben eine Gräberstraße freigelegt, in der sich mehrere Mausoleen aus der Zeit des Heliogabal befinden. Eines davon zeigt eine gewölbte Decke, die mit Goldmosaik ausgekleidet ist. Inmitten eines Gerankes von Weinlaub, fährt im Zenit der kleinen Kuppel der vierspännige Sonnenwagen daher. In der römischen Göttertradition war die Lenkung des Lichtgespannes dem Helios vorbehalten, dem Gott des Tagesgestirns. Auf dem besagten Mosaik aber ist es nicht Helios, der die Sonnenrosse lenkt, sondern Christus. In den Tagen des Heliogabal muß sich bei den Christen Roms eine Gleichsetzung der Gestalt Christi mit dem unbesiegten Sonnengott vollzogen haben. In der Folgezeit wird Christus demgemäß auch immer öfter als die Sonne der Gerechtigkeit bezeichnet. Ein halbes Jahrhundert nach Heliogabal, unter der Regierung des Kaisers Aurelian, wurde der Kult des unbesiegten Sonnengottes im ganzen Reich als verbindlich eingeführt. Als weitere vierzig Jahre später das Christentum durch Konstantin den Großen endlich legalisiert wurde, war die Identifizierung Christi mit dem Sonnengott eine der Ideen, mit denen die Kirche bei der Heidenschaft am meisten Erfolg hatte. Dieser über hundert Jahre währende Prozeß, in dessen Verlauf die Gestalt Christi zur Fülle des Lichtes und der Gnade geworden ist, hatte seinen Anfang genommen durch den Versuch des syrischen Priesterjünglings Heliogabal, seinen Alleingott Baal über das Göttergefüge des Römischen Reiches zu setzen.

Es ist ein langer Weg, der von dem Afrikaner Septimius Severus und seiner durch das Horoskop gefreiten Gattin Julia Domna über deren brutalen Sohn Caracalla zu dem Priesterjüngling Heliogabal führt. Weder auf der Männer- noch auf der Frauenseite kann man dieser semitischen Dynastie das Außerordentliche im Charakter ihrer Mitglieder absprechen. Zusammen haben sie eine innere Umwandlung des Römischen Reiches bewirkt, die schließlich im darauffolgenden Jahrhundert dem Christentum zugute kam. Das »heilige Haus« der severischen Familie bietet in der Geschichte der Antike den Angelpunkt für jene ungeheuere geistige Wendung, die nach einem Jahrtausend der Herrschaft von Ordnung und Gesetz von den Völkern des Römischen Reiches vollzogen wurde. Der von Roms Waffen unterworfene Orient stand in neuer, geheimnisvoller Macht gegen die westlichen Lebensprinzipien auf und zog die Menschen durch die rätselhafte Heiligkeit übernatürlicher Geheimnisse in seinen Bann.

DIOKLETIAN

* um 240 † 313
Regierungszeit 284–305

Die Führungslinie in den Vatikanischen Museen beginnt mit der Antiken-Sammlung. In ihrem ersten Raum, der nach seiner Form »Saal des griechischen Kreuzes« genannt ist, steht ein Sarkophag von gewaltigen Dimensionen. Sein Material ist Porphyr, ein sehr harter Stein von der Purpur-Farbe, die den Kaisern vorbehalten war. Um die Seitenwände zieht im Hochrelief ein Zug römischer Reiter, welche gefangene Barbaren mit sich führen. Dieses erlesene Spätwerk der Reichskunst erzählt eine Geschichte. Sie hängt mit dem Schicksal der Frau zusammen, für die der Sarkophag gefertigt wurde – mit der Kaiserin Helena, der Mutter Konstantins des Großen.

Gegen Ende des dritten Jahrhunderts nach Christus gab es einen römischen General namens Constantius Chlorus, Befehlshaber der im Gebiet des Schwarzen Meeres und in Kleinasien stationierten Legionen. Sein Porträt zeigt einen bärtigen Mann mit großen Augen und einem Ausdruck von Sanftmut, der mit der Härte des Kriegsdienstes in seltsamem Widerspruch steht. Dennoch liebten ihn seine Soldaten, weil er kritische Situationen ohne Selbstschonung meisterte und dabei die Ruhe eines Philosophen mit strategischem Geschick zu verbinden wußte. In Rom schätzte man ihn hoch, denn er war fortwährend unterwegs, um zwischen der Disziplin und den Wünschen seiner Truppen den gerechten Ausgleich zu schaffen. Einmal, an einem heißen Tag, hielt er in Bithynien vor einer Schänke und verlangte einen Becher Wein. Das Mädchen, das ihm den Trunk aufs Pferd reichte, war stämmig, frisch, unbefangen und hübsch. Und so geschah das Unglaubliche: beide verliebten sich ineinander auf den ersten Blick. Das Mädchen hieß Helena. Constantius Chlorus sprach mit dem Wirt, der ihr Vater war, setzte die ländliche Schönheit kurzerhand auf ein Pferd und nahm sie mit in sein Hauptquartier. Dort muß sie ein so gewinnendes Wesen gezeigt haben, daß die Legionäre auf die in vergleichbaren Fällen unerläßlichen Spottlieder gänzlich verzichteten.

Da ein dem kaiserlichen Hause verwandter Feldherr nach damaligem römischen Recht nicht in der Lage war, ein Schankmädchen mit unbekannten Eltern zu heiraten, bot er ihr das Äußerste an Gesetzmäßigkeit, das ihm zur Verfügung stand: das legale Konkubinat. Als Gattin zur linken Hand gebar Helena dem Constantius in der Stadt Naissos einen Sohn – den späteren Kaiser Konstantin den Großen. Kurz darauf erreichte den Constantius ein kaiserliches Sendschreiben, worin ihm mitgeteilt wurde, er sei zu einem der drei Mitregenten des regierenden Herrschers erhoben worden. Mit einer solchen Ernennung war nicht nur die Regentschaft über ein Viertel des gesamten Reichsgebietes, sondern auch die Aufnahme in die engere kaiserliche Familie verbunden. Folglich erwartete man von Constantius die Ehe mit einer Prinzessin. Für Helena begann damit ein langer Leidensweg. Constantius erhielt den Befehl, die Stieftochter seines Kollegen Maximian zur Frau zu nehmen. Er hat schwer unter dem Schlag gelitten, Helena preisgeben zu müssen. Da er ein Ehrenmann war, verfügte er aus freien Stücken, Helena solle dennoch an seinem Hof bleiben und sich der Erziehung des jungen Konstantin widmen. So hat diese großartige Frau, ohne persönlichen Rang und ohne das geringste Machtmittel, jahrelang mit dem geliebten Mann unter einem Dach gewohnt und seiner Ehe mit einer an Geburt überlegenen Prinzessin zugesehen. Später, als Konstantin zum Kaiser aufgestiegen war, wurde seine Mutter mit allen Ehren der höchsten Würde überhäuft. Doch verließ sie die Erinnerung an ihre glücklichsten Jahre nicht bis in ihr hohes Alter.

Damit erklärt sich, daß auf ihrem Sarkophag die lanzenbewehrten römischen Reiter heransprengen, begleitet von einem Zug gefesselter, zum Teil schon niederstürzender Barbaren. Die Szene stellte einfach die Rückkehr römischer Truppen aus einem siegreichen Gefecht dar, die Helena in ihrem Leben viele Male gesehen und in ihrer Erinnerung stets mit der unbeschwerten Zeit im Feldlager des Constantius Chlorus verbunden hat.

Der Kaiser, welcher die Verantwortung für die unmenschliche Maßnahme der Trennung von Constantius und Helena trug, hieß Diokletian. Er war der Sohn eines Bauern aus Illyrien – dem heutigen Dalmatien. Daß er von dieser Position aus auf den Thron des Römischen Reiches gelangen konnte, verdankte er vier Umständen: seiner Begabung für Staatskunst, der Tradition, die kaiserliche Palastwache aus Illyrern zu rekrutieren, dem Chaos fortdauernder Kaisermorde und schließlich den Barbareneinfällen in der ersten Hälfte seiner Lebenszeit. Als Diokletian dreizehn war, eroberten die Goten Chalkedon, Nikomedien, Prusa, Apameia, Nikaia. Drei Jahre zuvor waren sie in Dalmatien eingefallen, so daß der junge Diokletian schon von Kind an die Schrecken barbarischer Raubzüge kennenlernte. Die Markomannen, die noch von Marc Aurel an der Donaugrenze aufgehalten worden waren, hatten inzwischen Panonnien (das heutige Ungarn) durchquert und waren selbst in Norditalien eingefallen. Das mächtige Perserreich nützte die römische Bedrängnis, um Armenien auszuplündern. In Gallien, das schon damals innerhalb des Römischen Reiches eine ähnliche Rolle zu spielen begann wie Frankreich im heutigen Europa, ließ sich ein Mann namens Postumus zum unabhängigen Herrscher ausrufen. Ein Jahr nach Diokletians Geburt hatte der Kaiser Gallienus Mühe, die Alemannen von der Eroberung Mailands abzuhalten. Kurz darauf geriet der Kaiser Valerianus in die Gefangenschaft der Perser, aus der er nie mehr zurückkehrte. Der persische König Shahpur I. überrannte Syrien und erreichte die blühende Stadt Antiochia in einem Augenblick, da die Bevölkerung sich ahnungslos an den Wagenrennen im Zirkus vergnügte. Überall wurden zahllose Zivilpersonen geraubt und in die Sklaverei verkauft. Es lag auf der Hand, daß unter solchen Umständen das Ansehen der kaiserlichen Würde bei der Gesamtbevölkerung des Reiches beträchtliche Einbuße erlitt. Bislang war der Kaiser von einer gottgewollten Autorität gewesen, der auch Feinde des Reiches mit einem gewissen Respekt begegneten. Nunmehr fühlte sich das Volk in den Städten und Provinzen des fast allmächtigen Schutzes beraubt, den man von den Kaisern durch Jahrhunderte zu Recht erwartet hatte. Somit kam es zu zahlreichen Revolten. Die Bauern waren nicht mehr willig, Abgaben zu leisten, die Grundbesitzer wiesen den Steuereinnehmern die Tür, man schloß sich zu örtlichen Gemeinschaften zusammen und versuchte verzweifelt, zu überleben. Als Diokletian achtzehn Jahre zählte, erschienen die Goten auf geraubten Schiffen an der Küste Kleinasiens und steckten den ehrwürdigen Tempel der Artemis in Ephesus in Brand – was bei der tiefen Gläubigkeit an Vorzeichen, wie sie damals herrschte, für die Zukunft das Schlimmste befürchten ließ. Der glaubwürdige Chronist Herodianus schreibt: »Täglich konnte man erleben, wie die Reichsten von gestern zu Bettlern von heute wurden.«

Die Konsequenz aus solchen Zuständen war ein unablässiger Wechsel an der Führungsspitze. Im Zeitraum von fünfunddreißig

Jahren hatte Rom siebenunddreißig Kaiser. Da war zum Beispiel der aus hervorragender Familie stammende Gordianus, ein Mann von hoher Bildung und großem Vermögen, der die afrikanischen Provinzen verwaltete und mit achtzig Jahren noch zustimmte, gegen den rauhen Maximianus als Gegenkaiser ausgerufen zu werden. Der letztere verbrachte seine ganze Regierungszeit an der Donau, um die dort einfallenden Barbarenstämme aufzuhalten. Man berichtet von ihm, seine Körpergröße habe fast zweieinhalb Meter erreicht, an seinem Daumen habe der Armreif einer Frau als Ring Platz gefunden. Als es zwischen ihm und Gordianus zur Entscheidungsschlacht kam, unterlag der Gebildete und nahm sich, als sein Sohn und Mitregent gefallen war, das Leben.

Nachfolger wurde der dritte Gordianus, den seine Soldaten erschlugen, während er gegen die Perser kämpfte. Philippus – mit dem Beinamen Arabs, der Araber, bedacht – überschätzte seine eigene Verschlagenheit und unterschätzte den aufsässigen General Decius, der ihn bei Verona schlug und tötete. Decius, gleich Diokletian aus Illyrien gebürtig, vereinigte in seltener Mischung Tapferkeit und Kultur. Sein Reformprogramm, das Religion, Moral und Verwaltung im Reich umfaßte, scheiterte an den Goten, denen er an der Donau gegenübertrat. Er fiel zusammen mit seinem Sohn in einer der blutigsten Schlachten der römischen Geschichte. Gallus, der ihm folgte, erlag der Unzufriedenheit seiner Soldaten, Aemilianus, der nächste Kaiser, teilte das gleiche Schicksal.

In Asien verdankten die Römer die wenigstens nominelle Aufrechterhaltung ihrer Herrschaft einem Vasallen, dem König Odenathus von Palmyra. Um sich selber halten zu können, begann dieser tapfere Orientale einen Präventivkrieg gegen Persien, herrschte nach seinem Sieg ein paar Jahre über Syrien, Kilikien, Arabien, Kappadokien und Armenien und wurde dann durch Mörder ums Leben gebracht, welche vielleicht von seiner Gattin ermuntert waren, sie zur Witwe zu machen. Diese Frau, Zenobia mit Namen, muß von ähnlicher Faszination, aber schöner gewesen sein als Cleopatra. Doch zählte sie wahrscheinlich zu jenen furchterregenden weiblichen Wesen, deren beträchtliche Reize das Entzücken der Männer nicht erregt, weil ihre Bildung, verbunden mit Stolz und Machtstreben, in den Herren der Schöpfung an Stelle des Willens zu ihrer Eroberung einen Minderwertigkeitskomplex erzeugt. Zenobia konnte Lateinisch, Ägyptisch, Syrisch und verfaßte ein allzu gescheites Buch über die Geschichte des alten Orients. Gleich Cleopatra begehrte sie, ein Großreich im östlichen Mittelmeerraum zu errichten, ungleich Cleopatra legte sie strapaziöse Tagesmärsche mit der Vorausabteilung ihrer Truppen zurück, die nach der Eroberung des halben Vorderen Orients auch noch zur zeitweiligen Herrschaft über Ägypten führten. Dabei war sie diplomatisch genug, Rom gegenüber mit Festigkeit zu behaupten, sie habe nichts anderes im Sinn, als die Sicherung des römischen Imperiums. Die Reichsregierung war so schwach, daß sie vorgab, ihr Glauben zu schenken, obwohl jedermann das Ziel der ehrgeizigen Frau kannte: die Unabhängigkeit der asiatischen Provinzen vom Reich.

Zur Zeit Zenobias war die allgemeine Verwirrung innerhalb der Grenzen des Imperium Romanum hoch genug gediehen, um verständlich zu machen, warum es in Rom zu der Herrschaft der sogenannten Soldatenkaiser kommen konnte. Längst hingen Wahl und Sturz eines Kaisers nicht mehr vom Senat ab, sondern vom Heer – und darin wiederum war die mächtigste Truppe, die Palastgarde, das eigentliche Instrument für die Verleihung der höchsten Würde, welche mittlerweile den Ruf genoß, beinahe sicher zum baldigen Tod zu führen. Diese Garde, Prätorianer genannt, bestand – wie wir uns erinnern – zu jener Zeit hauptsächlich aus Männern, deren Heimat Illyrien hieß.

Im Jahre 284 nach Christus stand die Prätorianergarde unter dem Befehl des Diokletian. Er war damals etwa neununddreißig Jahre alt und im Begriff, ein furchtbares Erbe anzutreten. Durch sein diplomatisches Talent und seine schmiegsame Auffassung von Moral hatte er den Rang eines Konsuls erreicht, war darauf als Prokonsul in die Provinz gegangen, später in die Hauptstadt zurückgekehrt und zum mächtigsten Offizier des Reiches aufgestiegen. Die Ausrufung zum Kaiser verdankte er zum Teil dem Umstand, daß sein Vorgänger, der Gardepräfekt Aper, den römischen Regenten Numerianus auf geheimnisvolle Weise hatte ermorden lassen. Die Untat wurde entdeckt, Aper vor ein Kriegsgericht gestellt. Der soeben proklamierte Kaiser begab sich zu der Verhandlung, sah den noch unverhörten Aper im Vorraum warten, zückte einen Dolch und erstach ihn mit eigener Hand. Jakob Burckhardt gibt für diese selbst in damaligen Zeiten ungewöhnliche Erstlingstat eines Kaisers die für den Charakter Diokletians bezeichnende Erklärung: Lange Jahre zuvor habe eine druidische Priesterin in Gallien dem Diokletian das Kaisertum geweissagt, wenn er einen Eber (lateinisch *aper*) erlegen würde. Auf allen Jagden hatte er seitdem Ebern nachgestellt; jetzt riß ihn die Ungeduld hin, weil er den rechten vor sich sah. In diesen Zusammenhang gehört, daß Diokletian seinen Namen von der illyrischen Kleinstadt Dioclea herleitete, sich ursprünglich Diocles, »der Zeusberühmte« genannt hatte und nun dem Lateinischen zuliebe die vollere Endung Diocletianus gebrauchte. Um auf seine religiöse Beziehung zum Vater aller Götter und Menschen hinzuweisen, gab er sich selbst den Beinamen Jovius, »der von Jupiter Abstammende«.

Die erste seiner einschneidenden Verfügungen betraf den Charakter Roms als Hauptstadt. Auch in Zukunft sollte der Senat dort seine Sitzungen abhalten, sollten die Konsuln ihre Verwaltungstätigkeit ausüben, sollte das Stadtvolk durch kaiserliche Gunst Brot und Spiele umsonst empfangen. Nur der Regierungssitz, also das eigentliche Zentrum der Macht, wurde von Rom nach Kleinasien verlegt. Diokletian schlug mit seinem gesamten Hof die kaiserliche Residenz in Nikomedien auf, unweit des späteren Konstantinopel.

Der realistische Grund für diese Maßnahme lag in der Reichsverteidigung. Im ganzen war das Imperium nicht mehr zu schützen, wenn es von einer einzigen Stelle aus gelenkt würde. Die gefährdetsten Provinzen lagen im Osten, also mußte der neue Kaiser seine ganze Kraft und Autorität dort konzentrieren. Wollte er Vorder-Asien befrieden, so war die erste Notwendigkeit die Verkürzung der Nachrichtenwege. Der Herrscher mußte durch Eilstafetten auf dem Landwege erreichbar sein, um der aus dem Osten drohenden Gefahr rasch begegnen zu können. Das gleiche Prinzip galt für den Westen, dessen barbarische Feinde vom Norden her eindrangen. Auch hier war Rom zu weit von der Reichsgrenze entfernt, während Mailand zwar noch den Schutz der Alpen genoß, aber den Kriegsschauplätzen um die Hälfte der Wegstrecke näher lag. Dies veranlaßte Diokletian, den hervorragenden General Maximianus zum Mitregenten zu ernennen und ihm Mailand als Regierungssitz anzuweisen. Fortan gab es also nicht mehr einen, sondern zwei Kaiser, die beide nach Diokletians Willen den Titel »Augustus« – der Erhabene – führten.

Sechs Jahre später waren die beiden »Augusti« zu der Erkenntnis gelangt, jeder von ihnen habe noch einen Unterregenten nötig, der in unmittelbarer Nähe der Krisenherde residieren und die Bezeichnung »Cäsar« tragen sollte. Auf diese Weise wurde der Name des Julius Cäsar, welcher einst das Imperium begründet hatte, zum Titel für die Kronprinzen. Diokletian erhob zu der neugeschaffenen Würde den Galerius, dem die Donau-Provinzen anvertraut wurden, weil sie dem Orient am nächsten lagen. Galerius machte Sirmium zu seinem Hauptquartier, das heutige Mitrovica an der Save.

Maximianus ernannte zu seinem »Cäsar« den Constantius Chlorus, dessen Verbindung mit dem bithynischen Mädchen Helena damit ein Ende fand. Constantius wählte als Teilhauptstadt Augusta Trevirorum, das heutige Trier, von wo aus er die Bewegungen der germanischen Stämme beobachten und den römischen Widerstand auf das schnellste organisieren konnte. So war das Reich nun in vier Herrschaftsbereiche geteilt – eine strategisch glänzende Lösung, die nur das Problem mit sich brachte, auf welche Weise die Einheit des Imperiums dennoch zu wahren sei.

Um den Gedanken an Zersplitterung erst gar nicht aufkommen zu lassen, ersann Diokletian eine Reihe von Maßnahmen, die seiner Staatskunst ein ebenso glänzendes Zeugnis ausstellen wie seiner Menschenkenntnis. Zunächst sicherte er sich selbst einen Vorrang, der im religiösen Bereich verankert war. Mit dem Beinamen »Jovius« manifestierte Diokletian seine persönliche Auserwähltheit durch Jupiter, den höchsten aller Götter. Sein Mitregent im Westen, Maximian, durfte sich nur »Herculius« nennen, womit die Zugehörigkeit zu Herkules bezeichnet war. Damit wurde Maximian ein wenig tiefer eingestuft, denn Herkules hatte zwar den Jupiter zum Vater, aber eine irdische Mutter. Die beiden Cäsaren mußten je nach dem Kaiser, der sie ernannt hatte, entweder als Jovier oder als Herkulier auftreten. Damit aber nun der mythologische Rangunterschied der vier Herrscher nicht auseinanderzuklaffen begann, verfügte Diokletian zwischen den beiden Dynastien wechselseitige Zwangsheiraten. Der Herkulier-Cäsar mußte eine jovische Prinzessin zur Frau nehmen und umgekehrt. Um den Betroffenen diese Gehorsams-Ehen etwas zu versüßen, entschloß sich Diokletian zu einem weiteren entscheidenden Schritt. Er bewog seinen Mitkaiser, zusammen mit ihm den Schwur abzulegen, sie würden beide nach zwanzigjähriger Regierung feierlich abdanken, wodurch die jetzigen Cäsaren automatisch zu Augusti aufsteigen sollten und durch die freie Wahl neuer Kronprinzen die verschwägerten Dynastien nach Gutdünken fortsetzen könnten. Außerdem gab es in diesem phantastischen System auch noch einige Nebengedanken. Revolten aller Art würden künftig sehr viel schwerer durchführbar sein als bisher. Denn wer konnte schon in der Lage sein, zwei Kaiser und zwei Cäsaren gleichzeitig zu ermorden, wenn diese Tausende von Kilometern voneinander entfernt regierten. Traf der Aufstand aber nur einen oder zwei von ihnen, dann waren die restlichen immer noch mächtig genug, die Rebellen niederzuschlagen.

Ein weiterer Vorteil bestand in der Arbeitsteilung auf allen die höchste Kompetenz betreffenden Gebieten: Verteidigung, Finanzen, Verwaltung, Rechtsprechung, Personal- und Religionspolitik. Solange man gemeinsam beschloß, konnte man getrennt handeln. Erstaunlicherweise funktionierte dieses intellektuelle Herrschaftskollektiv viel länger, als selbst jeder Optimist ihm zugetraut hätte. Die aufmerksamen Besucher der Stadt Venedig werden sich erinnern, daß an der Westecke der Fassade von San Marco heute noch zwei in Porphyr gehauene Männerpaare zu sehen sind, die einander umarmen. Das eine Paar stellt die beiden Kaiser Diokletian und Maximian dar, das andere die beiden Cäsaren Galerius und Constantius Chlorus. Die Umarmung der vier Herrscher war nicht nur symbolisch.

Jedes Gesetz, das einer von ihnen erließ, trug alle vier Namen. Seine Geltung umfaßte das ganze Reichsgebiet, gleichviel unter welchen besonderen Umständen es zustande gekommen war. Der Senat in Rom wurde nicht einmal um sein Einverständnis gefragt, obwohl er weiterhin mit derselben Unverdrossenheit tagte wie in den Zeiten seiner höchsten Macht. Alle Beamten erhielten ihre Ernennung von den vier Herrschern gemeinsam und waren verpflichtet, den Kult des Jupiter, der die höchste Ordnung verkörperte, ebenso peinlich genau zu vollziehen wie den Kult des Herkules, der durch seine heroische Kraft den Frieden garantierte.

Dabei waren die vier Herrscher als Menschen von höchst unterschiedlichem Charakter. Diokletian der geniale Staatsmann, dessen Weisheit nur von seiner Verschwiegenheit erreicht wurde. Sein Cäsar Galerius dagegen der ungeschlachte Sohn eines Hirten, der seine Mutter mit der Legende belastete, ihn einem Schlangendämon zu verdanken, unter dem sich der Kriegsgott Mars verbarg. Maximian der große Soldat, der dem Diokletian ebensoviel Freundschaft wie Gehorsam entgegenbrachte. Sein Cäsar Constantius Chlorus dagegen ein Aristokrat, dessen Liebe zu Helena das Gefühlsleben der drei anderen Regenten weit übertraf. Über mehr als zwölf Jahre hinweg dauerte die rätselhafte Übereinstimmung an, welche die vier Männer verband. Die Erklärung gibt der zeitgenössische Historiker Aurelius Victor, wenn er Diokletian auch fürderhin als die Seele des Ganzen bezeichnet. »Sie sahen empor zu ihm«, so schreibt er, »wie zu einem Vater oder höchsten Gott. Wieviel dies aber heißen will, wird erst klar, wenn man all den Familienmord von Romulus bis auf unsere Tage danebenhält.«

Ohne Zweifel – Diokletian herrschte durch seine Amtskollegen, aber nicht im Verein mit ihnen. Sein Wort war stets das letzte. Am deutlichsten drückte sich dies in dem Zeremoniell aus, womit er sich umgab. Das Abzeichen orientalischer Könige nannte man damals nicht Krone, sondern Diadem. Es war ein breites Band von weißer Seide, übersät mit kostbaren Steinen. In der Kirche San Vitale zu Ravenna kann man es auf den Mosaiken der Apsis noch sehen. Dort tragen es der byzantinische Kaiser Justinian und seine Gattin Theodora, zwei Jahrhunderte nach Diokletian, der sich das Diadem in dieser Form vielleicht als erster nichtorientalischer Herrscher um das Haupt gebunden hat.

Für den einfachen Besucher war der Weg, der bis zur Person des Kaisers führte, durch zahllose Vorzimmer erschwert, worin Kämmerlinge und Eunuchen in prunkenden Gewändern stolzierten und als selbstverständlich voraussetzten, daß man sie mit ihrer gesamten komplizierten Titulatur anredete. War der Bittsteller endlich bis vor das Angesicht des Kaisers gelangt, so hatte er in die Knie zu sinken und den Saum des erhabenen, aus Goldfäden gesponnenen Gewandes zu küssen. Diokletian pflegte nur darauf zu warten, bis die offizielle Form erfüllt war, um sodann den Besucher mit Verständnis, Anteilnahme und Herzlichkeit zu verblüffen – was den Eindruck von wahrer Majestät, den er zu erwecken suchte, nicht etwa schmälerte, sondern erhöhte. Alle eindrucksvollen Herrscher Europas, etwa der Hohenstaufenkaiser Friedrich II., aber auch König Philipp II. von Spanien, selbst noch – in unserem Jahrhundert – Kaiser Franz Joseph von Österreich, waren im Wechselspiel von Zeremoniell und menschlicher Annäherung die späten Schüler des Diokletian. Ein Zeitgenosse sagt von ihm: »Er ließ sich den Herrn nennen, benahm sich aber wie ein Vater.« Das Wort bezeichnet bündig die zwei Wirksamkeiten, denen Diokletian den aktiven Teil seines Lebens widmete. Auch wenn er es nicht verriet, hatte in seinem Wesen zunächst der Vater den Vorrang vor dem Herrn.

Man mußte dem Wohl der Bevölkerung aufhelfen durch die Wiederbelebung der Wirtschaft. Sie war nur möglich, wenn Frieden herrschte. Dieser konnte nur garantiert werden durch den Sieg über die äußeren Feinde und die Reform der Verwaltung.

Für den Krieg setzte Diokletian mit Erfolg die beiden Cäsaren ein. Constantius ging nach England, das schon zwei Jahrhunderte lang römisch gewesen und nun durch die Mißwirtschaft der letzten Jahrzehnte in verständlichen Aufruhr geraten war. Es kehrte in das Imperium zurück, sobald die Vorteile der römischen Zivilisation wieder überzeugend wurden. Galerius setzte gleichzeitig den Persern dermaßen zu, daß sie das Zweistromland und fünf östlich davon gelegene Provinzen freiwillig an Rom abtraten.

Die Verwaltungsreform begann mit einer Neueinteilung der Regierungsbezirke, die im Gebietsumfang verkleinert und in der Zahl auf sechsundneunzig erhöht wurden. Zu Inhabern der zivilen und der militärischen Gewalt berief man jeweils erprobte Fachleute. Während der Frieden an den Grenzen gesichert wurde und die Verwaltung sich zu bewähren begann, erkannte Diokletian, daß die Wirtschaft ähnlicher diktatorischer Maßnahmen bedurfte, um sich zu erholen. Das Resultat war ein Staatssozialismus größten Stils. Den zahllosen Armen, die Diokletian von seinen Vorgängern geerbt hatte, wurden Nahrungsmittel zum Teil für den halben Preis verkauft, in Härtefällen auch umsonst überlassen – so lange, bis sie selber wieder genug verdienten. Um ihnen dies zu ermöglichen, sorgte der Staat für gewaltige Aufträge, vor allem im Versorgungswesen für das Heer und durch öffentliche Bauten. Für die letzteren geben die Diokletiansthermen in Rom heute noch ein beredtes Zeugnis. Sie umfassen das Karthäuser-Kloster mit zwei weit gedehnten Kreuzgängen, worin heute das Thermen-Museum untergebracht ist; sodann die Kirche S. Maria degli Angeli, nach Sankt Peter die zweitgrößte von Rom, von Michelangelo aus der zentralen Wandelhalle geformt; dazu das riesige Halbrund der Piazza Esedra, worin Diokletian die Monumentalstatuen der zwölf Staatsgötter aufstellen ließ; weiterhin das Planetarium, das Grandhotel, das größte Kaufhaus der Stadt, die Kirchen S. Maria della Vittoria und S. Susanna, sowie die Piazza San Bernardo samt dem Moses-Brunnen und der Kirche. Die tägliche Frequenz dieser Bäder lag bei dreitausendfünfhundert Personen, der Eintritt betrug fünfzig

Pfennig inklusive der Handtücher und des nach dem Bade angewendeten Hautöls.

Der Staat verschaffte sich ein Maximum an Monopolen. Der Getreidehandel, die Ausfuhr von Salz, Eisen, Gold, Wein, Öl und Textilien unterlag staatlichen Kontrollen, oft durch die ehemaligen Besitzer von kleineren Privatbetrieben ausgeübt, welchen die Eigeninitiative durch die drückende Steuerlast des Staates vergällt worden war. Die Importbestimmungen waren, zumal im wirtschaftlich verrotteten Italien, außerordentlich streng. Den Höhepunkt dieser gewaltsamen Sanierungspolitik bildete das berühmte Edikt über die Preise. Seine Einleitung verdient es, beachtet zu werden: »Wer entbehrt dermaßen jeglichen menschlichen Gefühls, daß es ihn nicht bekümmerte, wenn er sieht, wie unmäßig die Preise auf den Märkten unsrer Städte sind. Auch gute Erntejahre und reichliche Anlieferungen dämmen die Gewinnsucht nicht ein – im Gegenteil: übelgesinnte Menschen erblicken einen Verlust darin, wenn überhaupt ein Angebot vorliegt, weil sie es lieber hätten, auf Kosten des allgemeinen Wohlstandes mit Mangelware Wucher zu treiben. Die Habgier wütet in der ganzen Welt. Wenn unsere Armeen im Interesse der gemeinsamen Sicherheit in entfernte Gegenden aufbrechen müssen, folgen ihnen die Profitgierigen auf dem Fuß. Sobald sie bemerken, daß an irgendeiner Ware Mangel herrscht, verlangen sie nicht nur das Vier- oder Achtfache der gewöhnlichen Preise, sondern Summen, die sich gar nicht mehr beschreiben lassen. Manchmal sind die Soldaten gezwungen, ihren ganzen Sold samt der Leistungsprämie für einen einzigen Einkauf auszugeben. Die ganze Welt zahlt Steuern für den Unterhalt unserer Armeen, aber ein großer Teil davon wird abgeschöpft durch elende Beutegeier.«

Als Konsequenz aus dieser bitteren Erkenntnis ließ Diokletian durch seine Staatsverwaltung Höchstpreise festsetzen, deren Niveau uns heute noch in Erstaunen setzt. Der Scheffel Weizen, Linsen oder Erbsen kostete vierzehn Mark, dieselbe Quantität an Gerste, Roggen und Bohnen acht Mark vierzig. Für den Liter Wein bezahlte man eine Mark zwanzig, für den Liter Olivenöl jedoch nur achtundachtzig Pfennig. Das Kilo Schweinefleisch war um zwei Mark zu haben, das Kilo Rindfleisch oder Hammelfleisch durfte nicht mehr als achtundsechzig Pfennig kosten. Zwei Hühner waren um zwei Mark zehn zu erstehen, fünf Kohlköpfe dagegen schon um zwölf Pfennig. Fünfundzwanzig grüne Zwiebeln mußte der Verkäufer um eine Mark abgeben. Haare für Perücken kosteten pro Kilo nur vierundvierzig Pfennig, für das Paar Schuhe zahlte man je nach Qualität zwischen zwei Mark fünfzig und fünf Mark zwanzig. Ein Landarbeiter verdiente bei freier Station eine Mark dreißig bis eine Mark achtzig pro Tag. Unter derselben Bedingung konnten Steinhauer, Tischler, Schmiede und Bäcker eine Mark vierundachtzig pro Tag verlangen. Für die zahlreichen Analphabeten gab es Schreiber, die für hundert Zeilen in Schönschrift und tadelloser Grammatik nicht mehr als achtundneunzig Pfennig fordern durften. Wenig besser standen sich die Volksschullehrer, die für jeden Schüler ihrer Klasse von den Eltern im Monat eine Mark vierundvierzig kassieren konnten. Wer Unterricht in Lateinisch, Griechisch oder Geometrie zu erteilen wußte, wurde pro Schüler und Monat mit einem Honorar von sieben Mark sechsunddreißig bedacht. Arme Schlucker waren anscheinend die Rechtsanwälte, die für die Verteidigung eines Falles nicht mehr als neunundzwanzig Mark vierundvierzig nehmen durften. Als Krösus dieser Gesellschaft muß der Friseur gelten, den das Gesetz ermächtigte, einem Mann für Haarschneiden und Rasieren ganze sieben Mark abzunehmen, was einmal mehr beweist, daß der Klatsch, den Figaro neben seinem Handwerk bietet, zu allen Zeiten in gleich hohem Kurs stand.

Diese wohlgemeinte Bevormundung der Wirtschaft führte leider fast augenblicklich zum Gegenteil dessen, was sie beabsichtigt hatte. Der Zwischenhandel hortete die Waren, bis es in den Kaufhäusern fast nichts mehr zu kaufen gab und die Märkte halbleere Stände aufwiesen. Die Bevölkerung geriet in bedenkliche Unruhe. Diokletian mußte sich herablassen, das Preis-Edikt zu mildern. Zum Ausgleich zog er die Steuerschraube an. Die Maßnahme war eine Flucht vor der eigenen Fehlentscheidung. Denn er mußte von

Anfang an wissen, daß sein Wirtschaftssystem nur funktionsfähig sein würde mit Hilfe eines ausgedehnten Beamtenapparates von bedingungsloser Ehrlichkeit. In dem Glauben, er könne eine derart tadellose Verwaltung zustande bringen, lag sein größter Irrtum. Die Beamten waren so korrupt wie eh und je, nur hatte die geforderte Überwachung der Wirtschaft ihre Zahl vervielfacht.

Die Folge war, daß die Steuerflucht wie eine Krankheit um sich griff. Diokletian ließ schließlich Frauen, Kinder und Sklaven zusammenfangen, um durch die Folter von ihnen Geständnisse zu erpressen, aus denen erkennbar werden sollte, welche Wege das Geld der Familienväter jenseits der Staatskontrolle genommen hatte. Die Angst vor der Steuerpolizei des Kaisers war bald zu solcher Panik ausgeartet, daß Adelige sich in ihren Gemeinden als Kleinbürger deklarierten, Grundbesitzer Haus und Hof verließen, um sich als Knechte zu verdingen, ganze Städte verödeten, weil die Einwohner in Scharen zu den feindlichen Barbaren flohen.

Der Staat war geordnet, aber er funktionierte nicht, die Beamten schufteten, aber die Wirtschaft ging zurück; die Bürger schwiegen, aber sie hinterzogen die Steuern. Das Reich war geteilt, aber vier Regenten übten mehr Zwang aus als einer – und die Freiheit verfiel, weil die Mathematik der Gesetze sich um so verheerender auswirkte, je aufrichtiger der Wille war, der sie geschaffen hatte. Da die Staatsautorität unter dieser negativen Entwicklung zu leiden begann, mußte man sie durch Kräfte stützen, deren Herkunft außerhalb der Logik lag. Hier war der Ansatz für Diokletians Religionspolitik.

Das Imperium hatte seinen vielen Völkern im Prinzip die Glaubensformen und Kulte gelassen, welche aus der Verehrung heimischer Gottheiten auf natürliche Weise entstanden waren. Man hielt wenig davon, die Tausende lokaler Götter in den offiziellen Ritus des Staates einzubeziehen. Die einzige Einschränkung bildete ein Gesetz, demzufolge alle Priesterschaften, welcher Gottheit auch immer sie huldigten, sich der Oberaufsicht des römischen Pontifex maximus beugen mußten. Die Würde dieses höchsten Staatspriesters aber war seit langer Zeit vereint mit der Person des Kaisers, welche gewissermaßen das Prisma bildete, durch das die Kräfte des Kosmos gebündelt und in erhabener Ordnung auf die gesittete Welt herabgeleitet wurden. Folglich konnte innerhalb des Reiches jedermann glauben, was ihn richtig dünkte, sofern er sich nicht weigerte, dem Kaiser die religiöse Verehrung zu zollen, auf die dieser Anspruch erhob. Es gab eine einzige Religionsgemeinschaft, deren Lehre den Vollzug des Kaiserkultes ausschloß, weil er für sie den Charakter des Götzendienstes trug – die Christen. Was für alle andern nur ein ritueller Akt der öffentlichen Erklärung ihrer Loyalität gegenüber dem Kaiser war, bedeutete für die Christen den Abfall vom Glauben. Die Kirche besaß eine zweihundertjährige Erfahrung des Überlebens in der Illegalität. Es konnte nicht ausbleiben, daß allmählich auch in das Heer und die Verwaltung überzeugte Christen eingedrungen waren. Sie alle mußten in Gewissenskonflikt geraten, wenn bei offiziellen Feierlichkeiten oder vor Beginn einer Schlacht von ihnen der Vollzug des Kaiserkultes verlangt wurde. Zumal im militärischen Bereich galt die Weigerung, das Opfer vor dem Kaiserstandbild zu vollziehen, als strafbarer militärischer Ungehorsam. Tagesbefehle aus dem kaiserlichen Hauptquartier verhängten über die schuldig Gewordenen empfindliche Strafen. Sie wurden mit Schande aus dem Heere ausgestoßen und verloren jeden Anspruch auf Versorgung nach dem aktiven Dienst. Diokletian hat wiederholt versucht, die Auseinandersetzung in friedlichen Grenzen zu halten. Er wußte zu genau, wie hochwertig Staatsbeamte und Offiziere christlichen Glaubens durch ihre intakte Moral einzuschätzen waren. Inzwischen lag auch die von den Christen untereinander geübte Solidarität so offen zutage, daß der Kaiser ihren Widerstand nicht wünschen konnte.

Da jedoch Diokletians gesamte Innenpolitik konservativen Charakter trug, lieh er manchem Ratgeber sein Ohr, der die Sitten der Väter gegen die Christen ins Feld führte. Hierokles, der Statthalter von Bithynien, gab seiner christenfeindlichen Überzeugung Ausdruck durch ein vaterländisches Pamphlet, das den Kaiser beeindruckte. Die religiös gefärbte Philosophie des großen Neuplatonikers Plotin und seiner in Alexandria beheimateten Schule sah im Christentum den mächtigsten ideologischen Feind. Man bediente sich der Mutter des Cäsars Galerius, um Diokletian zu der gleichen Meinung zu bringen. Anonyme Besteller hatten die Priester des Apollo-Heiligtums in Milet veranlaßt, einen Orakelspruch zu publizieren, der schweres Unheil voraussagte, sofern die Reichsregierung sich fürderhin weigerte, gegen die Christen einzuschreiten. Der orakelgläubige Kaiser nahm daraufhin den Kampf gegen die vermeintlichen Staatsfeinde auf, obwohl er selbst von ihrer Schuld nur vage überzeugt war. Indessen konnte der wirtschaftliche Rückschlag, den das diokletianische System erlitten hatte, am ehesten durch die Wühlarbeit von Feinden begründet werden, deren Ziel die Auflösung der staatlichen Autorität sein mußte. Diokletians Dekrete begannen folgerichtig mit der Aberkennung der normalen Bürgerrechte für die Christen. Kein Anhänger der christlichen Lehre, gleichviel welchen Standes er war, konnte in Zukunft ein öffentliches Amt bekleiden oder aus der Staatskasse fließende Einkünfte beziehen. Den Wehrdienst brauchte er nicht mehr zu verweigern, weil er für den Soldatenstand nicht mehr würdig war. Versammlungen der Christen wurden verboten, Kulträume und Verwaltungsbauten der Kirche zerstört, das Vermögen christlicher Gemeinden einschließlich des Privatbesitzes ihrer Mitglieder konfisziert. Der gesamte Bestand an Büchern, Schriften und Verwaltungsakten aus christlicher Hand wurde vernichtet.

Die jüngere Generation der Christen antwortete mit Sabotage. Plakate, auf denen wirkungsvoll Slogans gegen die kaiserliche Regierung zu lesen waren, erschienen an den Wänden öffentlicher Gebäude. Diokletian fühlte sich herausgefordert und begann seine Gegenmaßnahmen mit einer Säuberung des kaiserlichen Hofes von allen Personen, die im Verdacht standen, Christen zu sein. Das prominenteste Opfer war der Palasthauptmann Sebastianus, der bislang als ein Muster der Zuverlässigkeit und Unbestechlichkeit gegolten hatte. Man entdeckte, daß Sebastianus seine Stellung zur Hilfeleistung für inhaftierte Christen benutzte, da ihm der Zutritt zu allen Gefängnissen offenstand. Dies genügte, um ihm einen Prozeß zu machen, an dessen Ende das Todesurteil durch Erschießen ausgesprochen wurde. Ort der Vollstreckung war das Kolosseum, wo ihn numidische Bogenschützen so lange mit Pfeilen beschossen, bis man ihn für tot hielt. Eine christliche Witwe namens Irene erhielt die Erlaubnis, den Leichnam zu bestatten, fand den Märtyrer aber noch am Leben. Sie brachte ihn in ihr Haus und pflegte ihn so sorgfältig, daß er wieder gesundete. Kaum bei Kräften, legte Sebastianus seine Uniform an, erschien im Palast und verlangte den Kaiser zu sprechen. Diokletian erschrak beim Anblick des Totgeglaubten, begnadigte ihn aber nicht, sondern verurteilte ihn aufs neue zum Tod in der Arena, dem Sebastianus diesmal nicht mehr entging. Eine Christin namens Lucina barg den Leib des Märtyrers und bestattete ihn an der Via Appia Antica, innerhalb eines Friedhofs, über dem sich heute die Basilika des Heiligen erhebt.

Ein ähnliches Schicksal wie den Sebastianus traf vier Mitglieder des engsten kaiserlichen Gefolges, denen man glühende Kronen aufs Haupt setzte – wodurch die Kirche der Santi »Quattri Coronati« ihren Namen erhielt. Auch Töchter aus patrizischen Familien, wie Agnes und Susanna, opferten ihr Leben dem christlichen Glauben. Im ganzen wurden etwa fünfzehnhundert Christen unter Anwendung grausamer Methoden hingerichtet. Schließlich hatten selbst die Heiden von den Scheußlichkeiten genug und äußerten öffentlich ihre Entrüstung über den diokletianischen Terror. Viele riskierten ihr Leben und verbargen oder schützten christliche Bürger in der Hoffnung, das Wüten der Staatsgewalt werde sich selbst verzehren. Sie sollten recht behalten. Aus ihrer furchtbarsten Prüfungszeit ging die Kirche gestärkter hervor, als sie je gewesen war. Der Kirchenvater Tertullian schreibt: »Das Blut der Märtyrer ist eine Saat.« Als sie aufging, war Diokletian nicht mehr Kaiser.

Im Jahre 305 nach Christus war die zwanzigjährige Regierungszeit von Diokletian und Maximian abgelaufen und beide verzichteten, gemäß ihrem Schwur, auf die Fortführung der Herrschaft.

Ihre Cäsaren Galerius und Constantius Chlorus stiegen zur Würde der Augusti auf. Damals war Diokletian fünfundfünfzig Jahre alt. In seiner Heimat Illyrien, in der Stadt Split, hatte er sich einen ungeheuren Palast errichten lassen, der, heute noch sichtbar, den Kern der Altstadt umfaßt. Dorthin zog er sich für die acht Lebensjahre, welche ihm noch verblieben, als Privatmann zurück und beobachtete in einer Mischung aus Gelassenheit und Zynismus, wie sein ausgeklügeltes Regierungssystem beinahe auf der Stelle auseinanderbrach und zu Bürgerkriegen führte.

Sein Kollege Maximian, dem die Abdankung nicht ganz so leichtgefallen war, beschwor den höchsten Pensionär der Welt, an die Spitze des Staates zurückzukehren und die mit soviel Mühe eben erst errungene Ordnung wiederherzustellen. Diokletian schrieb ihm zurück, Maximian solle ihn doch besuchen, um die hervorragende Qualität des Kohles zu begutachten, den er in seinem Garten mittlerweile gezüchtet hatte. Sobald Maximian, so fügt Diokletian noch an, sein Blaukraut gekostet hätte, würde er kaum mehr von ihm verlangen, sein zufriedenes Leben um den Preis vergänglicher Macht wieder aufzugeben.

Maximian nahm zwar Diokletians Ironie zur Kenntnis, brachte aber für dessen Gleichgültigkeit gegenüber dem Schicksal des Reiches kein Verständnis auf. Er hatte ausreichende Gründe. Nun waren Galerius und Constantius Chlorus zu Kaisern geworden, der erste das Haupt der jovischen, der zweite das Haupt der herkulischen Dynastie. Beide bekamen Schwierigkeiten bei der Einsetzung der neuen Cäsaren. Galerius kam zunächst mit Constantius überein, die verdienten Feldherren Severus und Dazar als Cäsaren zu berufen. Der abgedankte Kaiser Maximian besaß aber einen Sohn namens Maxentius, der ein Recht darauf beanspruchte, die Herrschaftsgewalt seines Vaters zu erben. Und Constantius Chlorus sah sich in derselben Lage gegenüber dem Sohne, den ihm Helena geboren hatte – Konstantin. Beide Kaiser waren mit solchen Erbschaftsansprüchen nicht einverstanden. Die Lage wurde indessen erschwert durch das Mißtrauen, das Galerius seinem Mitkaiser Chlorus entgegenbrachte. Der letztere konnte schwerlich widersprechen, als Galerius ihn bat, den jungen Konstantin als Ordonnanzoffizier an seinen Hof zu schicken. Konstantin verbrachte einige Zeit bei Galerius, fühlte sich als Geisel mißbraucht, entfloh eines Nachts und ritt ohne Aufenthalt durch ganz Europa bis an die Nordküste Frankreichs, um mit seinem Vater Constantius nach England überzusetzen. Bald dehnte das Heer die Sympathie, die es für Constantius aufgebracht hatte, auf dessen tapferen und wohlgeratenen Sohn aus. Als der Vater im Jahr darauf plötzlich erkrankte und wenig später in York verstarb, riefen die Legionäre den Konstantin nicht nur zum Cäsar aus, sondern machten ihn sogleich zum Augustus – zum Kaiser.

Zur selben Zeit entschloß sich die Prätorianergarde, die immer noch in Rom stationiert war und nach der alten Macht strebte, den andern Prätendenten, Maxentius, ebenfalls zum Kaiser zu erheben. In diesem Augenblick griffen auch die offiziellen Cäsaren, Severus und Dazar, in das Geschehen ein, was zu einem allgemeinen Bürgerkrieg führte. Konstantin nützte die Verwirrung, setzte über den Ärmelkanal, zog an der Spitze seiner Truppen durch ganz Gallien, überquerte die Alpen, gewann eine Schlacht bei Turin und stand plötzlich vor Rom. Der dort residierende Maxentius beging den Fehler, sein Heer über den Tiber zu schikken, um Konstantin aufzuhalten. So kam es zu der berühmten Schlacht an der milvischen Brücke, am 27. Oktober 312, in der es Konstantin gelang, den Maxentius samt seinen Soldaten in den Fluß zu treiben. Zwölf Jahre später war Konstantin der unbestrittene Kaiser des Gesamtreiches.

Dies alles verfolgte Diokletian in seinem dalmatinischen Kohlgärtlein mit größter Aufmerksamkeit, ohne jemals einen Finger zu rühren. Erst im Jahre 316 ereilte ihn der Tod – und Konstantin war pietätvoll genug, dem alten Kaiser ein pompöses Staatsbegräbnis auszurichten. Die Dekorationen des Katafalks verherrlichten den Verblichenen als »Ritter ohne Furcht und Tadel«.

Der Weg war frei für eine neue Form des römischen Staates. Ihr Schöpfer Konstantin verdankte dem Diokletian ebensoviel durch die Erkenntnis der Fehler, die jener gemacht hatte, wie durch die Wiederherstellung der Ordnung, welche dem Diokletian wenigstens zeitweilig gelungen war. Das Reich sträubte sich fortan nicht mehr gegen eine absolute Monarchie von orientalischer Prägung. Und die Kirche, die Diokletian zu seinem Schaden verfolgt hatte, wurde für Konstantin die gewaltigste Stütze seiner Macht. Kirchliche Geschichtsschreiber haben in verständlicher Einseitigkeit das Bild des Diokletian verzerrt gezeichnet. Seine Zeitgenossen aber nannten ihn den »Vater des goldnen Zeitalters«, das Konstantin verwirklichen sollte. Wenn spätere Jahre dem Sohn des bithynischen Schankmädchens den Beinamen »der Große« verliehen, so verdankte Konstantin es dem Kaiser Diokletian.

KONSTANTIN

* um 280 † 337
Regierungszeit 306–337

Im Jahre 1489 regierte in Rom ein schwacher Papst, Innozenz VIII. Er war von Natur aus gütig, aber seine Geisteskraft erlahmte so schnell wie seine Ausdauer, seine Bildung wies die gleichen Mängel auf wie seine Gesundheit. Aus der Zeit vor seiner Priesterweihe besaß er einen leiblichen Sohn, der sich des Nachts in der Stadt straflos als Straßenräuber verlustierte, Frauen entführte und deren Männer um ihre Ersparnisse erleichterte. Am päpstlichen Hof hielten Korruption und Luxus einander die Waage.

Der bedeutendste Kardinal der Kurie war Giuliano della Rovere, der spätere Papst Julius II. Er war damals ein noch nicht fünfzigjähriger Mann von Lebenskraft und blitzendem Geist. Da seinem Tatendrang Grenzen gesetzt waren, verschrieb er sich dem Ideal der Renaissance, das Altertum neu zu entdecken, um aus dessen Erbe das Vorbild für den Menschen der Zukunft zu ziehen. Auf seine Veranlassung gruben Scharen von Arbeitern unter der Anleitung gelehrter Forscher den Schutt der Jahrhunderte um, der sich über dem antiken Boden der Stadt Rom gehäuft hatte. Besonders vielversprechend schien dabei die Zone des alten Forum Romanum. Im Hinblick auf die Honorare, die der Kardinal bei erstklassigen Funden zu zahlen bereit war, nahm man sich hier systematisch die Stätten vor, denen die größte Wahrscheinlichkeit für die Entdeckung antiker Raritäten anhaftete. Darunter gehörte in erster Linie die Ruine der ungeheueren Basilika des Maxentius. In deren Westapsis legte man bei Grabungen mehrere Bruchstücke einer Kolossalstatue frei. Ihre Ausmaße waren so enorm, daß der Kardinal Giuliano sie neben den prachtvollen anderen Antiken in seinem eigenen Garten nicht unterbringen konnte. Also überredete er den Papst, die Fragmente auf das Kapitol bringen zu lassen, an den nach seiner Ansicht würdigsten Ort für alles, was von der einstigen römischen Macht, und sei es auch in halb zerstörtem Zustand, beredtes Zeugnis ablegen konnte. Noch heute sind die gigantischen Trümmer auf dem Kapitol – aufgereiht an der rechten Längswand im Hof des Konservatoren-Palastes.

Das auffallendste Stück ist eine Hand, über zwei Meter hoch, mit merkwürdig geordneten Fingern. Daumen, Zeige- und Mittelfinger liegen ausgestreckt aneinander, die beiden anderen beugen sich gegen die Handfläche. Als man die Aufstellung vornahm, machte sich niemand Gedanken über die Bedeutung der Geste, die diese Fingerhaltung ausdrücken sollte. Deshalb wurde die Hand falsch postiert, nämlich zur Höhe gereckt wie eine Schwurhand. Heute wissen wir, daß der rechte Arm des Standbildes waagrecht zur Seite gehoben war. Die Hand zeigte also nicht zum Himmel, sondern vollführte über Welt und Menschen die Gebärde des Segens – in derselben Weise, wie noch in unserem Jahrhundert die römischen Päpste zu segnen pflegen. Es ist die Hand des Kaisers Konstantin des Großen. Von der gleichen Kolossalstatue ist auch das Haupt erhalten. Wir blicken in ein großflächiges Antlitz, worin die Gesamtheit der Züge, die Form von Stirn, Nase und Mund samt dem Verlauf der Falten und der Brauen nur den Rahmen bildet für ein riesiges, aufgerissenes Augenpaar, dessen Blick über die Grenzen der Erde hinauszudringen scheint. Schon das Jugendbildnis Konstantins in Wien zeigt die gleichen ungewöhnlich geweiteten Augen. Ein solcherart konzentrierter Ausdruck des Gesichtes sollte dem Betrachter kundtun, der dargestellte Mensch verkörpere die mystische Ahnung seines Zeitalters, in dem keine irdische Existenz denkbar war ohne einen geheimnisvollen Zusammenhang mit dem Kosmos und seinen Gesetzen.

Konstantin hat diese Wechselwirkung zwischen Mensch und Kosmos zur Grundlage seines ganzen Lebens gemacht. Wenn auf der Erde die Ordnung der menschlichen Gesellschaft zerfiel, dann geriet das Universum in Gefahr, von den Kräften des Chaos erschüttert zu werden. Fügte sich aber der Mensch in die Gesetze des Weltganzen ein, so strömten von dort die Segnungen des Glücks und der Harmonie auf ihn herab. Für diese Überzeugung gibt es am Triumphbogen des Konstantin neben dem Kolosseum ein zeitgenössisches, in Stein gehauenes Dokument. Es handelt sich um ein Reliefband, das zwei Szenen aus dem entscheidenden Ereignis in Konstantins Leben zeigt. In der ersten Szene führt der Feldherr Konstantin sein Heer zur Eroberung der Kaisermacht nach Rom. In dem darüber angebrachten Medaillon stürzt das Gefährt der Mondgöttin vom Himmel. Die zweite Szene zeigt, wie das befreite Rom den Sieger Konstantin im Triumph begrüßt. In dem Medaillon darüber steigt der Sonnenwagen in steiler Bahn am Firmament empor. Das soll heißen: Die Nacht ist Heimstätte des Chaos, der Unwissenheit und der geistigen Verwirrung. Ihr gleicht Rom, bevor Konstantin es befreite. Die Finsternis wird besiegt durch den Gott des Lichtes, der Klarheit und des Lebens.

Ihm gleicht Rom, seitdem Konstantin im Namen des Sonnengottes seine Herrschaft begann. Es gibt in der Geschichte Roms keinen Kaiser, dessen religiöse Entwicklung in vergleichbar faszinierender Weise auf die Entfaltung seiner Persönlichkeit und auf die Verwirklichung seiner Ziele eingewirkt hätte. Betrachten wir also dieses Leben.

Das Schicksalsjahr Konstantins war das Jahr 312 nach Christus. Er hatte damals die Dreißig fast erreicht, war aber schon ein glänzender und erprobter General, der nur zwei ernsthafte persönliche Probleme kannte: seine Herkunft und seine Schicksalsgläubigkeit. Daß die Herkunft ihn trotz seines starkmütigen Charakters belasten mußte, kann man bei Einrechnung der Zeitverhältnisse wohl verstehen. Konstantin war der Sohn des Constantius Chlorus, eines Mitregenten des Kaisers Diokletian. Seine Mutter dagegen war die Tochter eines Schankwirts aus Bithynien. Der hochgeborene Vater hatte, als er noch Befehlshaber des Militärbereichs der Bosporus-Länder war, das anmutige Schankmädchen Helena auf einem Inspektionsritt kennengelernt. Er machte sie zu seiner gesetzmäßigen Konkubine – was eine damals zulässige halb-eheliche Verbindung bedeutete, die jeden der Nachkommen von allem Anrecht auf das Erbe väterlicher Privilegien ausschloß. Die zwischen Constantius und Helena geschlossene Ehe zur linken Hand war ein Bild der Fürsorge, Zuneigung und Liebe. In der Stadt Naissos, dem heutigen Nish in Südjugoslawien, schenkte Helena dem Konstantin das Leben. Wenig später wurde Constantius nach England versetzt und gleichzeitig zum kaiserlichen Mitregenten erhoben. Fortan gebot er über ein Viertel des Imperium Romanum. Persönlich jedoch war die Berufung auf den Gipfel der Welt für Constantius eine Katastrophe. Er mußte sich von Helena trennen. Sie stand der Idee Diokletians im Wege, seine kaiserlichen Mitregenten zu einer Großdynastie zusammenzuschließen, um etwa auftretende Zwistigkeiten zu einer Familienangelegenheit zu machen, die keinen Außenstehenden, am wenigsten die Untertanen beunruhigen durfte. Ein solches Programm war nur zu verwirklichen durch eine Reihe von erzwungenen politischen Heiraten.

Da Constantius, der jüngst berufene Cäsar, nur im Konkubinat lebte, galt er vor dem römischen Recht als unvermählt. Folglich erhielt er zugleich mit seiner Ernennung von Diokletian den Befehl, Theodora, eine Stieftochter seines Kollegen Maximian, zur Frau zu nehmen. Constantius gehorchte, obwohl er Theodora kaum kannte.

Er hat es sicher gut gemeint, als er verfügte, Helena solle dennoch an seinem Hof bleiben und sich ganz der Erziehung des jungen Konstantin widmen, an dem der Vater nach wie vor in großer Liebe hing. Für Helena aber bedeuteten die folgenden Jahre das furchtbarste Opfer, das man einer Frau zumuten kann: sie mußte mit dem geliebten Mann unter einem Dach wohnen und seiner Ehe mit einer anderen zusehen, die ihr durch Geburt und Rang überlegen war.

Auch für den Knaben Konstantin ergab sich eine zwiespältige Situation. Als Kaisersohn begegnete man ihm mit einem gewissen Respekt. Seine Erziehung dagegen lag in den Händen Helenas, die ohne jede offizielle Stellung war und somit allein ihre Mütterlichkeit einsetzen konnte, um dem Sohn auf seinem Wege weiterzuhelfen. Die Folge war seine ungewöhnlich starke Bindung an die Mutter. Gleichzeitig beobachtete der Heranwachsende den Vater und bemerkte, wie dessen legitime Gemahlin Theodora auf den Charakter und das Verhalten des Constantius einen steigenden Einfluß gewann. Sie gebar ihm in wenigen Jahren drei Söhne und drei Töchter, allesamt an Geburt dem Konstantin überlegen. Wie war es möglich, daß die Liebe des Vaters zu Konstantins Mutter so schnell erkalten konnte? Vielleicht hätte Konstantin im kritischen Stadium seines Jugendalters einen tiefen Widerstand gegen den Vater entwickelt, wäre nicht dessen menschenfreundliche Grundhaltung gerade damals durch einen neuen Zug der Milde angereichert worden. Constantius entschloß sich zu Maßnahmen der Toleranz, die der Politik des obersten Kaisers direkt widersprachen.

Wieder einmal ging es um die Christen. Diokletian hatte sie erbarmungslos verfolgt, weil er sie für Staatsfeinde hielt. Constantius indessen verfügte, um den Schein zu wahren, nur das Niederreißen einiger christlicher Kultstätten, schonte aber die Menschen, unterdrückte die Christenprozesse und schickte niemanden in die Arena. Der Grund für solche Nachsicht lag bei Theodora, von der wir heute wissen, daß sie selber Christin war.

Dies kann auch Helena nicht verborgen geblieben sein, die nun ihrerseits begann, sich mit der christlichen Lehre zu beschäftigen, und bald darin einen Trost fand, der ihr die eigene absurde Situation erträglich machte. Helena litt weiterhin, erkannte aber in der Qual, der sie ausgesetzt war, einen neuen Sinn. Dadurch wußte sie zu verhindern, daß sich der Sohn dem Vater entfremdete. Da Konstantin noch zu jung war, um ein lebensgefährliches Geheimnis zu bewahren, hat ihm Helena damals noch nichts von der neuen Lehre erzählt. Wohl aber war sie bemüht, in ihm den Sinn für das religiöse Element in der menschlichen Natur überhaupt zu wecken, und hat damit den Grundzug seines Charakters geformt.

Die Bildung, welche Konstantin erhielt, war eher dürftig. Dagegen entwickelte er sich bald zu einem vorbildlichen Offizier, der persönliche Bravour mit genauer Kenntnis der Kriegskunst verband, beides in den Kriegen gegen Ägypten und Persien unter Beweis stellte und aus den strategischen Fehlern seiner Vorgesetzten äußerst nützliche Lehren zog. Mehrmals erregte er die Aufmerksamkeit des alternden Oberkaisers Diokletian, der ihn schließlich eine Zeitlang an seinen Hof berief. Schon bald machte Diokletian aus seiner Hochschätzung für Konstantin kein Geheimnis mehr und erklärte den bislang durch Geburt Zurückgesetzten für würdig, in Zukunft als kaiserlicher Mitregent mit dem Titel »Caesar« erwogen zu werden. Spätestens damals muß Konstantin gespürt haben, wie eine höhere Macht in sein Schicksal eingriff. Wie hätte er sich sonst erklären können, daß er den Söhnen aus der Ehe seines Vaters mit Theodora, die Diokletian so gnadenlos befohlen hatte, durch denselben Kaiser plötzlich vorgezogen wurde? Wahrscheinlich keimte damals schon in Konstantin – ihm selbst noch unbewußt – der Gedanke, zu einer Sendung berufen zu sein, deren Sinn, Kraft und Rechtfertigung im Weltschicksal selber verankert lagen.

Wenig später, im Jahre 305, dankte Diokletian ab. Konstantins Vater wurde Kaiser. Im Jahr darauf starb er. Die Truppen, die dem Constantius unverbrüchlich die Treue gehalten hatten, erhoben nun seinen Sohn auf den Schild. Man rief ihn aber nicht zum »Caesar« aus, sondern sogleich zum »Augustus«, zum Nachfolger des Vaters in der allerhöchsten Würde.

War das ein Schicksalswink? Konstantin machte sich an eine genaue Prüfung seiner Person und seiner Möglichkeiten. Er wußte, daß die regierenden Kaiser und ihre Thronfolger ihn schon jetzt für einen Usurpator hielten. Zwar befehligte er zuverlässige Truppen von beträchtlicher Stärke, aber um sich als Kaiser durchzusetzen, hätte er eine Armee gebraucht. Also fand er es klug, den »Augustus« auszuschlagen und sich mit dem Rang eines gesetzmäßigen Thronfolgers zu begnügen. Auch als solcher kam ihm in seinem Reichsteil unumschränkte Macht zu. Er besaß die persönliche Unverletzlichkeit und die nachrichterliche Gewalt. Hellsichtig erkannte er, daß die Zeit für ihn arbeitete, seine Stunde aber noch bevorstand. Die spontane Ausrufung zum Augustus durch die Truppen enthielt für ihn noch keine Realität. Wohl aber sah er darin eine Art Prophezeiung, durch die seine Entscheidungen und seine Taten auf einen bestimmten Weg gelenkt werden sollten. Schon ein Jahr später, 307, gab ihm das Schicksal recht.

Das diokletianische Reichssystem brach in ein Chaos auseinander. Ursprünglich waren zwei Kaiser vorgesehen, einer für den Osten, der andere für den Westen. Der östliche besaß die oberste Autorität, die Gewalt des westlichen war um einen minimalen Grad geringer. Beide Kaiser sollten im gegenseitigen Einvernehmen je einen Thronfolger ernennen mit dem Titel »Caesar«. Alle vier hatten gemeinsam zu regieren, jeder einzelne in einem Viertel des Gesamtreiches. Seitdem jedoch Diokletian die Herrschaft niedergelegt hatte, vor allem aber seit des Constantius Tod, gaben Kaiser und Cäsaren ihre durch so viele Pflichtehen erzwungene Einmütigkeit auf und zogen gegeneinander zu Felde. Im Jahre 307 gab es keinen einzigen Thronfolger mehr, dafür aber fünf Kaiser. Ein sechster trat nunmehr hinzu – Konstantin.

Er sah infolge des Verhaltens der anderen Regenten keinen Grund mehr, nicht auch seinerseits den Kaisertitel anzunehmen, zumal seine Truppen ihn ja schon bei des Constantius Tod zum Augustus ausgerufen hatten. Die folgenden Jahre waren ein einziges Gemetzel – einer der blutigsten Bürgerkriege der römischen Geschichte. Für Konstantin stand die Bahn seines Schicksals nunmehr außer Zweifel. Er, der Sohn des bithynischen Schankmädchens, fühlte sich dazu berufen, der Verwirrung ein Ende zu machen, das Reich zu einen, zu reformieren und es den Gesetzen des Kosmos wieder einzufügen, bevor dieser auf die Selbstzerstörung der gesitteten Welt mit furchtbaren Katastrophen antwortete. Der Kampf dauerte fünf Jahre, in deren Verlauf sich Armeen von zumeist mehr als hunderttausend Mann Stärke in Gewaltmärschen durch halb Europa bewegten, um einander Schlachten zu liefern – für ein Recht, das keiner ihrer Befehlshaber unbezweifelt in Anspruch nehmen konnte.

Konstantin erkannte, daß er nur Sieger bleiben konnte, wenn er zunächst den Osten beiseite ließ. Sein Ziel mußte Rom sein. Rom allein war unter allen Städten des Imperiums die Stadt schlechthin; trotz Mißbrauch und Verrottung der Inbegriff von Heiligkeit und Sammelpunkt aller kosmischen Kräfte, die von hier auf den Erdkreis ausstrahlten. So realistisch Konstantin seine militärischen Chancen einschätzte, so irrational waren die tieferen Beweggründe seines Handelns. Rom war in den Händen des Usurpators Maxentius, der seine Tage mit Ausschweifungen und Scheußlichkeiten anfüllte, aber über die hervorragend disziplinierte Garde der Prätorianer und dreihunderttausend Mann erlesener Truppen verfügte. Rom war geschändet durch die Schamlosigkeit, mit der die bloße Macht stets den Terror nach sich zieht. Rom zu befreien, zu reinigen, ihm seine alte Würde wiederzugeben, war Konstantins Ziel.

Maxentius hörte, daß das Heer seines Gegners, der ihm schon ganz Oberitalien abgenommen hatte, von Norden auf der Via

Flaminia heranrückte. Darauf befahl er, die nördliche Tiberbrücke, den »pons Milvius« abzureißen, um den Hochwasser führenden Fluß zu einem weiteren Sicherungsfaktor der Stadt zu machen. Wenige Tage später feierte er seinen Geburtstag und befragte das Orakel. Dessen Spruch lautete in geschickter Zweideutigkeit: »Wenn du den Tiber überschreitest, wird ein Feind des Vaterlandes sterben.« Maxentius und seine ganze Umgebung waren davon überzeugt, der Feind werde Konstantin heißen. Also befahl Maxentius, sein Heer solle den Tiber auf einer Ponton-Brücke überqueren und sich in offener Feldschlacht stellen. Neun Meilen nördlich der Stadtgrenze kamen die Vorhuten der beiden Armeen in Fühlung. Es war der Abend des 26. Oktober 312. Die Sonnenuntergänge der späten Oktobertage in der römischen Campagna gehören zu den schönsten der Welt. Vielleicht hat das goldene Licht des damaligen Abends in Konstantin die Vision ausgelöst, von der uns sein späterer Biograph, der Hofbischof Eusebius von Cäsarea, berichtet: Konstantin habe unvermittelt am Himmel ein flammendes Kreuz gesehen, das die griechischen Worte trug »en tútoi níka – in diesem (Zeichen) siege«. Eusebius gibt seinen Hang zu erbaulichen Geschichten freimütig zu, fügt aber an, Konstantin selber habe ihm die Wahrheit seines Erlebnisses eidlich verbürgt. Gegen Ende der Nacht habe Konstantin im Traum eine Stimme vernommen, die ihm befahl, er solle seine Soldaten anweisen, ihre Schilde mit einem Zeichen zu bemalen, worin sich der griechische Buchstabe Chi (für Christus) mit einem Kreuz verbinde. Nach dem Erwachen befolgte Konstantin den himmlischen Befehl und ließ das Christus-Symbol auch auf seinem eigenen Banner anbringen. Die Schlacht wurde morderisch. Fuß für Fuß drängten die konstantinischen Truppen den an Zahl weit überlegenen Gegner an den Tiber zurück. Maxentius und seine Garde hasteten über die Pontonbrücke, um die sicheren Mauern der Stadt noch rechtzeitig zu erreichen, belasteten aber die Schwimmkörper so sehr, daß die Vertäuungen rissen. Zehntausende sahen zu, wie der Usurpator in den reißenden Fluten versank.

Das Kreuz hatte gesiegt. Doch niemand, außer der römischen Christengemeinde, am wenigsten Konstantin selbst, stellte sich die Frage, wessen Kreuz es war. Das Lichtkreuz, das Konstantin gesehen hatte, konnte ebensogut dem Christengott wie dem persischen Lichtheros Mithras zugehören, dessen Kult bei römischen Legionären weit verbreitet war. Und Konstantin zog in Rom ein, nicht als Bekenner Christi, sondern als die Verkörperung des unbesiegten Sonnengottes. Seine leicht erhobene Rechte dankte dem Jubel des Stadtvolkes mit der Segensgeste, die wir an der Hand seiner Kolossalstatue auf dem Kapitol noch heute vor Augen haben. Sie stammt aus dem Ritual des Sonnengottes. Erst später sollte Konstantin von der Kirche lernen, daß dieser unbesiegte Sonnengott inzwischen eingegangen war in eine neue Lichtgestalt – in Christus, die Sonne der Gerechtigkeit.

Seit seinem Einzug in Rom war Konstantin der unbestrittene Kaiser des Westens. Im Osten aber regierte ein anderer Kaiser – Licinius, der seine Herrschaft zu Recht aus der diokletianischen Tradition herleitete. Beide kannten sich seit langem und waren von der Notwendigkeit überzeugt, die gemeinsamen Prinzipien ihrer Regierung über die beiden Reichshälften festzulegen. Man traf sich kurzfristig in Mailand – kaum vier Monate nach dem Beginn von Konstantins westlicher Alleinherrschaft. Konstantin bot dem Licinius die Hand seiner Schwester Konstantia, die dieser annahm.

Solchergestalt verschwägert, gingen die beiden Kaiser an die Abfassung des berühmten »Mailänder Ediktes«, das die Frage der christlichen Kirche endlich einer dauerhaften Lösung zuführen sollte. Die religiöse Toleranz wurde für alle Kulte, einschließlich des christlichen, bestätigt. Neu jedoch war, daß den Christen alle Besitzungen und Habschaften zurückgegeben werden mußten, welche im Verlauf der langen Verfolgungszeiten konfisziert oder zerstört worden waren. Damit war nicht nur das Christentum als Religion anerkannt, sondern die Kirche zur Rechtsperson erhoben worden. In diesem Teil war das Edikt das alleinige Werk Konstantins. Er hatte schon als junger Offizier am Hofe Diokletians erlebt, wie Christen ohne irgendein Zeichen von Furcht die Arena betraten, obwohl sie wußten, welch grauenhafter Tod ihnen bevorstand. Auch in späterer Zeit hatte er in allen Reichsteilen genügend Gelegenheit, den Zusammenhalt der christlichen Gemeinden zu beobachten, ihre Disziplin gegenüber der Priesterschaft, ihren Gleichmut vor Schicksalsschlägen, ihre hohe Moral und nicht zuletzt ihre standhafte Ablehnung jeder Korruption. Das Edikt von Mailand verrät, wenn auch indirekt, schon den Kern des konstantinischen Gedankens, diese vorbildlich organisierte, tadelfreie Minderheit zur inneren Stütze für die Reichsreform zu machen, die er plante.

Zuvor allerdings mußte das Problem gelöst werden, das der östliche Kaiser Licinius bot. Konstantin machte sich keine Illusionen darüber, daß Licinius nicht weniger als er selber nach der Herrschaft über das Gesamtreich strebte. Der Zwist brach aus im Jahre nach dem Mailänder Edikt, 314, und dauerte zehn Jahre. Bewaffnete Auseinandersetzungen wechselten mit verzweifelten Vermittlungsversuchen der Konstantia, die das Unglück hatte, zugleich Konstantins Schwester und des Licinius Frau zu sein; man manifestierte die Reichseinheit durch Versöhnungskonsulate, entzweite sich erneut, wobei Konstantin stets über die geringere Truppenzahl verfügte, aber schneller war in seinen Entschlüssen und den Gegner weit übertraf in der Kunst der Strategie. In seiner raschen Reaktionsgabe und seiner militärischen Verschlagenheit erwies sich Konstantin als Erbe der besonderen Intelligenz jenes griechisch-asiatischen Völkergemisches, dem seine mütterlichen Vorfahren entstammten.

Licinius, um vieles schwerfälliger, glaubte schließlich ein Mittel gefunden zu haben, den genialen Widersacher mürbe zu machen. Er rächte sich indirekt, indem er unter Nichtachtung des Mailänder Ediktes aufs neue begann, die Christen zu verfolgen. Von seinem Hofe wurden alle Christen entfernt. Allen Soldaten, auch den zahlreichen Christen im Heeresdienst, wurde der Vollzug des Staatsgötter-Kultes zur Pflicht gemacht, wenn sie nicht Sold und Pensionsanspruch verlieren wollten. Wieder gab es Christen, die um ihres Glaubens willen ihre Rechte als Staatsbürger einbüßten, ihres Vermögens beraubt wurden, ins Gefängnis wanderten und den Märtyrertod erlitten. Zu spät bemerkte Licinius, daß er mit solchen Maßnahmen dem Konstantin nur den Rechtsgrund geliefert hatte, gegen den Verräter am Reichsgesetz, das überdies noch unter des Licinius Namen publiziert worden war, in einem Feldzug namens des Imperiums vorzugehen. Man schlug sich in zwei Schlachten, zuerst bei Adrianopel, dann bei Skutari. Für Licinius fochten hundertsechzigtausend Mann, Konstantin hatte hundertdreißigtausend einzusetzen. Beide Male siegte der Vorkämpfer des Christentums. Licinius ergab sich, nachdem Konstantin ihm Leben und Freiheit zugesichert hatte.

Ein Jahr später erfuhr Konstantin, Licinius habe Verbindung aufgenommen mit einer Gruppe von Persönlichkeiten, die offiziell zu Reichsfeinden erklärt und in die Verbannung geschickt worden waren. In den Augen des Kaisers war dies erneut ein Wortbruch des Licinius und ein Rückfall in den Hochverrat. Ein Geheimbefehl des Kaisers veranlaßte des Licinius unauffällige Hinrichtung. Ohne Zweifel hat Konstantin geglaubt, auf sicherem Rechtsboden zu stehen, als er den Tod seines Gegners befahl. Wer den Lebensweg dieses Kaisers allein von den Tatsachen her beurteilt, kann schnell zu dem Schluß gelangen, Konstantin habe einfach die günstige Gelegenheit genützt, um durch die Beseitigung seines letzten legitimen Konkurrenten endlich die Gesamtherrschaft über das westliche und das östliche Reich in seiner Hand zu vereinen. Wer aber tiefer gräbt, stößt auf ein ganzes Bündel von Problemen zwischen Religion und Gesellschaft, zwischen Kirche und Staat.

Die Gruppe von verbannten Persönlichkeiten, mit denen Licinius konspiriert hatte, bestand nämlich aus Bischöfen und Klerikern der christlichen Kirche. Sie waren zu Reichsfeinden erklärt worden mit einer Begründung, die den aufgeklärten und selbstbewußten Zirkeln innerhalb der heutigen katholischen Priesterschaft eine Rechtfertigung mehr liefern kann für ihr unfehlbares Urteil über den Starrsinn und die Rückständigkeit der konstantinischen Zeit. Jene damals verbannten Männer hatten sich nämlich nur eines einzigen Fehltritts schuldig gemacht. Sie bezweifelten die kirchliche Lehre, Christus sei in seinem Wesen identisch mit dem Schöpfergott, den er selbst den Vater genannt hatte.

Was ging das den Staat an? Wie konnte eine Regierung, die nach zweieinhalb Jahrhunderten Christenverfolgung soeben erst die religiöse Toleranz auf die Christen ausgedehnt hatte, schon so kurz danach achtbare christliche Priester mit weltlichen Strafen belegen, nur weil sie eine theologische Sondermeinung vertraten? Wie konnte ein Kaiser, der seine Würde als Garantie für das dem Menschen frommende Recht verstand, seinen entmachteten Konkurrenten umbringen lassen, nur weil dieser mit Persönlichkeiten sympathisierte, für die der geistliche Gehorsam noch nicht gleichbedeutend war mit blinder Fügsamkeit? Um das Problem aufzuschlüsseln, müssen wir uns zunächst dem Urheber der Irrlehre zuwenden. Er hieß Arius.

Er war griechischer Priester an der Kaukalis-Kirche im ägyptischen Alexandria. Seine hochgewachsene Gestalt zeigte die Magerkeit, sein nach innen gekehrter Gesichtsausdruck die Konzentration des Asketen. Im Umgang war er von gewinnender Freundlichkeit, als Theologe jedoch ein Geist von schneidender Logik. Sein Angriff galt dem Zentralproblem des damaligen Christentums, der Lehre von der Dreifaltigkeit. Ein Gott in drei Personen – das schien ihm absurd. Wenn Gottvater einen Sohn gezeugt hatte, mußte der Vater vor dem Sohn gewesen sein, also waren beide nicht gleich ewig. Wenn der Sohn vom Vater aber geschaffen war, konnte er nicht das Wesen des Vaters, sondern nur ein von diesem unterschiedenes Wesen haben, also waren beide nicht wesensgleich, sondern nur wesensähnlich. Wenn der Sohn die Macht hatte, den Heiligen Geist zu senden, so mußte dieser aus dem Sohn hervorgegangen sein, also war er noch um eine Stufe weiter vom Vater entfernt als der Sohn. Somit löste sich die Dreifaltigkeit in die Generationenfolge Vater, Sohn und Enkel auf. Haarspalterei? Aus heutiger Perspektive für manche von uns vielleicht. Damals aber hatten solche Überlegungen eine

Wirkung, die uns der heilige Gregor von Nyssa, ganz im Stil des modernen Journalisten, höchst lebensvoll beschreibt: »Wenn du bei einem Mann ein Silberstück wechseln willst, so setzt er dir auseinander, worin sich Gottsohn von Gottvater unterscheide. Fragst du nach dem Preise eines Brotlaibes, so bekommst du zu hören, daß der Sohn weniger sei als der Vater. Und wenn du dich erkundigst, ob dein Bad bereit sei, so erhältst du zur Antwort, der Sohn sei aus dem Nichts erschaffen.« Diesen Worten, an deren Echtheit nicht zu zweifeln ist, können wir zwei Tatsachen entnehmen. Die Theologie erreichte damals noch den kleinen Mann und vermochte es, ihn für ihre Probleme so leidenschaftlich zu interessieren, wie es heute fast nur noch dem Fußballsport gelingt. Weiterhin geht aus dem Bericht hervor, daß die Frage nach der Rechtgläubigkeit die Eintracht einer so vielförmig zusammengesetzten Bevölkerung entweder steigern oder stören konnte.

Arius war nicht ohne Widersacher geblieben. Der Bischof Alexander, dem Arius unterstand, berief eine Synode der Bischöfe Ägyptens nach Alexandria. Man prüfte des Arius Lehre, verwarf sie, entzog ihm und seinen Anhängern die priesterliche Vollmacht und beging den Fehler, das Verhandlungsprotokoll an auswärtige Bischöfe mit der Bitte um Stellungnahme zu versenden. Auf diese Weise gelangten die theologischen Kühnheiten des Arius vielen Geistlichen im Reiche zur Kenntnis, die andernfalls erst weit später davon erfahren hätten. Die Reaktion war zwiespältig. Vor allem in Asien kam es schnell zu Spaltungen innerhalb des Klerus und der Gemeinden. Diese Zerwürfnisse wurden der breiten, vorwiegend noch heidnischen Öffentlichkeit bald bekannt – und sogleich traten in den Theatern die Schauspieler in den Zwischenakten mit gepfefferten kabarettistischen Nummern auf, worin unter dem Hohngelächter des Publikums die Gegner des Arius und seine Anhänger als arme, aber hingebungsvolle Irre dargestellt wurden.

Solche Zustände konnten den Kaiser Konstantin nicht gleichgültig lassen. Er war zu dieser Zeit wahrscheinlich noch weit davon entfernt, selbst ein überzeugter Christ zu sein. Doch hatte er den moralischen Wert des Christentums längst erkannt und die hervorragende Organisation der Kirche zu schätzen gelernt. Mehr als je hielt er an dem lange vorgefaßten Plane fest, diese Kirche zur inneren Ordnungsmacht des Imperiums zu erheben. Dafür gab es drei Gründe. Zunächst waren die in der Kirche zusammengefaßten Christen zuverlässige gesetzestreue Staatsbürger, solange man nicht Kulthandlungen von ihnen verlangte, die ihrem Glauben widersprachen. Zum anderen hatten sie die jahrhundertelange Verfolgungszeit ungebrochen, ja sogar gestärkt überstanden, weil sie hinter der Schauseite des irdischen Daseins das Walten einer höheren Macht verspürten, deren geheimnisvolle Wirkung der Kaiser selbst – wenngleich unter anderem Namen – am eigenen Schicksal längst erfahren hatte. Schließlich gab es unter den christlichen Bischöfen eine beträchtliche Anzahl hervorragender Juristen, einfach weil die Kirche während der Verfolgungen nur am Leben bleiben konnte, sofern ihre Anwälte in den zahlreichen Hochverratsprozessen jeden längst vergessenen Präzedenzfall parat hatten, der den Angeklagten die Todesstrafe und der Gemeinde die Ausrottung ersparen konnte.

Und nun, da Konstantin mit soviel Mühe die Gefahr für die Kirche endgültig beseitigt hatte, sollte diese durch Spitzfindigkeiten einiger theologischer Fanatiker unbrauchbar gemacht werden für die Rolle, die ihr der Kaiser bei der Reform des verrotteten Imperiums zugedacht hatte? Konstantin beschloß, in Person einzugreifen. Zunächst schrieb er einen Brief in zwei Ausfertigungen – eine für Arius, die andere für dessen erbitterten Gegner, den Bischof Alexander. Beiden legte Konstantin in prägnaten Sätzen die Ziele seiner Religionspolitik dar. »Von Anfang an«, so schrieb der Kaiser, »wollte ich dem Streben nach Gott, das allen Völkern innewohnt, eine einheitliche Form und Richtung geben. Wenn es mir gelänge, so glaubte ich, unter allen Dienern Gottes die Eintracht herzustellen, die ich wünschte, dann würde auch die Verwaltung des Staates jene glückliche Umwandlung erleben, auf welche die fromme Gesinnung aller Menschen Anspruch hat.« Und mahnend fährt Konstantin fort: »Du, Arius, und Du, Alexander,

Ihr seid doch beide vernünftige Männer. Wie könnt Ihr es verantworten, durch Euer demagogisches Verhalten den Erdkreis zu bedrohen? Umarmt Euch als Brüder, gebt der gesamten Welt ein Beispiel der Einheit und erleichtert mir den Weg.«

Es war zu spät. Die Unruhe der Kirche hatte – zumindest im Osten des Reiches – schon auf die Bevölkerung übergegriffen. Das Christentum war dabei, seine Glaubwürdigkeit einzubüßen, weil seine Anhänger sich darum stritten, ob Christus Gott sei oder nicht. War er es nicht, dann konnten kein Bischof und kein Priester sich künftig auf die göttliche Weltordnung berufen, wenn sie die Erneuerung der Moral predigten. War Christus nicht Gott, dann war auch sein Wort nicht mehr das unmittelbare Wort Gottes, sondern bestenfalls das Wort eines Abgesandten Gottes, neben dem viele andere Propheten mit gleichem Anspruch aufstehen konnten, um Widersprechendes zu lehren. Somit wurden die revolutionären Haarspaltereien des Arius für Konstantin zur Bedrohung eines lange gehegten Planes.

Die Reichsreform mußte beginnen mit der Wiederherstellung des Vertrauens in das römische Recht. Dieses Ziel war nur zu erreichen, wenn die amtierenden Richter hervorragend geschult und völlig unbestechlich waren. Die diokletianische Reichsteilung hatte das Rechtswesen vielfach der Willkür korrupter Beamter ausgeliefert. Die einzige zuverlässige Gruppe glänzender Juristen bestand in den Bischöfen der Kirche. Ihnen hatte Konstantin die Aufgabe zugedacht, an seiner Statt als kaiserliche Vikare Recht zu sprechen – in der Gerichtshalle, die man damals Basilika nannte. Eine solche Maßnahme war aber nur durchführbar, wenn der Kaiser sicher sein konnte, daß die Kirche von der Welt als geistige Einheit begriffen wurde, an deren Bau und Funktionsfähigkeit auch die Querelen der Theologen nicht zu rütteln vermochten. Da nun das Gegenteil eingetreten war, sah der Kaiser die kaum errungene Ruhe seines Vielvölkerreiches gerade durch jene Institution gefährdet, der er dessen innere Festigung anvertrauen wollte. Also beschloß Konstantin, der ungetaufte Laie, mit seiner ganzen Autorität in das kirchliche Geschehen einzugreifen, und berief nach der kaiserlichen Sommerresidenz von Nicäa in Kleinasien das erste ökumenische Konzil.

Der Kaiser führte selbst den Vorsitz. Anwesend waren 318 Bischöfe, welche – wie einer von ihnen berichtet – »von einem gewaltigen Strom des niederen Klerus begleitet waren«. In seiner Eröffnungsansprache erklärte Konstantin, er verlange von den Teilnehmern nur, was sie selbst ihren Gläubigen predigten – guten Willen, Eintracht und Frieden. Er selbst stehe über den Parteien. Arius war ebenfalls erschienen, verteidigte sich geschickt, geriet aber in Bedrängnis vor dem geistigen Feuer, das der später zum Kirchenlehrer erhobene Athanasius, damals noch Erzdiakon von Alexandrien, mit einer auch für seine Zeit ungewöhnlichen Wortgewalt zu entfachen wußte. (Reden solcher Männer liest man heute besser nicht mehr. Denn da sie so gut sind, können sie nach gegenwärtiger Auffassung ja keinesfalls ehrlich gewesen sein.) Konstantin ließ es auf dem Konzil an Langmut nicht fehlen. Obwohl mit der Frage der Kircheneinheit seine Reichsreform auf dem Spiele stand, ließ er alle Parteien zu Ende reden und griff nur ein, wenn die Debatte sich in Details verlor. Der innere Grund für solche Geduld war wieder seine Schicksalsgläubigkeit. Wenn er den Auseinandersetzungen ihren Lauf ließ, würden sie zu einem Resultat gelangen, das sein eigenes Ziel entweder korrigierte – oder bestätigte. Und aufs neue wurde er bestätigt. Arius konnte sich nicht durchsetzen. Das Konzil verabschiedete das erste Glaubensbekenntnis der Kirchengeschichte, das heute noch, in einer etwas erweiterten Form, für die Mehrheit der Christen auf der Welt verbindlich ist. Konstantin konnte nicht ahnen, daß der Wille der Kirche zur eigenen Einheit während der nachfolgenden Jahrhunderte bis herauf in unser eigenes noch durch zahllose Glaubenszwiste in Frage gestellt werden sollte.

Dankbar verabschiedete er die Bischöfe mit einem großen Gastmahl und entließ sie – auf kaiserliche Kosten – nach Hause. Nun – so glaubte er – waren drei Ziele erreicht: Durch die Verwerfung der Theologie des Arius hatte sich die Kirche zu ihrer Aufgabe als staatstragende Kraft bekannt; Konstantins Vorgehen gegen Licinius schien nunmehr gerechtfertigt, da dieser zusammen mit Anhängern des Arius eine Verschwörung gegen des Kaisers Integrationsidee von Staat und Kirche geplant hatte; aus den zerfallenden Resten des Heidentums konnte das kraftvolle Leben eines neuen Imperiums aufsteigen, welches sich freiwillig den Gesetzen eines Gottes von unfaßbarer Majestät unterwarf und den Kaiser als die Verkörperung dieser Majestät auf Erden verstand.

War die Welt damit in Ordnung? Schwerlich. Schon im Jahr nach dem Konzil gab Konstantin indirekt die Schwierigkeiten zu, die er bei dem Versuch, die Reichseinheit wiederherzustellen, bewältigen mußte. Zu weit schon hatten sich die östliche und die westliche Reichshälfte voneinander entfernt. Sie unter den vorgegebenen Umständen erneut in einer Weise zu verschmelzen, was zu Hadrians Zeiten noch selbstverständlich gewesen war, schien eine Aufgabe, vor der selbst ein Kaiser zurückschrecken mußte, der sich sonst beinahe alles zutraute. Konstantin mußte einsehen, daß er inmitten einer geschichtlichen Dialektik lebte, welche den Westen und den Osten seines Reiches zu zwei gegensätzlichen Lebensräumen machte. Realistisch waren die Konsequenzen, die der Kaiser aus dieser Erkenntnis zog. Er war davon überzeugt, das doppelgesichtige Reich könne fortan nur noch unter einer absoluten Monarchie gedeihen. Denn nur in dieser konnte der Wille des Herrschers über alle Gegensätze hinweg wirksam werden – als Manifestation endgültiger Gerechtigkeit. Daher die Freundlichkeit seines persönlichen Auftretens, daher die zahllosen Maßnahmen zum Schutz des Staatsbürgers, daher aber auch die bis zur Grausamkeit reichenden Strafen gegen alle Störer der gesellschaftlichen Ordnung.

In der Theorie bildeten die beiden Reichshälften ein einziges Imperium. Aber in der Praxis sah das anders aus. So quälte sich Konstantin zum Beispiel schon lange mit dem Problem, wo er nun seinen Thron endgültig errichten sollte – im Osten oder im Westen. Rom war einst die Mutter des Ganzen gewesen. Seit Augustus hatten es alle Kaiser erlebt, viele verhöhnt und die meisten ausgenützt. Der letzte, der Rom zum alten Glanz zurückführen wollte, war Konstantin selbst gewesen – aber er war durch die Eroberung Roms nur Kaiser des Westens, nicht der Kaiser schlechthin geworden. Er zweifelte, ob Rom mit seinen dünnblütigen Adelsgeschlechtern, seinem verrohten Ritterstand und seinem arbeitsscheuen Proletariat noch fähig sein würde, den Nährboden abzugeben für das große sittliche Reformprogramm, das er im Sinne hatte. War es nicht richtiger, gänzlich neu zu beginnen, ein neues Rom zu bauen? Und wenn ein neues Rom – wo sollte es liegen?

Hierauf wußte Konstantin eine Antwort: Das neue Rom mußte im Osten liegen, denn der Osten war übersät von Keimzellen der Unruhe, die nur durch die Nähe des Kaisers daran gehindert werden konnten, zu Wucherungen auszuarten. Außerdem waren für das neue Rom notwendig: eine strategische Position, die das Meer beherrschte und vom Land her leicht zu sichern war, dazu relativ kurze Marschrouten zu der von den Barbaren mißachteten Nordgrenze und zu der von den Persern bedrohten Ostgrenze des Reiches bot. Außerdem mußte der Ort ohne Traditionen sein, denn nur dann konnte das geplante neue Rom zum Ursprung neuer, von Konstantin geschaffener Traditionen werden. Nach langem Ringen mit solchen Gedankengängen entschloß sich Konstantin im Jahr nach dem Konzil, seine Nova Roma auf den Trümmern der verfallenden griechischen Provinzstadt Byzantion am Bosporus zu errichten.

Es war eine weltgeschichtliche Tat. Denn nun gab es ein zweites Rom, das den Untergang des ersten um tausend Jahre überleben sollte. Und als das zweite Rom, vor mehr als fünfhundert Jahren, dem Ansturm der Türken erlag, trat mit dem Anspruch auf das konstantinische Erbe ein drittes Rom auf den Plan, das heute noch – unter gänzlich anderen Verhältnissen – behauptet, die Stadt des Weltfriedens zu sein: Moskau. Es mag nachdenklich stimmen, wenn man bedenkt, daß Konstantins Entscheidung für ein zweites Rom schließlich zu dem imperialen Sendungsbewußtsein Rußlands geführt hat, das durch dessen heutiges System keineswegs vernichtet, sondern nur gestärkt worden ist.

War nun dieser Konstantin, der sein Schicksal so sehr mit den

Gesetzen des Kosmos verbunden wußte, ein glücklicher Mensch? Trotz negativer Voraussetzungen war ihm fast alles gelungen, was er sich vorgenommen hatte. Nur eines hat er nicht vermocht: die Ordnung, die er der Welt zurückgegeben hatte, auch auf seine eigene Familie zu übertragen. Aus seiner ersten Ehe besaß er einen Sohn namens Crispus, der dem Vater an soldatischen Fähigkeiten beinahe gleichkam. In zweiter Ehe verheiratete er sich mit der sehr jungen Prinzessin Fausta, einem Geschöpf voller Triebhaftigkeit und Lebensgier. Nachdem Fausta ihm fünf Kinder geboren hatte, empfand sie es lästig, trotz der Freundlichkeit und Milde des Gatten, die Ehefrau der personifizierten Majestät zu sein. Crispus, der inzwischen erwachsene Stiefsohn, faßte zu Fausta eine leidenschaftliche Liebe, die offenbar nicht unerwidert blieb. Die Sache kam auf. Konstantin muß furchtbar darunter gelitten haben, die Frau, die seinen Thron teilte, und den Sohn, der ihn erben sollte, in gemeinsame tödliche Schuld verstrickt zu sehen. Das Vergehen der beiden war doppelt: Ehebruch und Majestätsbeleidigung. Auch der Gesetzgeber stand nach Konstantins Auffassung unter dem Gesetz. Bis zum Lebensende hat Konstantin daran getragen, daß seine eigene Frau und sein leiblicher Sohn mit dem Tode sühnen mußten, was sie gegen sein eigenes Gesetz gesündigt hatten. Jeden anderen Menschen seines Staates hätte er begnadigen können, diese beiden nicht. Glücklich wird man ihn also kaum nennen dürfen, den Kaiser, dem die Nachwelt so bedenkenlos durch sechzehn Jahrhunderte den Beinamen »der Große« gab.

Seit dem zweiten vatikanischen Konzil sind die Anklagen nicht verstummt, die dem Konstantin zum Vorwurf machen, er habe die Kirche auf den falschen Weg geführt, indem er ihr im Leben des Staates die moralische Autorität zusprach. In Wirklichkeit hat er noch viel mehr getan. Er hat von der Kirche gefordert, die moralische Makellosigkeit des Staates zu garantieren. Damit war sicher nicht nur die Stützung der Obrigkeit gemeint, sondern nicht weniger der Schutz des Bürgers vor der Arroganz der Herrschenden und vor dem Übermut der Ämter. Man mag der Ansicht sein, heute brauche man dazu die Kirche nicht mehr. Damals aber brauchte man noch beides – den Staat und die Kirche. Konstantin hat in den Grenzen seiner Zeit versucht, dem Chaos, das er vorgefunden, ein Ende zu setzen und seinen vielen Völkern, Heiden und Christen, das Bewußtsein einer neuen sittlichen Verantwortung einzupflanzen. Mit Rücksicht auf die Heiden ließ er sich, solange er Kaiser war, nicht taufen. Erst drei Tage vor seinem Tode legte er den Purpur ab. Dann aber, nur noch ein einfacher Mensch, stieg er, schon vom tödlichen Fieber geschüttelt, in das Taufbekken, empfing das reinigende Sakrament, dankte Ministern, Offizieren und Geistlichen für ihre Treue und verschied als Christ. Der Kirche in unserem Jahrhundert blieb es vorbehalten, dem Kaiser Konstantin die Größe abzusprechen und den ersten Stein auf ihn zu werfen.

JULIAN APOSTATA

* 331 † 363
Regierungszeit 361–363

Dem an der Antike interessierten Besucher Roms pflegt man auf dem Forum eine kleine Säulenhalle zu zeigen. Sie ist uralt und den »Dei Consentes« geweiht – den zwölf Staatsgöttern, die in kosmischer Übereinstimmung das Schicksal der Stadt und des Erdkreises durch Zeit und Ewigkeit lenken. Das Bauwerk lehnt sich fast schüchtern an die Quadern der Kapitolsburg – als ob es aus der sicheren Fügung der altverehrten Mauern die Lebenskraft eines verwitternden Heidentums ziehen wollte. Seine heute noch sichtbare Gestalt verdankt der Porticus der Dei Consentes einem Mann namens Praetextatus, der zwischen 360 und 363 nach Christus Stadtpräfekt von Rom war und die Staatsgötter-Säulenhalle in glänzender Ausstattung renovierte. Dies ist der Grund, warum die Fremdenführer Roms nicht ganz zu Unrecht behaupten, das Heiligtum sei das letzte geschlossene Gebäude, welches auf dem Forum errichtet wurde. Frappierend ist dabei der Vergleich zwischen der Sinngebung des Bauwerkes und dem Datum seiner Entstehung. Denn im Jahre 360, als die Wandelhalle mit den Nischen für die zwölf Staatsgötter durch Praetextatus ihre endgültige Gestalt erhielt, war Rom nicht mehr heidnisch. Das Christentum, das man vorher so lange und grausam verfolgt hatte, war im Jahre 360 bereits seit fast einem halben Jahrhundert als Staatskult anerkannt. So liegt die Frage nahe, welche Überlegungen den damals regierenden Kaiser veranlaßt haben können, trotz der legitim anerkannten Kirche den alten Göttern Roms noch einmal ein Heiligtum zu widmen.

Auf dem Forum Romanum gibt es noch ein zweites, ähnlich rätselhaftes Beispiel aus der Regierungszeit des Kaisers, der von 360 bis 363 das römische Diadem getragen hat. Im Kloster der Vestalinnen stehen eine Reihe von Gedenkstandbildern für die Oberpriesterinnen. Darunter befindet sich eines, dessen Kopf willentlich entfernt worden ist. Auf dem Sockel ist zu lesen, daß die betreffende Dame das Denkmal erhalten hatte wegen ihrer Verdienste in der Kenntnis der heiligen Lehre der Staatsreligion. Der Name der Priesterin ist mit dem Meißel entfernt worden. Man nannte ein solches Verfahren in der Antike die »damnatio memoriae« – die Auslöschung der Erinnerung an die Existenz des betroffenen Menschen. Erstaunlich ist dabei, daß diese damnatio memoriae unter die Regierungszeit des gleichen Kaisers fällt, der den Porticus der alten Staatsgötter wieder erneuert hat. Heute kennt man den Grund für diese Maßnahme: die vestalische Oberpriesterin war Christin geworden und hatte dadurch ihr Leben verwirkt.

Unweit des Forumbezirkes, am Abhang des Caelius-Hügels, steht die Kirche S. Giovanni e Paolo. Sie ist nach zwei jungen Männern benannt, welche die Söhne einer ursprünglich aus Syrien stammenden Kaufmannsfamilie waren. Die Tragödie, die sich in diesem Hause abspielte, hatte ihren Grund in der Christenverfolgung, welche mit bisher unbekannter Grausamkeit und außerhalb aller Legalität vollzogen wurde – in den Jahren zwischen 360 und 363. Damals erließ der regierende Kaiser ein Gesetz, das verfügte, römische Staatsbürger, die bei der Ausübung einer christlichen Kulthandlung überrascht würden, wären ohne Gerichtsverhandlung am Ort ihres Vergehens auf der Stelle hinzurichten. Die beiden Märtyrer wurden folgerichtig im Hof des eigenen Vaterhauses enthauptet – wovon es noch eine Freskendarstellung gibt, die kaum acht Monate nach dem Ereignis gemalt wurde.

Wir haben es also mit einem römischen Kaiser zu tun, der nach vierzig Jahren etablierten Christentums neuerdings auf die Idee zurückgriff, der heidnische Untergrund des Römischen Reiches sei staatstragend, der christliche Überbau des bestehenden Staates indessen staatsgefährdend. Der Name dieses Kaisers war Julian. Es handelt sich um einen Großneffen des Kaisers Konstantin des Großen, dem eine rachsüchtige christliche Geschichtsschreibung den Beinamen »Apostata« – der Abtrünnige – anfügte. Julian der Apostat ist eine der Figuren der Weltgeschichte, die gleich dem Kaiser Nero und vergleichbar mit Papst Alexander VI. als bösartige, egoistische Unmenschen definiert worden sind und in dieser verzerrten Gestalt noch heute durch viele Geschichtsdarstellungen (und Schulbücher) geistern. Der Mann ist in Wirklichkeit einer der interessantesten psychologischen Fälle der antiken Kaiserzeit, weshalb wir ihm – ohne seine Fehler zu beschönigen – mit mehr als der üblichen Objektivität begegnen sollten.

Als Flavius Claudius Julianus im Jahre 332 geboren wurde, war Konstantin der Große noch am Leben. Jedoch haben sich die beiden wohl kaum gekannt, da Konstantin seine letzten Jahre fast ununterbrochen auf Reisen und Feldzügen verbrachte und schon verstarb, als Julianus kaum drei Jahre zählte. Um den Hintergrund des Schicksals, das über Julianus verhängt war, zu durchleuchten, muß man die Situation des Herrscherhauses unmittelbar nach dem Tode Konstantins berücksichtigen.

Wir wissen, daß Konstantin der Große unter vielfachem Einsatz seines Lebens und unter Opferung vieler ihm ergebener Soldaten die Einheit der römischen Staatsmonarchie wiederherstellen wollte. Dies ist in den Grenzen der menschlichen Tatkraft gelungen. Konstantin war sicher kein überzeugter Christ, er fühlte sich vielmehr als der Pontifex maximus – als der oberste geistliche Vorsteher sämtlicher im Römischen Reich zugelassenen Kulte. Seine Familie dagegen, und dort besonders die Frauen, hat er nie daran gehindert, sich zum Christentum zu bekennen. Doch ist zu bedenken, daß damals noch neun Zehntel der Bevölkerung des Römischen Reiches heidnisch waren, so daß es einem Kaiser schwerlich anstehen konnte, durch sein persönliches Bekenntnis zur christlichen Minderheit fast die ganze Bevölkerung seines Herrschaftsgebietes zu brüskieren. Folgerichtig hat Konstantin sich erst taufen lassen, nachdem er einige Tage vor seinem Tode den Purpur abgelegt hatte, Privatmann geworden war und dadurch die Entscheidung für das Christentum zu einer persönlichen machen konnte, welche mit dem Staatsgefüge nichts mehr zu tun hatte.

Es mutet eigenartig an, zu vernehmen, wie sehr ein solcher Mann, der sich der christlichen Bischöfe aufgrund ihrer juristischen Ausbildung so erfolgreich bedient hatte und die römische Monarchie zu einer bisher kaum gekannten Einheit zu führen wußte, am Ende seines Lebens sein eigenes Werk aufs Spiel setzte. Bisher hatte es nur einen Augustus gegeben – das heißt den obersten Alleinherrscher. Direkt unter ihm waren drei sogenannte Cäsaren tätig, die in den verschiedensten Provinzen des Reiches dem steigenden Einfall der Barbaren Widerstand leisteten und den Rang von Kronprinzen innehatten. Dieses System hatte sich so schlecht bewährt, daß Konstantin seinen Aufstieg zum alleinigen Kaiser eigentlich der Tatsache verdankt, der Kronprinzenwirtschaft ein Ende gemacht zu haben. Nun aber, am Ende seines Lebens, war Konstantin in den gleichen Fehler verfallen, den er bei seinen Vorgängern in Wort und Tat so heftig kritisiert hatte. Zweifellos wollte Konstantin mit der Entscheidung seine drei Söhne Konstantius, Konstans und den anderen Konstantius durch die Aufteilung der Reichserbschaft an einem Bürgerkrieg hindern. So wurde dem einen Britannien, Gallien und Spanien zugesprochen, dem anderen Kleinasien, Syrien und Ägypten, dem dritten Nordafrika, Italien, Illyrien und Thrakien. Zwei Neffen bekamen Armenien, Makedonien und Griechenland.

Der alte Kaiser hatte die Augen noch kaum geschlossen, da begann der von ihm so sehr gefürchtete Krieg zwischen seinen Söhnen auf der Stelle auszubrechen. Sieger blieb der älteste Sohn Konstantius der Zweite, der es fertigbrachte, alle seine Konkurrenten ums Leben zu bringen mit Ausnahme von zwei Neffen: Gallus und Julian. Gallus blieb wahrscheinlich am Leben, weil seine gesundheitliche Konstitution so angegriffen war, daß man einen baldigen natürlichen Tod voraussehen konnte. Julian war zu jung – er zählte erst fünf Jahre und stellte folglich noch keine aktive politische Gefahr dar.

Der neue Kaiser Konstantius der Zweite schlug seine Residenz in der Stadt am Bosporus auf, die bis zur türkischen Eroberung den Namen Konstantinopel trug. Sie hatte vorher Byzantion geheißen, was zur Folge hatte, daß die von ihr ausgehende griechisch-römische Mittelmeer-Kultur das Wort »byzantinisch« als die Bezeichnung einer bestimmten Ausformung des mittelmeerischen Staatsgedankens prägte und bis heute beibehielt. Die Überlegungen, welche den großen Konstantin zur Gründung einer östlichen Hauptstadt am Bosporus veranlaßt hatten, waren zunächst strategischer Natur. Noch Napoleon hat erkannt, welche unvergleichlichen Vorteile die Lage einer großen Hauptstadt an den Dardanellen mit sich brachte. Da Konstantin der Große aber höchsten Wert darauf legte, die geheiligten Traditionen des alten Rom mit in seine neue Hauptstadt zu übernehmen, gab er ihr eine äußere Gestalt und eine innere Struktur, die der des alten Rom weitgehend entsprach.

Er hat die Entwicklung dieser Stadt zwar nicht mehr selbst erlebt, wohl aber vorausgeplant. Ein Jahrhundert nach Konstantins Tod beherbergte das sogenannte neue Rom fünf Kaiserpaläste, sechs Paläste für Hofdamen, drei für hohe Würdenträger, dazu

4388 Privatpaläste, 322 Straßen, zweiundfünfzig Säulengänge; des weiteren tausend Läden und Werkstätten, hundert Vergnügungsstätten, Bäder, die von mehreren tausend Bewohnern gleichzeitig besucht werden konnten; schließlich ein riesiges Forum von eliptischer Form, das an den Schmalseiten mit Triumphbögen versehen war, an der einen Längsseite den großen Palast des Senates beherbergte und in der Mitte eine weltberühmte Porphyr-Säule zeigte, welche heute noch steht. Neu – gegenüber dem alten Rom – waren die prachtvoll mit Mosaiken geschmückten Kirchen, allen voran die Apostelkirche, in der Konstantin selbst sich neben den Grabmonumenten der zwölf Apostel als gleichrangiger dreizehnter bestatten ließ. Von dem römischen Kaiser Nero übernahm Konstantin die Idee, einen riesigen Zirkus für Wagenrennen unmittelbar neben dem Kaiserpalast zu errichten. Ebenso war des Nero Goldenes Haus in Rom das Vorbild für die kaiserliche Residenz in Konstantinopel, die man sich nicht als eine geschlossene Baumasse, sondern eher als eine von Pavillons besiedelte freie Landschaft vorstellen muß. Natürlich war die Form des höfischen Lebens in Konstantinopel von orientalischem Zuschnitt, besonders in dem eindrucksvollen Zeremoniell, womit der Kaiser selbst sich umgab. Konstantius, der Sohn Konstantins des Großen, behielt alle diese Formen bei, erfüllte sie aber mit Fleiß und Biedersinn, so daß die Bevölkerung schon bald die ersten Spottverse auf den um ihre Nachtruhe so besonders bedachten Regenten erfand. Im übrigen war diese Bevölkerung nur in einer geringen Oberschicht römisch, in der Hauptsache aber griechisch, vor allem was die Welt der Wissenschaft und der Gelehrsamkeit betraf.

In dieser Stadt wurde Kaiser Julian im Jahre 332 nach Christus geboren, von Natur aus auf solche Weise im Spannungsfeld zwischen Kirche, Pöbel und Intellektualität aufwachsend. Obwohl Konstantinopel damals die zivilisierteste Stadt der Alten Welt war, waren die Massen nur dann im Zaume zu halten, wenn man ihnen entsprechende barbarische Unterhaltungen bot, wie sie zum Beispiel im Zirkus bei den höchst gefährlichen Wagenrennen zu bekommen waren. Bekanntlich teilte sich die Stadt manchmal bis zu blutigen inneren Fehden in die Partei der Grünen und der Blauen, von denen jede ihren eigenen Rennstall und Wagenlenker hatte, deren Honorare die der heute international gehandelten Fußballstars noch überstiegen. Andererseits war die Macht der Kirche unvorstellbar groß. Nicht so sehr das byzantinische Patriarchat oder das Mönchtum in der ganzen östlichen Reichshälfte waren die Ursache dafür, die Kaiser selbst legten größten Wert darauf, auch als Oberhaupt der Geistlichkeit zu fungieren. Ganz anders als im Westen bot der Osten schon damals das Bild einer Staatshierarchie, die von der Kirche getragen, von einer Beamtenschaft verwaltet, aber vom Kaiser unwidersprochen regiert wurde.

Schon in seiner Kindheit bekam Julian die Machtkämpfe von zwei Institutionen zu spüren, die sein Leben beeinflussen sollten: die Auseinandersetzung innerhalb der Mitglieder einer Dynastie und die Gewalttätigkeit, welche theologische Differenzen damals hervorrufen konnten. Man brachte ihn nach Nikomedien. Dort wurde er der Obhut eines Bischofs namens Eusebios anvertraut, der den Irrtum begann, ihn mehr zu einem spitzfindigen Theologen als zu einem tüchtigen Herrscher zu erziehen. Ein Gegengewicht bildete der Literaturhistoriker Mardonios, bei dem Julian von seinem siebten Lebensjahr an griechische Poesie und Lyrik studierte. Schon damals also begann der später so verhängnisvolle Konflikt. Einerseits lebte der kleine Prinz im Milieu einer staatshierarchischen Ordnung mit religiöser Rechtfertigung, andererseits erhielt er schon in sehr jungen Jahren Kenntnis von der unbeschwerten, unglaublich menschlichen Auffassung der Griechen vom Leben auf dieser Welt.

Niemand weiß, aus welchen Gründen Julian mit neun Jahren plötzlich nach Kappadokien verbannt wurde, um zusammen mit seinem Bruder Gallus in der Burg von Makellon eine formal niemals zugegebene, aber um so wirksamere Gefangenschaft für volle sechs Jahre zu durchleiden. Ebenso unbekannt ist das Motiv, das zu seiner Freilassung und zur Rückkehr nach Konstantinopel führte. Dort war der junge Prinz allzu schnell der Liebling des Volkes.

Von Natur aus undiplomatisch, offenherzig, temperamentvoll und liebenswürdig, hat er innerhalb kurzer Zeit den Verdacht des alten Kaisers erregt, was zur Folge hatte, daß man ihn neuerdings nach Nikomedien verbannte. Nun war er reif genug, um in die Verzweigungen der antiken Philosophie einzudringen, und wünschte sich nichts sehnlicher, als bei dem berühmten Sophisten Libanios Unterricht zu nehmen. Auf Schleichwegen verschaffte er sich die Nachschriften von den Vorlesungen des großen Gelehrten, da ihm der kaiserliche Hof eine direkte Teilnahme am Unterricht bei Libanios verwehrt hatte. Man muß dabei berücksichtigen, welch einen großen Kontrast zu der libertinistischen Welt des Libanios die dogmatische Enge der Kirche bildete.

So wird erklärlich, daß Julian, der ein Idealist war und keine Kompromisse schloß, dem durch Libanios vertretenen Heidentum weit mehr zuneigte als dem inzwischen institutionalisierten Christentum. Hinzu kam der Streit innerhalb der Kirche zwischen dem Arius und den orthodoxen Bischöfen. Arius hatte nämlich erklärt, Christus sei zwar dem Schöpfer der Welt, Gottvater wesensähnlich, aber nicht wesensgleich. Über solche Begriffe kam es in der Welt des Ostens damals zu gewalttätigen Auseinandersetzungen auf Straßen und Plätzen. Julian, der den Arius wahrscheinlich persönlich nie gesehen hat, fühlte sich von seinem heidnischen Hintergrund her weit mehr zu ihm hingezogen als zu der erstarrten orthodoxen Kirche. Da aber auch die Anhänger des Arius in ihrem Verhalten bemerkenswerte Fehler machten, fand der junge Mann eines Tages, daß das Christentum nicht Erlösung, sondern noch mehr Streit brächte, als bisher in der Welt gewesen war. Deshalb wandte er sich schon in jungen Jahren einem Heidentum zu, das er für naiv, gutherzig, von Sünden unbelastet und für menschenwürdig hielt. Diese Entscheidung sollte nicht nur sein eigenes künftiges Schicksal, sondern auch das des Römischen Reiches und der soeben der Verfolgungszeit entronnenen Kirche beeinflussen.

Julians Bruder Gallus wurde 351 zum Cäsar erhoben – was in der damaligen Sprache bedeutete, daß er mit dieser Würde den

Anspruch auf eine gesetzmäßige Thronfolge erheben konnte. Julian hat diesem Vorgang neidlos zugesehen und sich fortan frei genug gefühlt, ganz der Philosophie zu leben. Er besuchte Pergamon und Ephesus, um in beiden Städten berühmte philosophische Schulen zu frequentieren. Dies sind wohl seine glücklichsten Monate gewesen. 354 hat Kaiser Konstantius der Zweite die beiden Prinzen nach Mailand gerufen. Gallus erlag dort einem grausigen Schicksal, denn der Kaiser fand während einer Gerichtsverhandlung die Verwaltung des Gallus in Frankreich so schlecht, daß er ihn ohne nähere Begründung enthaupten ließ. Im Zusammenhang mit diesem Vorfall vollbrachte Julian das Meisterstück, Konstantius den Zweiten davon zu überzeugen, er habe keine politischen Ambitionen, sondern interessiere sich ausschließlich für Philosophie. Der beruhigte Kaiser wies dem jungen Prinzen als Aufenthaltsort die Stadt Athen an – wo Julian die hervorragendsten Vertreter der heidnischen Philosophie regelmäßig besuchte.

Allerdings wiederholte sich in Athen, was schon in Konstantinopel für Julian lebensgefährlich geworden war: Seine Neigung zur unbekümmerten Liebenswürdigkeit gewann ihm das Herz der Bürger in einem Maße, das die Behörden nicht gut vertrugen. In dieser Zeit scheint seine endgültige Bekehrung zum Heidentum vor sich gegangen zu sein. Wir wissen durch Ammianus Marcellinus, wie ernst Julian die Entscheidung gegen das Christentum nahm. Im Grunde war er damals – in so jungen Jahren – schon ein überzeugter Konservativer. Man berichtet, er habe im Anblick zerstörter Tempel Tränen vergossen und sich mit Nachdruck dagegen gewehrt, das ehemalige Stiftungsvermögen von heidnischen Tempeln plötzlich in die Hand der Kirche übergehen zu sehen. Natürlich blieb eine solche Einstellung den noch existierenden Kollegien der heidnischen Priesterschaften nicht verborgen. Zumal seine eigenen Lehrer in heidnischer Philosophie für den jungen Prinzen eine ganz außergewöhnliche Propaganda machten, ohne zu berücksichtigen, wie sehr diese ihm am Kaiserhof zum Schaden ausschlagen würde. Julian selbst war intelligent genug, seine Überzeugung weitgehend für sich zu behalten, und hat ein volles

Jahrzehnt öffentliche Bekenntnisse zur christlichen Lehre abgelegt – indem er nämlich zum Beispiel während des christlichen Gottesdienstes Passagen aus der Heiligen Schrift vorlas, an die zu glauben er längst aufgehört hatte. Nur mit einem hatte Julian nicht gerechnet: daß sich der Kaiser Konstantius der Zweite seiner erinnern würde. Um so mehr mußte ihn die Einladung überraschen, wiederum auf der Stelle an den Kaiserhof nach Mailand zu reisen. Dort wurde er mit allen seinem Rang gebührenden Ehren empfangen und von Konstantius mit dessen junger Schwester Helena als ungeliebter Gattin bedacht. Gleichzeitig erließ Konstantius die Verfügung, Julian sei von nun an der Oberbefehlshaber der römischen Macht in Gallien und habe sich auf der Stelle dort hinzubegeben. Die Aufgabe war nicht leicht. Denn die Germanen hatten die Absicht, den gallischen Bürgerkrieg für sich auszunützen, in das reiche Land einzufallen und jeden Römer ums Leben zu bringen, dem sie begegneten. Außer den in Gallien stationierten römischen Legionen, über deren Sicherheit man nichts Zuverlässiges wußte, bekam Julian vom Kaiser nur 360 Mann mit. In Begleitung einer so lächerlich geringen Streitmacht begab sich Julian im Winter über die Alpen, nistete sich in Vienne ein und begann von dort aus seinen Privatkrieg gegen die Germanen. Der Philosoph hatte die Aufgabe übernommen, sich über Nacht in einen Strategen zu verwandeln. Die wichtigste damalige Niederlassung Roms nördlich der Alpen war Colonia Agrippina, das heutige Köln. Es gelang Julian, in die Stadt einzudringen und sie dreißig Tage so glänzend zu verteidigen, daß die Germanen die Belagerung schließlich aufgaben. Dies war nicht nur eine Frage der Kriegskunst, sondern vor allem der Versorgung – und nun, da Köln wieder römisch war, konnte Julian mit Sicherheit auf eine Hausmacht rechnen, die ihn von den möglichen Befehlen des kaiserlichen Hofes weitgehend unabhängig machte.

Kaum war Köln wieder römisch, wandte sich Julian nach Süden und schlug bei Straßburg die Alemannen, die ihm zahlenmäßig weit überlegen waren. Von da an wurde er in ganz Gallien bejubelt, wohin auch immer er kam. Die kultivierteste Provinz des

Römischen Reiches sah in ihm den natürlichen Herrscher, zumal er seine Aktivität mit ebenso großem Geschick wie beim Militär auch in der Administration anzuwenden wußte. Der Aufenthalt Julians in Gallien dauerte fünf Jahre und war angefüllt mit Reformen. Das größte Wunder, das er dabei vollbrachte, war die Sicherung des gewaltigen Gebietes vor barbarischen Einfällen, wie sie damals die Regel waren, verbunden mit dessen wirtschaftlichem Aufschwung, der Unterdrückung jeder Korruption und der gleichzeitigen Senkung der Steuern.

Die abendländische Kultur verdankt der Tätigkeit des Julian in Gallien einen ihrer wesentlichsten Rechtsgrundsätze – daß nämlich ein Angeklagter so lange als unschuldig zu gelten habe, bis seine Schuld erwiesen ist. Der Richter Delfidius sprach in Anwesenheit des Julian bei einem delikaten Fall das Urteil. Julian machte von seinem Vetorecht Gebrauch, worauf Delfidius ihn vor versammeltem Gerichtshof fragte: »Wie kann man, o mächtiger Cäsar, überhaupt jemanden als schuldig finden, so lange er seine Schuld bestreitet?« Julian antwortete darauf: »Willst du lieber jemanden für schuldig befinden,wenn zum Erweis seiner Schuld die Anklage allein genügt?«

Die ersten Schwierigkeiten bekam Julian in Gallien durch den Widerstand der Bürokratie. Es gab neiderfüllte Beamte, die ihm manchen Fallstrick drehten und schließlich sogar bei Kaiser Konstantius vorstellig wurden – mit der Behauptung, Julian gebärde sich nur deshalb so menschlich, weil er selbst den Kaiserthron anstrebe. Ammianus Marcellinus berichtet, die Kaiserin Eusebia, des Konstantius Gemahlin, habe die Dienerinnen von Julians Gattin mit Geld und Abtreibungsmitteln versehen, um zu verhindern, daß Julian zum Vater einer neuen Dynastie werde. Seine Frau, Helena, gebar trotzdem ein Kind – doch war in diesem Falle die Hebamme bestochen, die Nabelschnur so nahe am Körper abzuschneiden, daß das Kind wenige Stunden nach der Geburt bereits verblutet war. Um Julians Einfluß und Machtmittel noch mehr einzudämmen, erließ der Kaiser Konstantius den Befehl, Julian solle die Teilnahme am römischen Feldzug gegen Persien durch die

Entsendung seiner besten Truppen unterstützen. So kam es zu einem Tiefpunkt im Leben des jungen Menschen, der viele seiner späteren Reaktionen erklärt.

Vergeblich hat Julian damals den Kaiser gewarnt, die verlangten Truppen aus Gallien abzuziehen, da die Germanen eine Schwächung der römischen Macht sicherlich wahrnehmen und ausnützen würden. Außerdem machte Julian, ein sehr sozial denkender Mensch, zu Recht geltend, seine Soldaten hätten sich für den Militärdienst nur unter der Voraussetzung entschieden, ausschließlich in Gallien eingesetzt zu werden. Der Kaiser antwortete mit sehr ernsthaften Argumenten. Der Perserkönig Shahpur II., der über eine gewaltige Streitmacht verfügte, verlangte von Rom die Provinzen Mesopotamien und Armenien zurück. Da Konstantius sich weigerte, war der Krieg unvermeidlich. Rom konnte es sich aber nicht leisten, durch Persien eine neue Niederlage zu erleiden. Infolgedessen wollte Konstantius die Elitetruppen der römischen Armee im persischen Feldzug einsetzen. Weil gegen eine solche Überlegung wenig zu sagen war, gab Julian nach und befahl den betroffenen Truppen, in Eilmärschen das kaiserliche Hauptquartier zu erreichen.

Es war nicht Julians Schuld, daß die sich weigernden Soldaten die ihnen ungerecht erscheinende Forderung des Kaisers zum Anlaß nahmen, um nun den Julian selbst zum Kaiser auszurufen. Noch einmal versuchte Julian, das Heer zum Gehorsam zu überreden. Er hatte kein Glück damit, denn je mehr er zur Loyalität rief, um so heftiger wurde der Wunsch geäußert, ihn selbst als Kaiser zu sehen. Nachdem Julians Einwände zusammengebrochen waren und er um der Sicherheit Galliens willen nachgegeben hatte, war die Armee auf der Stelle bereit zu leisten, was sie vorher verweigert hatte. Man marschierte nach Konstantinopel, um Julian auf den Thron zu setzen.

Konstantius hatte mittlerweile mit Shahpur von Persien ein Arrangement getroffen, das es ihm ermöglichte, gegen Julian militärisch vorzugehen. Es wäre wahrscheinlich wieder einmal zu einem furchtbaren Bürgerkrieg gekommen, hätte nicht der Kaiser gerade in diesem Augenblick die Welt verlassen – was Julian die Gelegenheit bot, als liebevoller Verwandter an den Bestattungsfeierlichkeiten teilzunehmen. Damals war er einunddreißig Jahre alt. Nach Ammianus Marcellinus, der ihn persönlich gut gekannt hatte, war er von mittlerer Größe, hatte weiche, stets sorgfältig gekämmte Haare und »Augen voller Feuer, die die Tiefe seines Geistes ahnen ließen«. Seine Augenbrauen waren gewölbt, die Nase etwas grob, der Mund zu groß – und die Unterlippe hatte den für die Mitglieder des Hauses Habsburg üblichen Zuschnitt. Sich selber hat Julian mit der Ironie des Philosophen geschildert, die kein sehr ästhetisches Bild des interessanten Mannes vermittelt: »Obschon die Natur mich nicht gerade mit einem schönen Gesicht gesegnet hat, habe ich es mit voller Absicht noch weiter entstellt durch einen langen Bart, in dem ich nach Läusen jagen kann, da diese in ihm herumtollen, als wäre er ein Dickicht für wilde Tiere. Ich lege Wert darauf, einen ungepflegten Kopf zur Schau zu stellen, schneide mir selten die Fingernägel und bin stolz auf die Tatsache, daß meine Hände fast stets von Tinte geschwärzt sind.«

Es spukt in solchen Gedanken ein wenig der Pessimismus des zwei Jahrhunderte vor ihm regierenden Kaisers Marc Aurel, der sich seinerseits nicht oft genug über die Belanglosigkeit und Hinfälligkeit des menschlichen Körpers äußern konnte.

Kaum war Julian als Nachfolger des Konstantius in den Kaiserpalast eingezogen, flogen Eunuchen, Barbiere, Geheimpolizisten und Köche scharenweise hinaus. Man weiß, er hat den Tod seiner nicht sonderlich geliebten Frau ohne größere Gemütsbewegung überstanden. Nach ihrem Ableben ist uns keine einzige Beziehung zu einem weiblichen Wesen bekannt. Möglicherweise war Julian homosexuell, und zwar von jener inaktiven Art, die sich ein Leben leisten kann wie ein Mönch. So sahen auch sein äußerer Tageslauf und seine persönliche Umgebung aus. Sein Bett war hart, sein Schlafzimmer ungeheizt. Wer einmal erfahren hat, wie entsetzlich man in Rom zur Winterzeit frieren kann, wird ermessen, welche seltsamen Regungen den Kaiser dazu veranlaßt haben, während des ganzen Winters kein einziges Zimmer seiner Wohnung heizen zu lassen mit der Begründung, »man müsse sich an die Kälte eben gewöhnen«. Er lehnte es ab, Wagenrennen zu besuchen, wurde nie im Theater gesehen, gönnte sich kaum ein Vergnügen.

Das römische Stadtvolk bewunderte zunächst seine Seelenstärke, nahm diese wenig später schon als Herausforderung an und begann ihn bald darauf zu hassen, weil allzu große Tugend im Widerspruch zur Menschlichkeit steht, was in Rom noch nie besonders geschätzt worden ist. Man war durch Jahrhunderte daran gewöhnt, ungerechtfertigte Steuern zu zahlen, aber nicht bereit, für weniger Steuern kein Vergnügen mehr zu haben und Laster vorgeworfen zu bekommen. Ein kleiner Teil disziplinierter Beamter und Aristokraten hielt mit Treue an den Prinzipien fest, die Julian verkörperte. Unter diese Gruppe fällt auch der Geschichtsschreiber Ammianus Marcellinus, der in freundschaftlicher Übertreibung behauptete: »Sein Ruhm breitete sich aus, bis er schließlich die ganze Welt erfüllte.«

Das einzige, was Julian seinem eigenen Bedürfnis gönnte, war die Beschäftigung mit der Philosophie. Diese war damals nicht die Wissenschaft, die wir heute darunter verstehen, sondern das aus verschiedenen Aspekten formulierte Gesamtheitsbild des Menschen, versehen mit den entsprechenden Empfehlungen vernünftigen Verhaltens. Da es sich also im philosophischen Gesamtkonzept um den Menschen mit allen seinen Anlagen, die irrationalen eingeschlossen, handelte, war die Trennungslinie zwischen dem religiösen Bereich und dem philosophischen Denken noch nicht gegeben. Dies bedeutete, daß der Kaiser Julian aufgrund seiner Denkweise zu zwei Resultaten kommen mußte: zunächst wollte er die gebotene Liberalität gegenüber der Freiheit des Geistes, welche die Wahl der Religion und des Kultes einschloß, wiederaufleben lassen. Sodann war seine Absicht, die inzwischen dominierend gewordene Macht der Kirche auf eine Dimension zurückzuführen, in der sie vor den anderen Kulten keinen Vorrang mehr hatte, sondern ihren einfach gleichgestellt war. Konsequenterweise ließ er die heidnischen Tempel wieder öffnen, sorgte dafür, daß die fallweise beschlagnahmten Vermögen heidnischer Kulte den noch lebenden Anhängern zurückgegeben wurden und legte Wert auf die Demonstration seiner Überzeugung, es könne nicht Sinn der christlichen Kirche sein, den Alleinbesitz der Wahrheit zu beanspruchen.

Als er mit einunddreißig Jahren zur Macht kam, brach der Widerstand gegen die Kirche mit explosiver Gewalt aus ihm hervor. Die Beschäftigung mit der griechischen Philosophie hatte ihm das Lebensprinzip der religiösen Toleranz schon früh nahegebracht. Deshalb war sein erstes Ziel, der Kirche ihre Macht nur so weit zu nehmen, daß sie mit anderen Kulten gleichgestellt würde. Erst als der Widerstand der Kleriker die julianische Liberalität zu brechen versuchte, ging der junge Kaiser auf harten Kurs und wagte die konkrete Auseinandersetzung mit dem Christentum. Hierfür bot sich kein anderer Weg an, als die Wiedereinführung der heidnischen Kulte, die Aufwertung der antiken Mythologie, die Wiederbelebung der Mysterien des Dionysos- und des Mithraskultes. Julians Problem blieb weiterbestehen. Denn wie jeder konservativ denkende Mensch, der nicht den Mut hat, die von ihm als Wert anerkannten Traditionen durch eine gewisse Verwandlung auf die Höhe der Zeit zu führen, kam unter Julian eine museale Welt längst sinnlos gewordener heidnischer Kulte wieder zu einem künstlichen Leben.

Seine Erziehung ermöglichte es dem Kaiser, nicht nur die Kirche, sondern auch die Heilige Schrift zu analysieren. Da er schriftstellerische Begabung besaß, leistete er sich auch noch auf dem Thron den Luxus selbstverfaßter Pamphlete. Eines von ihnen trägt den Titel »Gegen die Galiläer«. Es war für ihn keine Sensation, festzustellen, daß sich die Evangelien wörtlich genommen in vielen Teilen widersprechen. Weiterhin bemerkte er den wesentlichen Unterschied zwischen dem Johannes-Evangelium und den drei anderen Evangelien. In der Behandlung der durch Moses geschilderten Schöpfungsgeschichte kommt er zu einigen Bemerkungen, die im Inhalt von den heutigen Gegnern der Offenbarung durchaus geteilt werden könnten, wenngleich diesen – beklagenswerterweise – das hervorragende Latein des Julian nicht mehr geläufig ist. Ich zitiere: »Wenn nicht jede einzelne Wundergeschichte von der Weltschöpfung ein Mythos ist, dem man, wie ich durchaus anzunehmen geneigt bin, mit einer geheimen Auslegung beikommen könnte, dann muß ich sagen, daß der Text von Gotteslästerungen strotzt. Zunächst wird Gott so dargestellt, als wisse er nicht, daß die Gefährtin des Adam, die er doch selbst geschaffen hat, den Sündenfall des Mannes bewirken werde. Und weiter: Dem Menschen das Wissen um Gut und Böse zu versagen (das allein dem menschlichen Geist Zusammenhang gibt) und eifersüchtig darüber zu wachen, daß er ja nicht durch die Teilhaberschaft am Baume des Lebens unsterblich werde – wie mürrisch und neidisch muß ein Gott sein, der solches für richtig hält.«

Man darf sich Julian weder als einen skeptischen noch als einen unfrommen Menschen vorstellen. Es haften seinen Maßnahmen alle Züge der religiösen Reform an – einschließlich des anscheinend unausrottbaren Irrtums, der Mensch könne des Glaubens und seiner Symbole entbehren, sofern er nur auf vernünftige Weise mündig gemacht worden sei. Wie alle religiösen Reformatoren mußte auch Julian die für ihn bittere Erfahrung hinnehmen, wie sehr das religiöse Element in der menschlichen Natur an das Bedürfnis nach sinnfälligem Ausdruck gekettet ist. Ebenso wurde ihm nicht erspart zu erkennen, daß die reine Geistigkeit nur jenen wenigen Befriedigung bringt, welche die Unvollkommenheit des Menschen mit Verachtung vergelten, von der sie nur sich selbst ausnehmen.

Schließlich brachte die julianische Reform den Kaiser auf die klassische Verwechslung von Religion und sozialer Hilfeleistung. An seine wieder zusammengerufenen heidnischen Priesterschaften richtete er ein Grundsatzdekret, worin sich folgende Bemerkung findet: »Wir sollten unser Vermögen mit allen Menschen teilen, insbesondere aber mit den Guten, den Hilfsbedürftigen und den Armen. Wenn es auch widersprüchlich klingen mag, so will ich doch behaupten, daß es eine Tat der Frömmigkeit ist, wenn wir Kleidung und Nahrung auch mit den Bösen teilen. Denn die Gabe an den Beschenkten gilt der Menschheit, nicht dem sittlichen Charakter des einzelnen.«

In der ersten Zeit seiner Regierung schränkte Julian das Christentum in Kult und Predigt nicht ein. Dagegen sperrte er der christlichen Kirche alle staatlichen Zuschüsse und entfernte von den Lehrkanzeln der Akademien jeden christlichen Lehrer, insonderheit in den Fächern der Rhetorik, Philosophie und Literatur. Als Begründung gab er an, die genannten Disziplinen könnten sachgerecht nur von Heiden gelehrt werden. Da die Kirche seit ihrer Legalisierung durch Konstantin den Großen eine Reihe von Privilegien genoß, fand Julian jeden Anlaß gerechtfertigt, den Klerus auf das Niveau des einfachen Staatsbürgers hinabzudämpfen. So durften die Bischöfe künftig nicht mehr auf Staatskosten mit der kaiserlichen Post reisen. Auch konnte ein christlicher Römer fortan einer christlichen Institution oder Gemeinde keine materielle Erbschaft mehr hinterlassen. Ebenso wurde den Christen das passive Wahlrecht zu Staatsämtern verwehrt.

Schlimmer noch traf die Kirche eine Entscheidung des Kaisers, die man heute ein Wiedergutmachungsgesetz nennen würde. Er verpflichtete die Kirche, alle von ihr angerichteten Schäden an heidnischen Kultbauten wiedergutzumachen und alle Ländereien, die ihr von seinen Vorgängern aus heidnischem Tempelbesitz zugesprochen worden waren, im ursprünglichen Zustand zurückzugeben. Die Folge waren unausbleibliche Ungerechtigkeiten in der Durchführung dieser Gesetze durch die Beamtenschaft. Hier versuchte Julian, die Christen in Schutz zu nehmen – ohne aber zu einer Modifikation seiner Verfügungen bereit zu sein. Wenn sich christliche Gemeinden oder Einzelpersonen bei ihm unter Nachweis erlittener Ungerechtigkeit beklagten, bekamen sie vom Kaiser, der ja durch seine Erziehung ein hervorragender Kenner der christlichen Doktrin war, des öfteren zu hören, das Evangelium gebiete, Unglück geduldig zu ertragen. Auf diese Weise entfesselte Julian einen unterschwelligen Religionskrieg im Reich, in dessen Verlauf manche Christen zu Gewalttat und Sabotage schritten. Über sie wurden drakonische Strafen verhängt. Heiden dagegen, welche vergleichbare Delikte gegen die Christen verübt hatten, erhielten entweder nur formale oder sehr milde Strafen.

Der größte Fehler, den Julian beging, bestand in der Künstlichkeit seiner Reform. Er setzte dem Christentum nicht ein verjüngtes, zukunftsträchtiges Heidentum entgegen, sondern ein erstarrtes. Rechnet man den Irrtum in der Methode hinzu, so verwundert es nicht, daß die inzwischen zur staatstragenden Kraft gewordene Kirche ihrerseits zu wirkungsvollen geistigen Kampfmaßnahmen griff. Sie hatte überdies alle jene Menschen auf ihrer Seite, denen die Hoffnung auf einen jenseitigen Ausgleich für die Ungerechtigkeiten des irdischen Lebens zur Notwendigkeit geworden war. Das Heidentum hatte Vergleichbares nicht zu bieten. So mußte die Reform des Julian sich mit einer winzigen Elite begnügen, welche zudem keine Ausstrahlung auf die Massen besaß.

Der nächste Abschnitt dieses tragischen Konfliktes bestand in einer steigenden Panik des Kaisers, sein Reformprogramm zum Scheitern verurteilt zu sehen. So kam es schließlich zu Sonderdekreten – in der heutigen Sprache würde man sie vielleicht Notstandsgesetze nennen –, durch welche die klassische römische Auffassung vom Rechtsstaat außer Kraft gesetzt wurde. Das Beispiel der als Christin hingerichteten Vestalin und die Ausradierung ihres Namens auf dem Forum, das Beispiel der beiden jungen Kaufmannssöhne Johannes und Paulus und ihrer ohne Gerichtsverhandlung erfolgten Enthauptung im Hofe des eigenen Vaterhauses zeigen zur Genüge, wie beklemmend Julian die Gefahr empfand, von einem mittlerweile sehr großen Teil der Bevölkerung seines Reiches mißverstanden, dadurch gehaßt und schließlich vielleicht ums Leben gebracht zu werden. Julian selbst war am unglücklichsten über die Tatsache, daß immer weniger Menschen begreifen wollten, wie lauter seine Absicht war, ihnen zu helfen.

So flüchtete er schließlich in den Krieg. Den Anlaß bot der alte Erbfeind des Römischen Reiches: Persien. Der Kaiser bereitete den Feldzug sorgfältig vor, wählte nicht nur die Unterfeldherren, sondern auch die Offiziere persönlich aus und kümmerte sich um Ausrüstung und Proviant bis zur letzten Kleinigkeit. Im Frühjahr 362 erreichte er mit seiner enormen Armee die große, im heutigen

Palästina gelegene Stadt Antiochia. Die dortigen Kaufleute nützten nach zeitlosem Gebrauch die Kauflust des Massenheeres dazu aus, die Preise in die Höhe zu treiben. Julian rief die Vorstände der Kaufmannschaft in sein Lager und befahl ihnen, sich anständig zu verhalten. Man versprach es ihm, doch die Preise fielen nicht. Schließlich setzte er selbst für Grundnahrungsmittel und lebensnotwendige Gebrauchsgüter Festpreise ein, die ihm den Haß der Bevölkerung eintrugen. Vor allem im Getreidehandel scheiterten die kaiserlichen Edikte in einem Ausmaß, das den Kaiser zwang, auf Staatskosten knapp vier Millionen Liter Korn aus Syrien und Ägypten einzuführen, womit er den Getreidepreis zwangsweise senken wollte. Die Getreidehändler erklärten dem Kaiser darauf, auf solche Weise keine Gewinne mehr erzielen zu können. Gleichzeitig kauften sie das importierte Getreide, noch bevor es die Stadt Antiochia erreichte, insgeheim auf und lenkten es in andere Städte um. Die Wirtschaftslage der orientalischen Großstadt und des Heeres begannen Zeichen der Verzweiflung und des Chaos zu zeigen.

Außerdem kursierten alsbald Spottverse und Witze über Julian, die ihn an seiner Achillesferse trafen – der Wiedereinführung der alten Götterkulte. Da Julian humorlos war (eine Eigenschaft, die er mit den meisten anderen religiösen Reformern teilt), antwortete er mit einer selbstverfaßten Flugschrift unter dem Titel »Die Barthasser« – weil man seinen Philosophenbart als Symbol für seinen reformatorischen Geist verächtlich gemacht hatte.

In der Stadt gab es einen großen Vergnügungspark, der auf dem Gelände eines aufgelassenen Apollo-Heiligtums errichtet war. Julian ließ Verkaufsstände, Schaubuden, Zeltrestaurants und die Häuschen freundlicher Damen, welche gewissen unsterblichen Bedürfnissen der Männerwelt kunstreich abzuhelfen wußten, rigoros entfernen, um den alten Apollotempel wieder aufzurichten. Der Bau war noch nicht ganz fertig, als er durch Brandstiftung ein Opfer der Flammen wurde. Für Julian stand fest, daß das Feuer durch die Christen gelegt worden war. Die Kathedrale von Antiochia wurde daraufhin geschlosssen, ihr Vermögen beschlagnahmt, auch fanden mehrere Folterungen statt, und ein beliebter Priester erlitt die Todesstrafe. Niemand hat dem Kaiser eine Träne nachgeweint, als er endlich im Frühjahr 363 die Stadt verließ, um mit seinem Heere gegen die Perser zu ziehen.

Man überquerte den Euphrat und den Tigris, bekam aber kaum Feindberührung, weil die Perser sich im gleichen Tempo zurückzogen – allerdings unter gründlicher Verwirklichung des Prinzips der verbrannten Erde.

Ein zahlreiches Heer im Feindesland war damals wie heute darauf angewiesen, seine Versorgung mit Lebensmitteln möglichst aus dem Gebiet zu bewerkstelligen, in dem es sich befand. Die Perser ließen zwar die Städte intakt, vernichteten aber jede zur menschlichen Ernährung dienende Pflanze. Bald war Julians Streitmacht durch Hunger so geschwächt, daß ihm seine Generäle rieten, den Feldzug abzubrechen. Der Kaiser war aber nicht zu überzeugen. Er legte die immer kürzer werdenden Marschstrecken mit seinen Soldaten zu Fuß zurück und begnügte sich mit Eßrationen, die noch geringer waren als die des einfachen Legionärs. Schließlich holte er die Perser ein, kämpfte in mehreren Schlachten in der vordersten Linie und begeisterte seine Truppen stets aufs neue durch die ungebrochene moralische Kraft, die von ihm ausging. Man machte zahlreiche Gefangene, darunter Perserinnen von erlesener Schönheit. Julian stellte sie unter seinen persönlichen Schutz und verhängte drakonische Strafen über jeden, der sich ihnen näherte. Schließlich gelangte er in der Nähe des heutigen Bagdad an die Mauern von Ktesiphon, dessen grandiose Ruinen noch in der Gegenwart Zeugnis von dem majestätischen Staatsbewußtsein der Perser ablegen. Julians Gegner, Shahpur II., griff nun zu einem recht orientalischen Trick, um den unbeugsamen Widersacher loszuwerden. Zwei dem Perserkönig ergebene Edelleute erklärten sich bereit, ihre Gesichter durch Entfernung der Nase verstümmeln zu lassen. In dieser grausigen Verfassung suchten sie Julian in seinem Lager auf und überzeugten ihn davon, auf die Seite der Römer übergelaufen zu sein. Der Kaiser glaubte ihnen und folgte ihrem Rat, das persische Heer durch einen Wüstenmarsch zu umgehen, um es dann von rückwärts angreifen zu können. Erst nach etwa dreißig Kilometern erkannte Julian die Falle, wurde aber gleichzeitig schon von einer persischen Streitmacht aus dem Hinterhalt angegriffen. Die Römer schlugen sich mit außerordentlicher Tapferkeit und konnten die Perser abwehren.

Da der Angriff jedoch mit überraschender Schnelligkeit erfolgt war, hatte sich Julian nicht die Zeit genommen, seinen Panzer anzulegen. So war er ungeschützt gegen einen geworfenen Speer, der ihn an der Leber traf. Des Kaisers nächste Umgebung besaß die Geschicklichkeit, Julian beim Sturz vom Pferde aufzufangen und in ein Zelt zu bringen. Dort wurde er von mehreren Ärzten untersucht und erfuhr auf seine drängende Frage, daß es für sein Leben keine Rettung mehr gab. Der Philosoph Libanios, der den Kaiser begleitete, hat in einem späteren Bericht die Vermutung geäußert, der Wurfspieß sei gar nicht aus den Reihen der Feinde, sondern von einem christlichen Attentäter geschleudert worden. Als Beweis führt er an, kein Perser habe die von Shahpur II. ausgesetzte Belohnung für die Beseitigung Julians eingefordert. Verdächtig ist zudem der Jubel mancher Christen, die dem Attentäter das Verdienst zuschrieben, »um Gottes und der Religion willen eine so kühne Tat vollbracht zu haben«. Bemerkenswert sind in diesem Zusammenhang auch die öffentlichen Festlichkeiten der christlichen Gemeinden in Antiochia beim Eintreffen der Nachricht vom Tode des Kaisers.

Von den letzten Stunden Julians gibt Libanios eine eindrucksvolle Schilderung. Der Kaiser, in seinem Zelte liegend, habe an den Umstehenden Zeichen von Trauer und Niedergeschlagenheit bemerkt und darauf gesagt: »Gar früh, meine Freunde, ist die Stunde für mich gekommen, aus einem Leben zu scheiden, das ich der Natur, die es von mir zurückfordert, als ein ehrlicher Schuldner wiedergeben kann. Das ist für mich ein Grund zur Freude und sollte für euch keine Ursache der Trauer sein.« Libanios fährt fort: »Alle, die gegenwärtig waren, weinten. Darüber schalt er sie noch im vollen Gefühl seiner Würde, daß sie so klein denken könnten, einen Fürsten zu beklagen, der zu der Gemeinschaft des Himmels und der Gestirne berufen sei. Darauf wurde es still um ihn. Er selbst ließ sich mit den Philosophen Maximus und Priscus in ein tiefes Gespräch über die Erhabenheit der Seele ein. Plötzlich jedoch brach die Wunde an der durchstochenen Seite wieder auf, der Blutverlust nahm ihm den Atem, und nach einem Trunk frischen Wassers, den er begehrt hatte, schied er unter den Schauern der Mitternacht sanft aus dem Leben im 32. Jahr seines Alters.«

Mehr als hundert Jahre später hat der Geschichtsschreiber Theodoret berichtet, die letzten Worte Julians hätten gelautet: »Du hast gesiegt, Galiläer!« Heute wird diese Nachricht allgemein als Legende betrachtet, die aus dem Bedürfnis entstanden war, den letzten wirklich heidnischen Kaiser des antiken Rom seine Niederlage gegenüber dem Christentum in der Todesstunde persönlich eingestehen zu lassen.

Wir sehen heute mit einiger Verwunderung auf die Gestalt dieses Kaisers zurück. Denn die Einschätzung des religiösen Elements innerhalb der menschlichen Natur unterliegt in unseren Tagen Irrtümern, welche denen sehr ähnlich sind, die Julian den Apostaten zum Scheitern brachten.

Lust an der Geschichte

Leben im Alten Rom

Ein Lesebuch. Herausgegeben von Rolf Rilinger.
410 Seiten. Serie Piper 1005

Wie lebten die »alten Römer«? Von der Wiege bis zur Bahre wird in diesem neuen Band der Reihe »Lust an der Geschichte« das Leben im antiken Rom durch Quellentexte beschrieben. Freundschaft, Spiele, Beruf, Erziehung, Liebe und Ehe – dies sind nur einige der Themen dieses informativen und anregenden Lesebuchs, in dem bekannte Autoren wie Livius oder Seneca ebenso zu Wort kommen wie unbekannte Zeitgenossen.

Leben im antiken Griechenland

Ein Lesebuch. Herausgegeben von Rolf Rilinger.
516 Seiten. Serie Piper 850

Von Geschichtsschreibern wie Herodot über Redner wie Demosthenes bis zu Philosophen und Dramatikern wie Euripides und Aristophanes werden Texte klassischer griechischer Autoren versammelt, die uns Heutigen zeigen, wie die griechische Antike gewesen ist – in Arbeit und Freizeit, in Kult und Krieg, in der großen Politik. So stellt dieses Lesebuch eine nicht nur für Humanisten spannende Einführung in die Welt des klassischen Griechenland dar.

Lust an der Geschichte

Die Französische Revolution 1789–99

Ein Lesebuch. Herausgegeben von Ulrich Friedrich Müller.
363 Seiten. Serie Piper 933

Rechtzeitig zum 200. Jahrestag des Beginns der Französischen Revolution erscheint dieses Lesebuch mit Texten aus der Zeit: Beteiligte (wie Marat, Marie Antoinette, Robespierre, Danton, Bonaparte) und Beobachter (wie Burke, Pestalozzi, Görres), prominente wie unbekannte Zeitzeugen berichten, was sich in den zehn Jahren bis zur Machtübernahme Bonapartes alles ereignet hat, in Paris wie auf dem Land, im Adel wie im Bürgertum. Alle Beiträge sind mit einer kurzen erklärenden Einführung versehen. Die meisten Texte wurden eigens für diesen Band übersetzt. Der Leser erhält einen ebenso spannenden wie direkten Zugang zu diesen Ereignissen, mit denen eine neue Epoche der Weltgeschichte begann.

Joan Haslip

Marie Antoinette

Ein tragisches Leben in stürmischer Zeit.
Aus dem Englischen von Christian Spiel.
436 Seiten mit 21 Abbildungen. Leinen.

Wenn es je eine Königin wie im Märchen gegeben hat, dann Marie Antoinette: Aus dem berühmtesten Herrschergeschlecht Europas stammend, heiratet sie an den glänzendsten Hof Europas, an die Seite Ludwigs XVI., der mit absoluter Macht über Frankreich herrscht. Und eben diese Märchenkönigin wird zunächst nach und nach ihrer Macht beraubt, dann zusammen mit ihrer Familie gefangengesetzt und schließlich als Verbrecherin vor einer johlenden Menge geköpft.
Aber dieser Gegensatz, die Sensation einer so tief gestürzten Herrscherin, macht nur einen Teil der Faszination aus, die Marie Antoinette seit bald zweihundert Jahren ausübt. Man möchte hinter die Fassade schauen und wissen: Wie war sie wirklich? War sie, wie Stefan Zweig schrieb, tatsächlich nur ein »mittlerer Charakter«, dem erst der Tod unter dem Fallbeil Größe verliehen hat?
Joan Haslip, durch mehrere erfolgreiche Biographien als historische Schriftstellerin ausgewiesen, sieht das anders: »Hätte sie eine richtige Erziehung erhalten und wäre sie mit einem Mann von Charakter verheiratet gewesen, wäre sie vielleicht zu einer bedeutenden Königin geworden. Es hat mich verlockt, den Gründen nachzugehen, warum ihr dies nicht glückte...«
Joan Haslip will ein differenzierteres, gerechteres Bild Marie Antoinettes zeigen, indem sie das Leben der Königin aus deren Blickwinkel schildert. Ihr gelingt dabei ein Stück erzählter Geschichte, das die ganze Dramatik der Zeit ebenso wie die Vielschichtigkeit der Hauptpersonen erfaßt und dem Leser nahebringt. Joan Haslip zeigt den Glanz, aber auch das Elend der letzten Jahre des Rokoko, in dem die Etikette bei Hofe mehr zählt als die Probleme des Landes. Während in Versailles über kleinste Vorrechte gestritten wird, verelendet das Land. Die Autorin konzentriert sich auf die Zeit, die der großen Revolution voranging, und schildert, wie sich die Lage immer mehr zuspitzt und wie hilflos das Königspaar reagiert, als es den Ernst der Lage erkennt.

Heinz Ohff

Ein Stern in Wetterwolken

Königin Luise von Preußen
489 Seiten mit 16 Abbildungen auf Tafeln. Leinen

Zu ihrer Zeit war sie, eine Frau, die Verkörperung Preußens. Das Charisma der Königin Luise wirkt bis heute: Fast täglich wird ihre Grabplastik im Schloßpark von Berlin-Charlottenburg reichlich mit Blumen geschmückt. Schön, lebenslustig und Friedrich Wilhelm III. eine ideale Lebensgefährtin, ihren vielen Kindern eine gute Mutter: So sehen sie ihre vielen Verehrer. Unzweifelhaft symbolisierte sie den Widerstandsgeist gegen Napoleon, der sie bewundernd seine »ärgste Feindin« nannte. Darüber hinaus ist Königin Luise aber von so vielen Legenden umgeben, daß es schwerfällt, zum eigentlichen Kern ihres Lebens vorzudringen. Heinz Ohff läßt ihrer Persönlichkeit Gerechtigkeit widerfahren, indem er sie mitten hinein in das wirre Getümmel ihrer Zeitläufte stellt.
»Ein Stern in Wetterwolken«, so hat Kleist, einer ihrer großen Bewunderer, sie genannt. Denn erst zwischen dem Gewölk, das ihr kurzes Leben verdüsterte, begann sie wirklich zu leuchten. Mit all ihren Schwächen (die sie frei und offen zugab) blieb sie für ihr Land eine Art ruhender Pol. Liebevoll, aber nicht unkritisch wird in diesem Buch Königin Luises Gestalt umrissen, die historische und die legendäre. Doch auch das verzerrte Bild, das allzu patriotische Geschichtsschreiber von ihrem Mann, Friedrich Wilhelm III., dem wohl einzigen überzeugten Pazifisten auf dem preußischen Königsthron, gezeichnet haben, erfährt eine behutsame Korrektur – wie überhaupt vieles, vielleicht sogar das meiste anders war, als von unzähligen späteren Chronisten überliefert. Die Nachwehen der Französischen Revolution, das Leben am preußischen Hof, die wechselhafte Rolle des psychisch belasteten Zaren Alexander I., der Umgang mit den Großen ihrer Zeit (Stein, Hardenberg, Napoleon), Friedenssehnsucht, Kriegsgreuel und Niederlage, Flucht und Rückkehr bilden den bunten Hintergrund von Königin Luises Leben: die Wetterwolken, die der Stern der jungverstorbenen Königin bis heute überstrahlt.

Brigitte Hamann

Elisabeth

Kaiserin wider Willen. 660 Seiten mit 57 Fotos.
Serie Piper 990

Schon zu Lebzeiten war sie eine Legende: Kaiserin Elisabeth, genannt Sisi (1838–1898). In dieser Biographie – heute bereits ein Standardwerk – schildert Brigitte Hamann die Kaiserin, wie sie wirklich war. Die Autorin, die vieles bis dahin unbekannte Material verwenden konnte, »schreibt ebenso unterhaltsam wie sie ausgewogen urteilt und stellt eine schillernde Persönlichkeit in das Spannungsfeld eines halben Jahrhunderts«.

Kölnische Rundschau

Rudolf

Kronprinz und Rebell. 536 Seiten mit 16 Tafeln.
Serie Piper 800

Mit dem Namen des Kronprinzen Rudolf von Österreich verband sich lange Zeit hauptsächlich sein tragisches Ende, sein Selbstmord zusammen mit der Baronin Vetsera in Mayerling. Daß es neben diesem »Jahrhundertskandal« noch viel Interessantes in diesem Leben gab, zeigt Brigitte Hamann in dieser jahrelangen Quellenstudien beruhenden Biographie. Die Autorin zeichnet Rudolf als liberalen Intellektuellen, der in Opposition zu seinem kaiserlichen Vater und dem k. u. k. »Establishment« stand. Gegen die herrschenden Strömungen seiner Zeit trat Rudolf für Liberalismus und Demokratie, für die Rechte der Minderheiten der Donaumonarchie und gegen Nationalismus und Antisemitismus ein. Auf diesem Hintergrund erscheint auch die Tragödie von Mayerling in einem anderen Licht – als die letzte Konsequenz eines Menschen, der keine Chance mehr sah, seine Ideen und Ideale einmal durchsetzen zu können.

Kronprinz Rudolf
Majestät, ich warne Sie ...

Geheime und private Schriften. Herausgegeben von Brigitte Hamann.
448 Seiten. Serie Piper 824

Brigitte Hamann

Bertha von Suttner

Ein Leben für den Frieden. 552 Seiten mit 29 Faksimiles im Text und 23 Fotos auf Tafeln. Leinen

»Brigitte Hamann ist es gelungen, ein Zeitbild zu malen, in dessen Mittelpunkt die eindrucksvolle Gestalt der Bertha von Suttner steht. Sie stützt sich auf Material – Briefe, Schriften, Tagebücher –, das in Genf, Wien, Jerusalem und Tiflis liegt. Die Aktualität dieser Biographie ist unbestreitbar: die Konflikte, die die Friedensbewegung vor fast hundert Jahren zu lösen versuchte, sind bis heute noch eine bedrohliche Gefahr.« Frankfurter Allgemeine Zeitung

»Der exzellenten Historikerin Brigitte Hamann, die nicht nur ehrlich recherchiert, sondern auch spannend schreibt, gelang mit ihrer ›Suttner‹ wieder eine Meisterleistung. Ein Buch zum Lesen, Liebhaben und Studieren.« Illustrierte Neue Welt

Die Habsburger

Ein biographisches Lexikon.
Herausgegeben von Brigitte Hamann
435 Seiten mit zahlreichen farbigen und schwarzweißen Abbildungen. Leinen

Von Rudolf von Habsburg über Kaiserin Leopoldine von Brasilien, Marie Antoinette von Frankreich bis Kaiser Franz Joseph – das vollständige Lexikon des berühmten europäischen Adelsgeschlechts in 400 Lebensbildern ist gleichzeitig ein historisches Lesebuch zu 600 Jahren europäischer- und Weltgeschichte.

Arno Borst

Barbaren, Ketzer und Artisten

Welten des Mittelalters
683 Seiten mit 4 farbigen Abbildungen auf Tafeln. Leseband. Leinen

»Barbaren, Ketzer und Artisten« handelt in dreimal drei Teilen von den mittelalterlichen *Deutungen* der Herrschaft, der Geschichte und der Sprache, von den religiösen, sozialen und geistigen *Bewegungen* der Zeit und von den *Erfahrungen* der mittelalterlichen Menschen mit der Kunst, Natur und Sterblichkeit. Grundlegend bleibt für Borst die Frage nach dem Weltbild des Mittelalters: es war keineswegs statisch, wie oft angenommen wird, sondern war Veränderungen unterworfen, an denen es schließlich im Spätmittelalter zerbrach. Inmitten des immer stärker empfundenen Spannungsfeldes zwischen Gott und Welt »nistete sich eine vielgestaltige, veränderliche, irdische Lebenswelt ein, die Keimzelle der Moderne« (Borst). Wie verschiedenartig die »Welt des Mittelalters« war, zeigt sich an den Borstschen Themen: Sie reichen von »Ketzerei und Massenwahn« über »Frauen und Kunst im Mittelalter«, »Wissenschaft und Spiel«, »Ritterliche Lebensformen im Mittelalter« bis zu einem »Totengespräch«, das der Autor mit Hermann dem Lahmen, einem Mönch vom Bodensee des elften Jahrhunderts, führt. Borst versteht es, die »leisen Stimmen« der Menschen aus dem Mittelalter für uns hörbar zu machen, fesselnd und anschaulich, und zeigt dabei, daß das Mittelalter uns sehr viel zu sagen hat für die Gegenwart und Zukunft.

»Viele Aspekte mittelalterlichen Lebens und mittelalterlicher Gelehrsamkeit werden abgehandelt, und sicher hätten die Mönche des Umberto Eco sich glücklich geschätzt, wenn sie diesen Essayband als eine kleine Summe ihrer Gelehrsamkeit in die Bibliothek hätten stellen können.«

Manager Magazin

»Borsts Geschichtsbetrachtung lehrt unserem apokalyptischen Zeitalter Gelassenheit, um die Gegenwart zu erkennen, und Tapferkeit, um sie zu meistern. Dazu gehört auch die Aufgabe der modernen Unsterblichkeitsphantasie: Wir sollten uns nicht so wichtig nehmen und einsehen, daß wir von den Toten kommen und zu den Toten gehen.«

Münchner Merkur